JN203944

古墳は語る

古代出雲誕生

島根県立古代出雲歴史博物館

平成30年度　企画展

古墳は語る　古代出雲誕生

［会　期］　平成30年8月3日(金)～9月24日(月)
［会　場］　島根県立古代出雲歴史博物館
［主　催］　島根県立古代出雲歴史博物館、島根県古代文化センター
［後　援］　朝日新聞松江総局、産經新聞松江支局、日本経済新聞社松江支局
毎日新聞松江支局、読売新聞松江支局、中国新聞社
山陰中央新報社、島根日日新聞社、新日本海新聞社
共同通信社松江支局、時事通信社松江支局
NHK松江放送局、TSK山陰中央テレビ、テレビ朝日松江支局
日本海テレビ、BSS山陰放送、エフエム山陰
出雲ケーブルビジョン、山陰ケーブルビジョン
ひらたCATV株式会社

［学芸担当］　増田浩太(主担当／専門学芸員)、吉松大志(主担当／主任学芸員)
林　健亮(学芸情報課長)、岩橋孝典(専門学芸員)、矢野健太郎(専門学芸員)
澤田正明(専門学芸員)、稲田陽介(主任学芸員)

［研究事業］　テーマ研究「国家形成期の首長権と地域社会構造」
(平成26年度～平成29年度)
客員研究員
仁藤敦史(国立歴史民俗博物館教授)
坂江　渉(兵庫県立歴史博物館ひょうご歴史研究室研究コーディネーター)
菱田哲郎(京都府立大学教授)
桃崎祐輔(福岡大学教授)
協力者
岩本　崇(島根大学准教授)
大谷晃二(島根県立松江北高校教諭)
花谷　浩(出雲弥生の森博物館長)
坂本豊治(出雲市文化財課)
須永　忍(明治大学古代学研究所研究推進員)
田中　裕(茨城大学教授)
石木秀啓(大野城市教育委員会)
松本岩雄(八雲立つ風土記の丘所長)
研究構成員
吉松大志(主担当)、平石　充、岩橋孝典、松尾充晶、岩本真実、田中　大
丹羽野裕、池淵俊一、仁木　聡、澤田正明、吉永壮志、佐藤雄一、吉松優希

［展示企画・施工］　有限会社ササキ企画
［広　報］　ミュージアムいちばた
［広報製作］　福代亜寿男(ミュージアムいちばた)
［美術輸送］　日本通運株式会社松江支店
［図録デザイン・印刷］　ハーベスト出版

凡　例

1　本書は島根県立古代出雲歴史博物館　平成30年度企画展「古墳は語る　古代出雲誕生」の展示図録である。
2　図録構成と展示構成は必ずしも一致しない。また、本書に掲載されている写真は展示品の全てではない。
3　本書に掲載する写真の提供・撮影者が所有者と異なる場合は、列品目録に明示した。ただし、当館撮影の場合は特に明記していない。
4　本書の執筆は、池淵俊一(島根県教育庁文化財課調整監)、仁木聡(島根県埋蔵文化財調査センター企画員)、平石充(島根県古代文化センター専門研究員)、松尾充晶(同専門研究員)、佐藤雄一(同主任研究員)、吉永壮志(同主任研究員)、林健亮(島根県立古代出雲歴史博物館学芸情報課長)、岩橋孝典(同専門学芸員)、増田浩太(同専門学芸員)が分担して行った。
5　本展の開催ならびに本書の作成にあたっては、所蔵者をはじめ多くの機関、個人のご協力をいただいた。厚く御礼申し上げる。

ごあいさつ

企画展「古墳は語る　古代出雲誕生」を開催するにあたり、一言ご挨拶いたします。

当展は、平成二六年度から平成二九年度までの四年間、島根県古代文化センターの研究事業として実施した「国家形成期の首長権と地域社会構造」の成果を公開するものです。古墳時代中期（五世紀頃）の出雲の豪族たちの動向をテーマとした平成二六年企画展「倭の五王と出雲の豪族」を受け継ぎながら、「出雲」という地域誕生の謎に迫るものです。

古墳時代後期（六世紀）は、古代国家成立の礎となった時代です。「倭の五王」時代後の混乱を経て、ヤマトでは諸豪族たちを統率する「大王」が擁立され、国家形成が急速に進みました。一方で各地の豪族たちは、ヤマトとの関係を維持しながらそれぞれの地域をまとめ上げていきました。

出雲地方では、東部と西部に大型古墳が築造されるなど、それぞれに首長が並び立ち、ヤマトや九州などの豪族たちと盛んに交流しながら、独自の文化を育んでいました。こうした東西二つの勢力が並び立つ時代にあっても、大刀の形状や埴輪製作技法など、徐々に共通性が見られるようになっていきます。この共通性が、後の時代に続く「出雲」という地域的なまとまりにつながっていくとの仮説を当展では展開してみたいと考えています。

最後になりましたが、開催にあたり貴重な文化財の出品を御快諾いただきました所蔵者の皆さまをはじめ、格別の御指導、御協力を賜りました関係の皆さまへ心より感謝申し上げます。

平成三〇年八月三日

島根県立古代出雲歴史博物館　館長　今岡　充

目次

関連年表

471年	埼玉稲荷山古墳の鉄剣に「辛亥年7月中・・・」の紀年銘
478年	倭国王武（雄略天皇？）宗（南北朝）に上表文を贈る
479年	雄略天皇崩御。この頃、江田船山古墳（熊本県）に副葬された大刀に銘文が刻まれる
507年	継体天皇即位。この頃、九州北部の豪族らが、朝鮮半島の勢力と活発に交流する
527年	近江毛野臣、任那に向け、6万の兵を率いて出発 磐井の乱が勃発。筑紫君磐井が反乱、近江毛野臣の軍を阻む
528年	磐井の乱終結
530年	この頃、近江毛野臣、新羅・百済による任那進出阻止に失敗。毛野臣は帰国途中に没す
531年	この頃、継体天皇が崩御し、欽明天皇が即位したと言う
532年	朝鮮半島南部の金官国が新羅に投降
538年	百済の聖明王が、仏像・経論などを贈ったとされる（仏教公伝、552年説も）
539年	欽明天皇即位、物部尾輿を再び大連とする
554年	百済聖明王が戦死
569年	蘇我稲目死去
571年	欽明天皇崩御
572年	物部守屋を大連に任じ、蘇我馬子を大臣とする
576年	額田部皇女の立后
587年	物部守屋、廐戸皇子らと戦い戦死。崇峻天皇即位
592年	蘇我馬子、崇峻天皇を殺させ、敏達皇后（後の推古天皇）が即位する
626年	蘇我馬子が没す。
628年	推古天皇崩御
645年	乙巳の変（大化の改新）。中大兄皇子・中臣鎌足らが宮中、蘇我入鹿を打ち、蘇我蝦夷も死去。
646年	改新の詔。薄葬令などを定める

プロローグ

古墳が語る「大王」の時代

今にも動き出しそうな甲冑形埴輪
圧倒的存在感の武装石人
独特の造形を見せる出雲型子持壺

ヤマト・九州・出雲の古墳時代後期を象徴する出土品です。形や材質こそ異なりますが、いずれも古墳上に立てられるために作られたものです。この時代、列島各地が古代国家へとまとまっていく一方で、こうした地域ごとの個性や特徴もまた鮮明になっていきます。古いものは形を変え、新たなものが生まれだす。変化の時だからこそ、興味深い時代なのです。

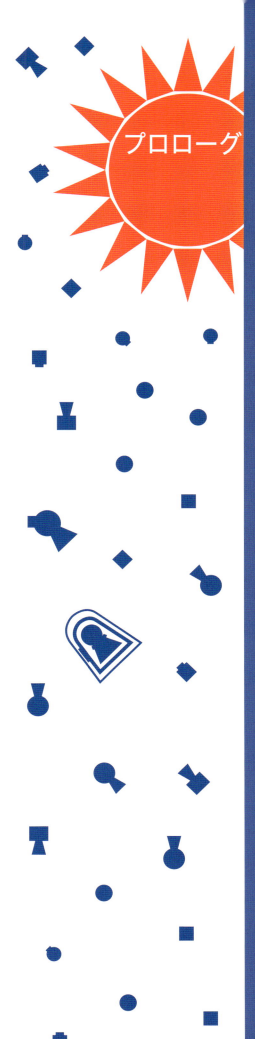

1　**出雲型子持壺**
山代二子塚古墳　古墳時代後期　島根大学法文学部考古学研究室

2　**甲冑形埴輪**

今城塚古墳　古墳時代後期　高槻市教育委員会

3　武装石人／重要文化財
鶴見山古墳　古墳時代後期　八女市

第1章 並び立つ東西出雲

古墳時代後期（６世紀）、出雲では東西二つの政治勢力がありました。東部勢力は前方後方墳・方墳を築造するのに対し、出雲西部勢力は前方後円墳・円墳を築造し、石室や石棺、副葬品にも違いがあります。このような東西勢力の並立は、どんな理由で生まれたのでしょうか？両地域を代表する古墳の出土品から考えてみましょう。

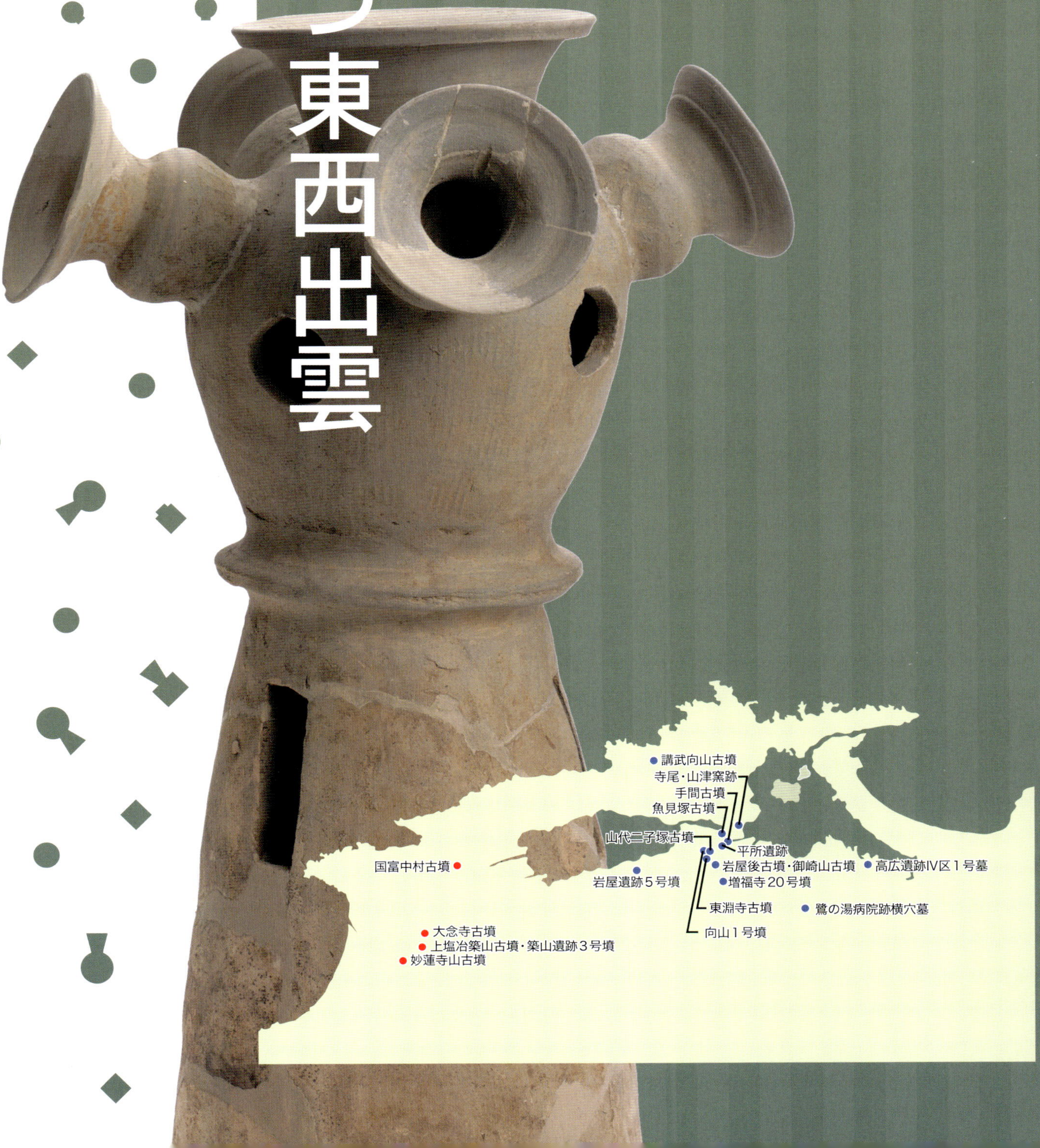

出雲型 子持壺

6　**出雲型子持壺**
向山１号墳　古墳時代後期
松江市教育委員会

5　**出雲型子持壺**
講武向山古墳　古墳時代後期
島根大学法文学部考古学研究室

4　**子持𤭯／市指定文化財**
増福寺20号墳　古墳時代中期
松江市教育委員会

7　**出雲型子持壺（参考品含む）／重要文化財**
上塩冶築山古墳　古墳時代後期　出雲市

8　**装飾付須恵器／重要文化財**
野口1号墳　古墳時代後期　倉吉市

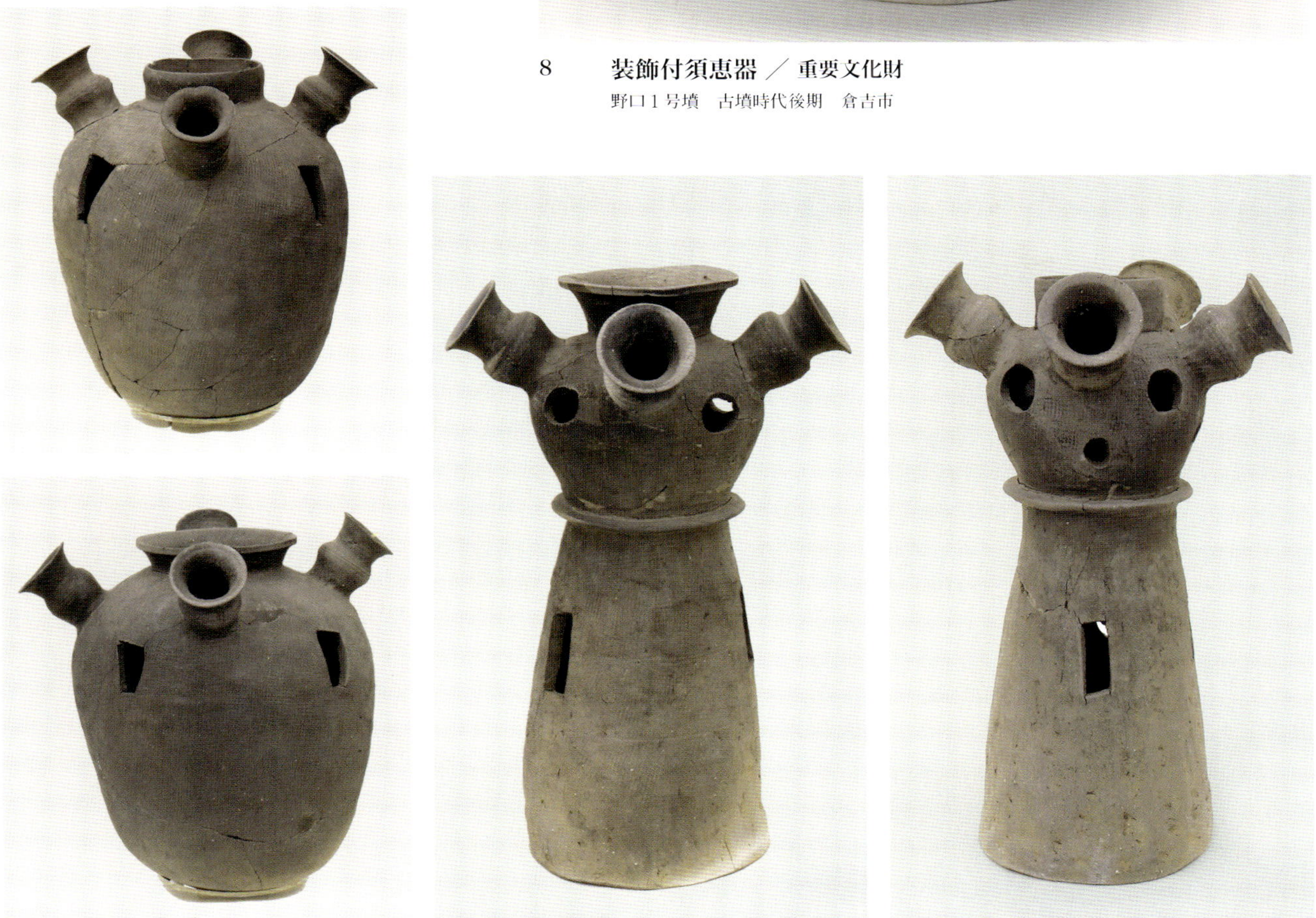

9　**子持壺／重要文化財**
上野遺跡　古墳時代後期　文化庁

出雲東部の豪族たち

12　**珠文鏡**
御崎山古墳　古墳時代後期　島根県教育委員会

12　**獅噛環頭大刀**
御崎山古墳　古墳時代後期　島根県教育委員会

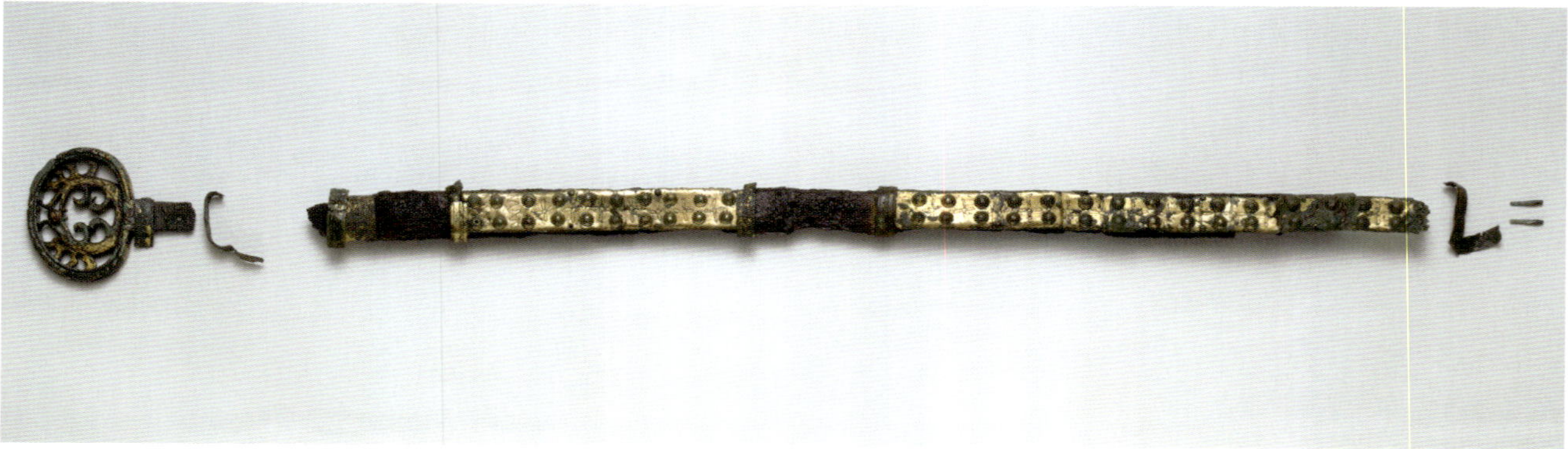

10　**双龍環頭大刀**
高広遺跡Ⅳ区１号横穴墓　古墳時代後期　島根県教育委員会

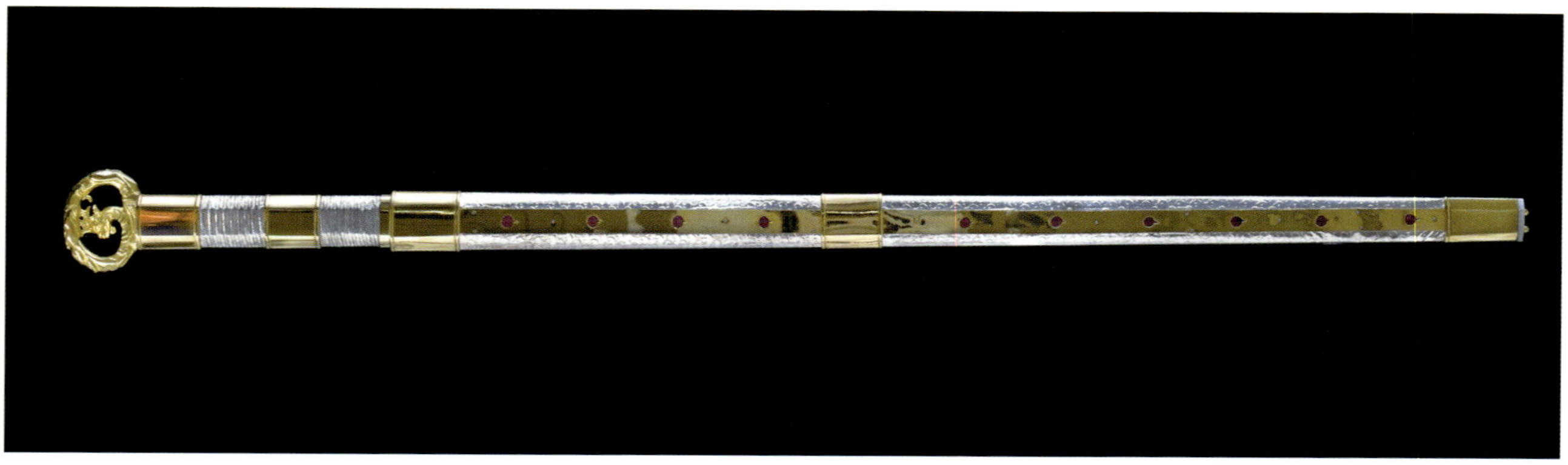

11　**単鳳環頭大刀(複元品)**
鷲の湯病院跡横穴墓　現代(原品:古墳時代後期)　島根県教育委員会・原品:東北大学文学研究科考古学研究室

12　**金銅製鈴**
御崎山古墳　古墳時代後期
島根県教育委員会

12　**雲珠**
御崎山古墳　古墳時代後期　島根県教育委員会

12　**金環・銀環**
御崎山古墳　古墳時代後期　島根県教育委員会

13　**古代の飾馬（復元模型）**
現代　吹田市博物館

17　**革袋形須恵器**
東淵寺古墳　古墳時代後期
島根県教育委員会

16　**子持壺**
手間古墳　古墳時代後期
島根大学法文学部考古学研究室

14　**革袋形須恵器**
山代二子塚古墳　古墳時代後期
島根県教育委員会

17　**円筒埴輪**
東淵寺古墳　古墳時代後期
島根県教育委員会

16　**円筒埴輪**
手間古墳　古墳時代後期
島根大学法文学部考古学研究室

14　**円筒埴輪**
山代二子塚古墳　古墳時代後期
島根県教育委員会

19-1　**須恵器類**
寺尾窯跡　古墳時代後期
島根県教育委員会

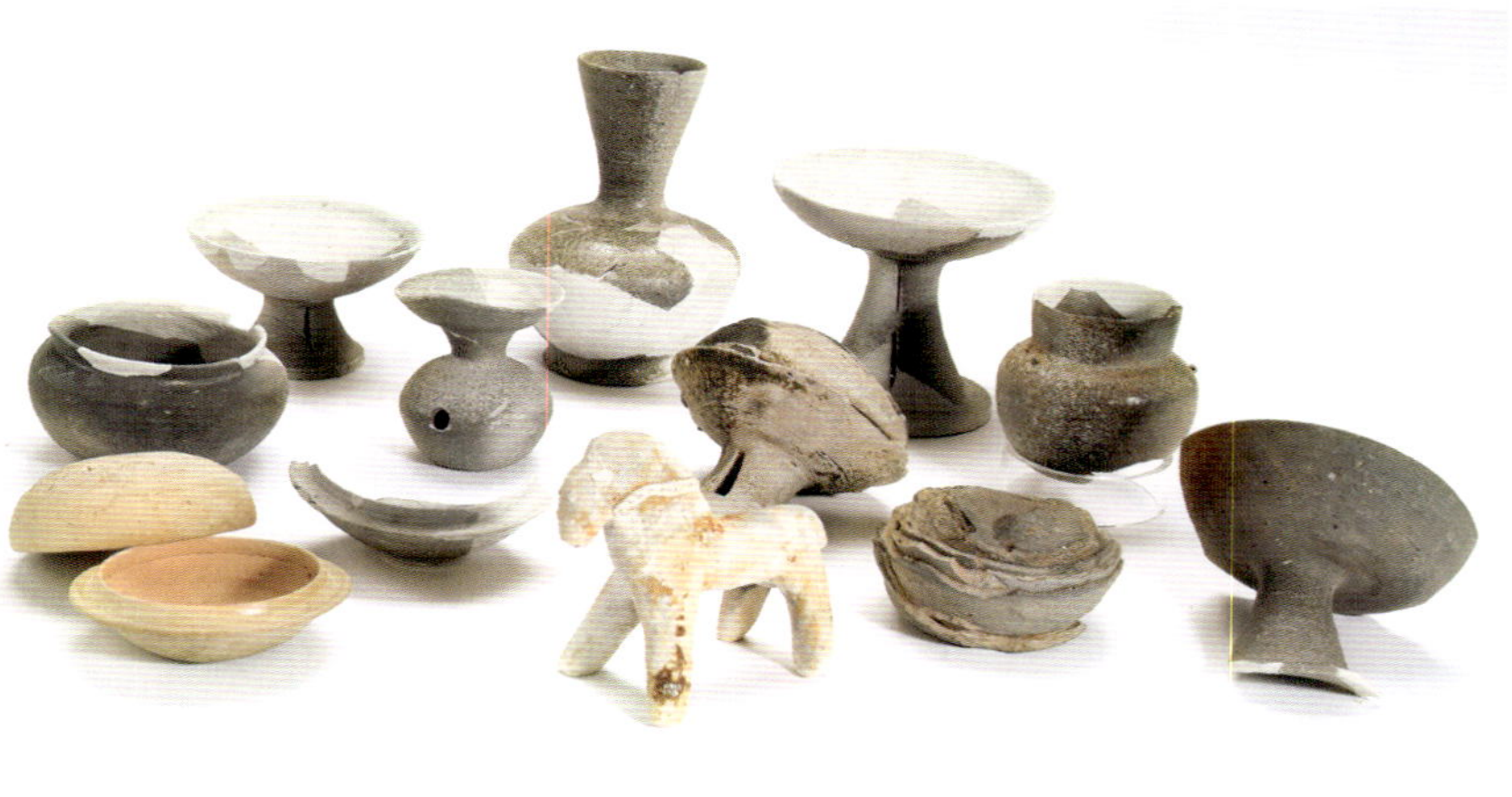

19-2　**須恵器類**
山津窯跡　古墳時代後期
松江市教育委員会

20　**須恵器類・玉類**
岩屋遺跡5号墳
古墳時代後期
島根県教育委員会

20　**玉類**
岩屋遺跡5号墳　古墳時代後期
島根県教育委員会

15　**人物埴輪(複製品)**
岩屋後古墳
現代(原品は古墳時代後期)
島根県教育委員会
原品:東京国立博物館

21　**馬形埴輪 ／ 重要文化財**
平所遺跡　古墳時代後期　島根県教育委員会

21　**家形埴輪 ／ 重要文化財**
平所遺跡　古墳時代後期　島根県教育委員会

出雲西部の豪族たち

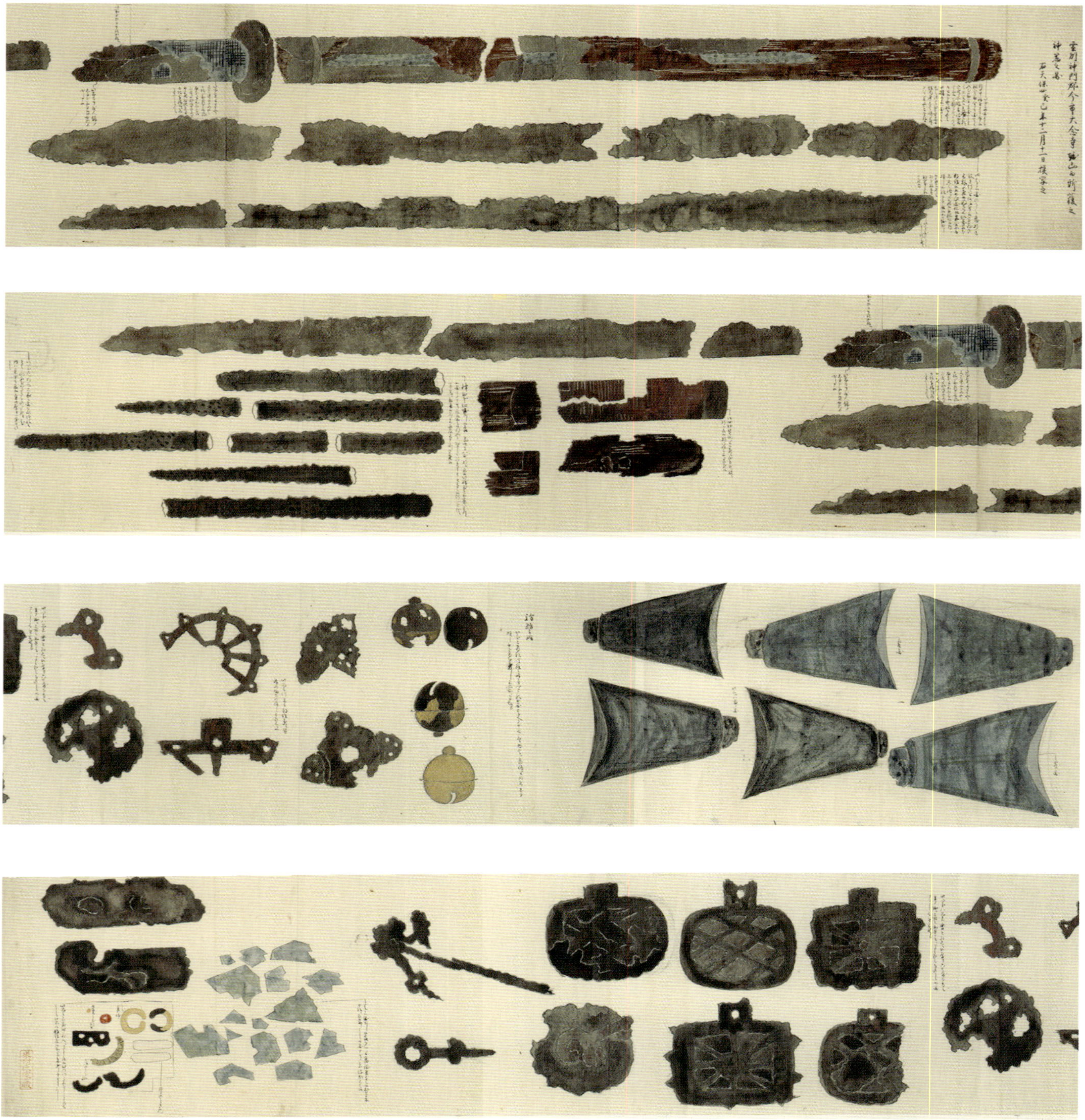

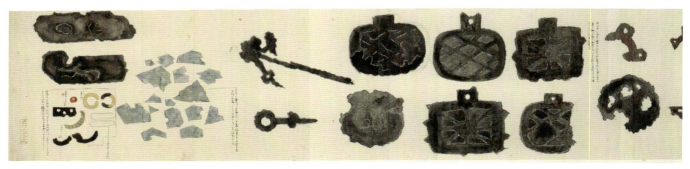

22-2　大念寺古墳発掘遺物図
江戸時代　個人

25　**円頭大刀**
妙蓮寺山古墳　古墳時代後期　島根県教育委員会

22-1　**円筒埴輪**
大念寺古墳　古墳時代後期　出雲市

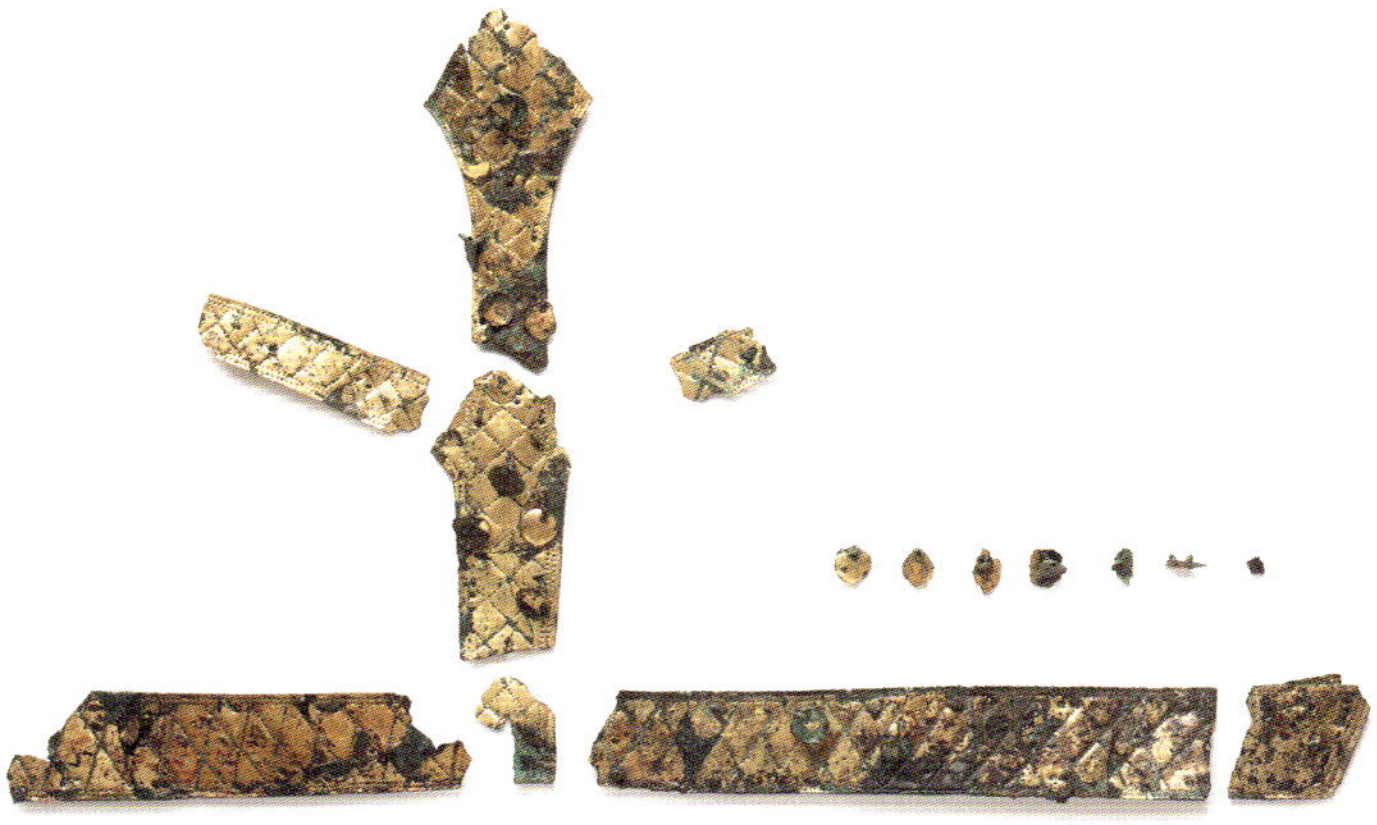

23-1　**金銅製冠 ／ 重要文化財**
上塩冶築山古墳　古墳時代後期　出雲市

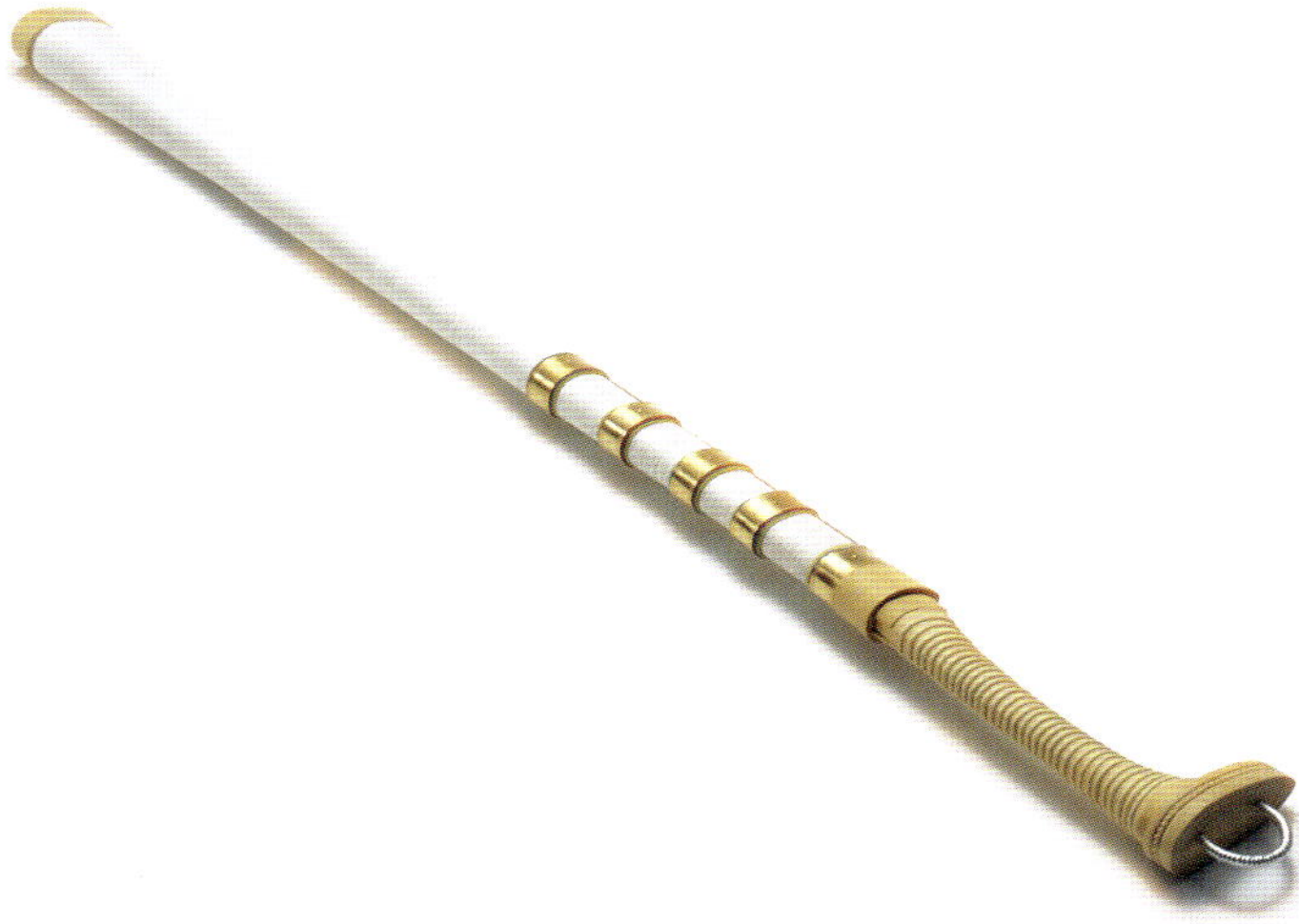

23-2　**振り環頭大刀（復元品）**
上塩冶築山古墳　現代（原品：古墳時代後期）　島根県教育委員会・原品：出雲市

23-1　**金銀装円頭大刀 ／ 重要文化財**
上塩冶築山古墳　古墳時代後期　出雲市

23-1　上塩冶築山古墳出土品(参考品含む)／重要文化財
古墳時代後期　出雲市

26　馬具類（参考品含む）
国富中村古墳　古墳時代後期　出雲市

26　金銅製鈴（参考品含む）
国富中村古墳　古墳時代後期　出雲市

26　**金環・玉類(参考品含む)**
国富中村古墳　古墳時代後期　出雲市

26　**珠文鏡**
国富中村古墳　古墳時代後期　出雲市

26　**須恵器類(参考品含む)**
国富中村古墳　古墳時代後期　出雲市

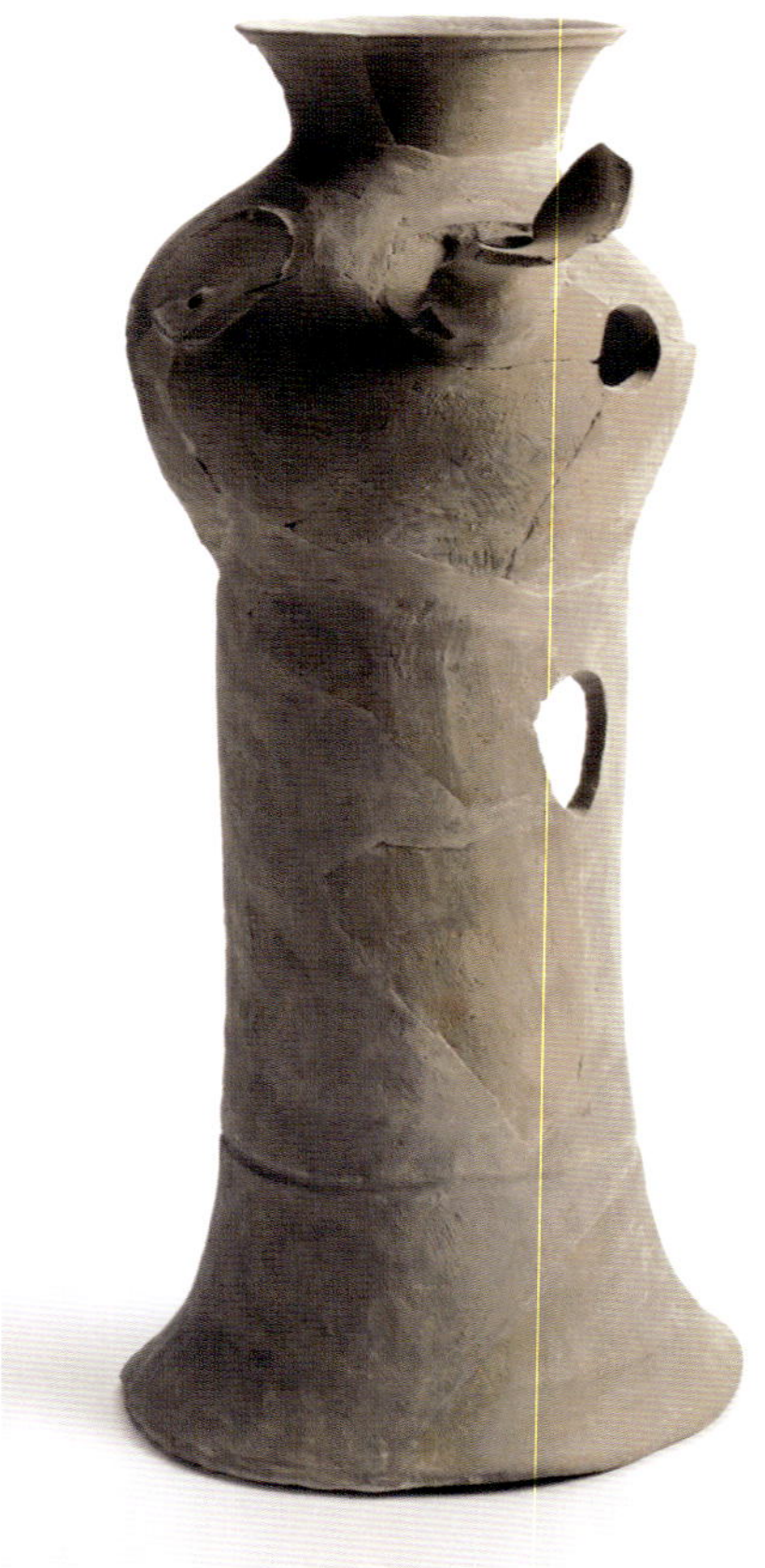

26　**出雲型子持壺**
国富中村古墳　古墳時代後期　出雲市

出雲と下野の知られざる交流

27　長胴形大甕
下石橋愛宕塚古墳　古墳時代後期　栃木県立博物館

27　馬具類
下石橋愛宕塚古墳　古墳時代後期　栃木県立博物館

27　透彫金具
下石橋愛宕塚古墳　古墳時代後期　栃木県立博物館

28　脚付壺
国分寺愛宕塚古墳　古墳時代後期　下野市教育委員会

28　子持壺・𤭯
国分寺愛宕塚古墳　古墳時代後期　下野市教育委員会

コラム

継体《けいたい》・欽明朝《きんめいちょう》における東西出雲成立の史的背景

仁木　聡

1．東西出雲とは

いわゆる継体・欽明朝に比定される古墳時代後期（6世紀）、出雲にはその東西2カ所に並立する政治勢力が成立した。出雲東部勢力は前方後方墳・方墳を、出雲西部勢力は前方後円墳・円墳を築造するなど、古墳の墳形や石室・石棺、さらには副葬品の較差を顕在化させ、巨石墳から横穴墓の被葬者にいたる階層的序列を形成した【図1】。

出雲東部勢力は、『出雲国風土記』（733年成立）記載の意宇郡《おうぐん》を中心に分布することから「オウの勢力」、あるいは意宇郡の郡司が出雲臣であることから、「出雲臣氏の祖」、同じく、出雲西部勢力は神門郡《かんどぐん》を中心に分布することから「カンドの勢力」、神門郡の郡司が神門臣であることから、「神門臣氏の祖」とも名づけられている。

2．東西出雲成立の背景

出雲東部では、5世紀におけるヤマト王権との直臣的通交関係の中で、大型方墳を首長墳とした地域なまとまりが形成され、5世紀末葉には「前方後方墳」による方墳系の墳形秩序でまとまった政治勢力が成立する（島根県古代文化センター2015）。一方、出雲西部では6世紀になって、忽然と出雲東部に匹敵

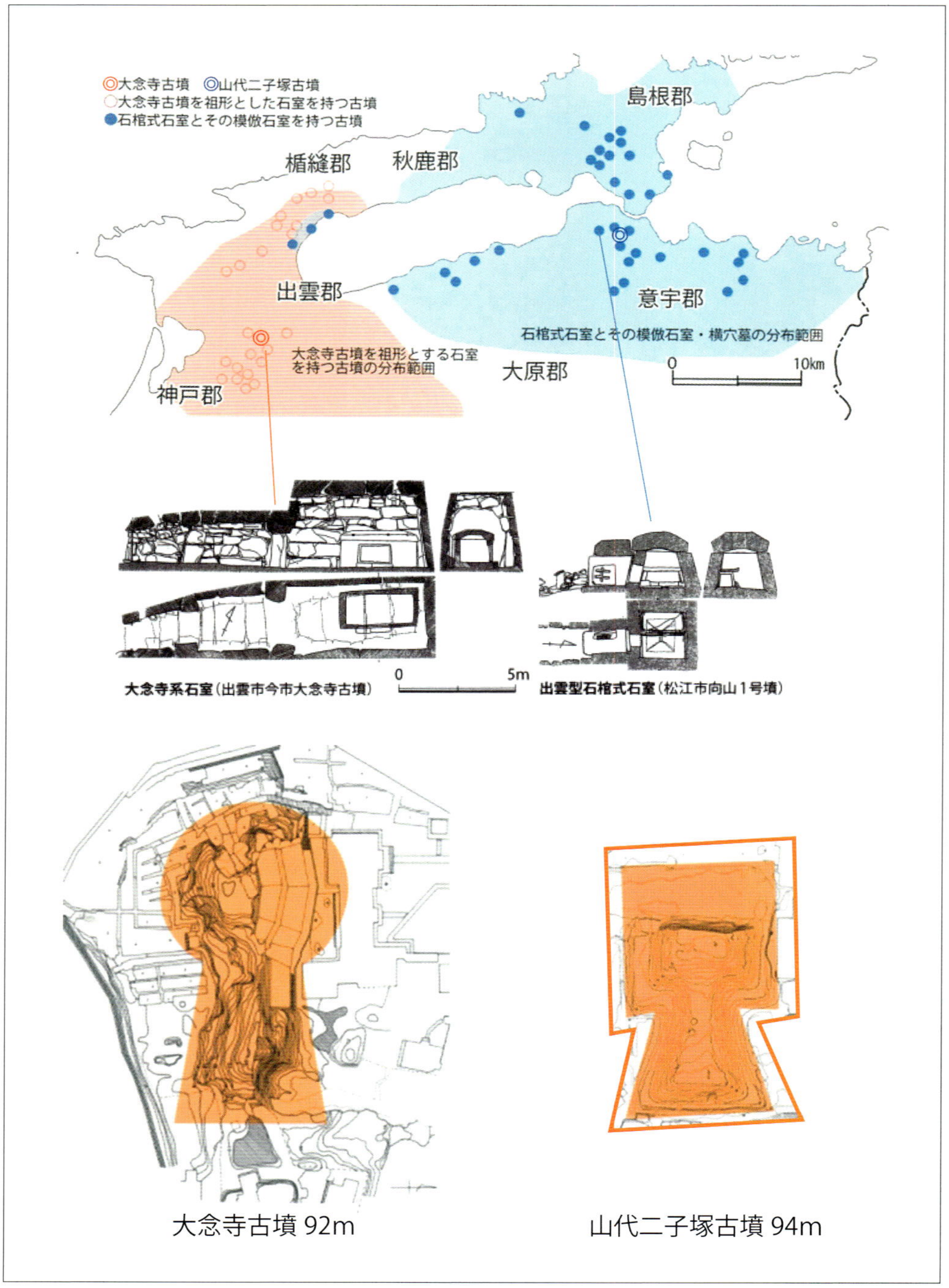

【図1】東西出雲の政治勢力

する政治勢力が、「前方後円墳」による円墳系の墳形秩序の下に成立する。この成立のカギを握るのが、継体・欽明朝における朝鮮半島派兵への兵站《へいたん》確保、あるいは世界的な気候変動に対応したヤマト王権主導の地域開発（食料増産・人口増）である。これが地域社会の重要な画期となって、出雲を東西に二分するかのような政治勢力の成立につながったのである。

3.『出雲国風土記』の開発伝承と考古学的研究

奈良時代に編纂された『出雲国風土記』（以下、『風土記』）には、出雲における地域開発を示唆する伝承記事が記されている。近年、これらの伝承記事と考古学的な接点を評価する研究が進められている【図２】。

①継体朝と出雲の開発

まず、古墳時代後期は、西暦５１０年ころに最も気温が低下する古墳寒冷期にあり、６世紀前半におけるクラカトア火山（インドネシア）噴火の影響による寒冷化（「ＡＤ５３６イベント」）や、西暦５２０年代から６世紀末に酸素同位体比が約20年周期で乱高下する地球規模で起こった環境変動（洪水と旱魃《かんばつ》の頻発）の只中にあったことが、近年の自然科学分野（高分解能古気候学）から指摘されている。そして、６世紀の気候変動が、『日本書紀』（以下、『書紀』）に記された「筑紫君磐井《つくしのきみいわい》の乱」、「武蔵国《むさしのくにの》造《みやつこ》の乱」、そしてヤマト王権の直轄地である「屯倉《みやけ》設置」と関連している可能性が説かれている（中塚２０１５）。たしかに、６世紀前半における各地での争乱、ヤマト王権による地域支配のための政治的・軍事的な拠点、あるいは貢納奉仕の拠点とされた屯倉の設置が説かれている点は興味深い。文献・古代史か

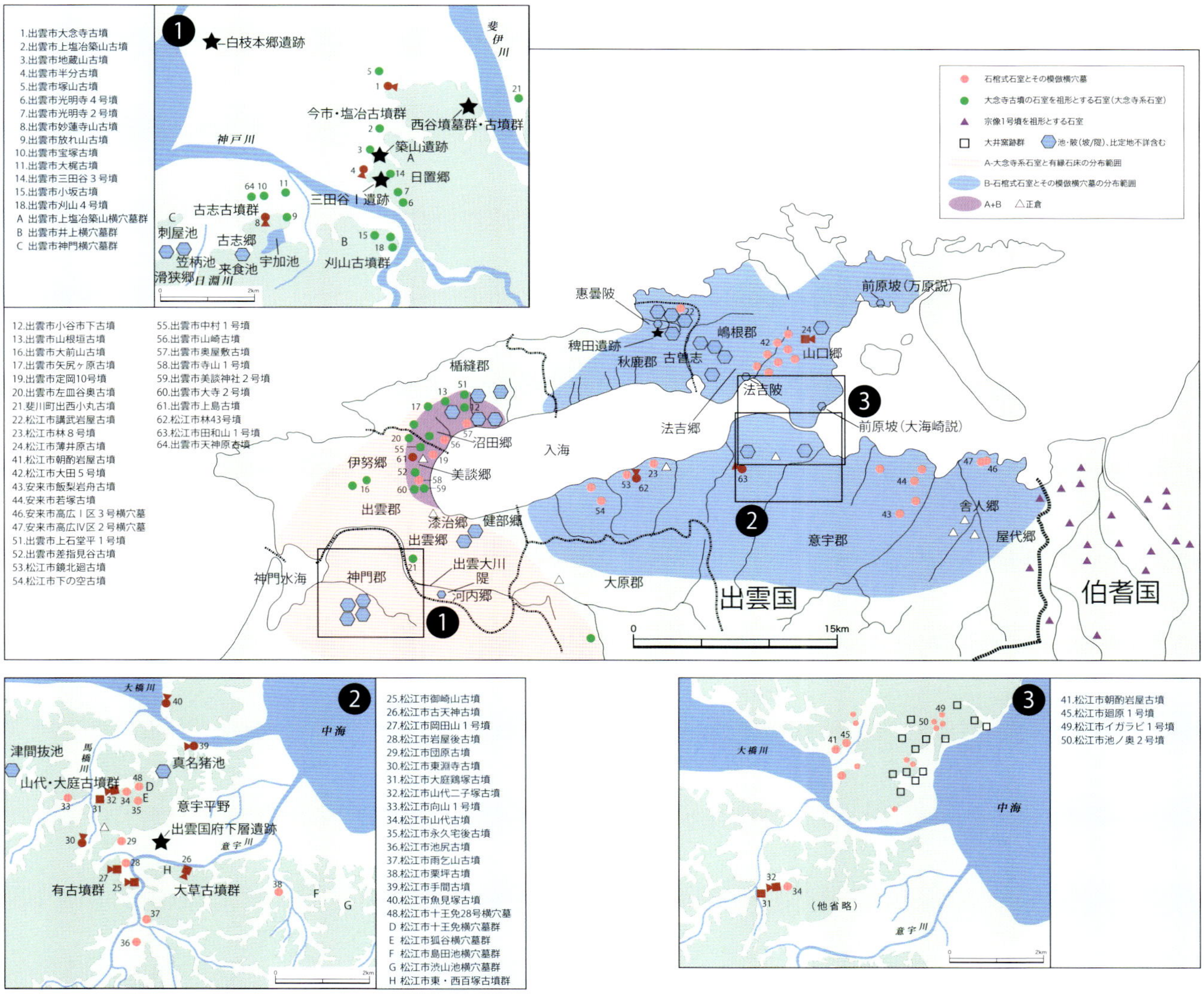

【図２】東西出雲の政治勢力と『出雲国風土記』からみた池溝開発

らは、『書紀』安閑・宣化条に屯倉記事が集中する史的背景として、『書紀』継体・安閑《あんかん》・宣化《せんか》・欽明・推古条に韓半島への大規模かつ継続的な派兵記事が記されていることから、ヤマト王権と朝鮮諸国との対外的緊張関係が指摘されている（仁藤2009）。また、『書紀』安閑条にみえる二十六屯倉の設置記事と、『書紀』宣化元年（536年）条の詔（諸国の屯倉の穀を那津官家《なのつのみやけ》に集めるために発せられた輸送命令）を、半島への軍事行動に伴う王権の後方兵站活動の一環として評価する（仁藤前掲）。一方、考古学サイドからは、「AD536イベント」という時代背景を踏まえて、この詔を「非常事態に際し、貢物を携えて来訪する客人や民を救うために、各地から那津に米穀を集めた「救援米」の準備」を命じたものと解し、中央権力による公的機能の拡大が求められた重要なステップになったとする説も提示されている（新納2014）。要するに、「外征」と「気候変動」のインパクトが、屯倉設置等の新たな制度を通して地域に対する王権の開発政策と貢納奉仕を促した可能性は高い。

とくに、『風土記』秋鹿郡条に記載される島根郡郡司大領《たいりょう》社部臣《こそべのおみ》訓麻呂《きみまろ》の祖・波蘇《はそ》等による恵曇陂《えともつつみ》の開発伝承記事（低湿地の排水を促すために岩盤を二箇所で掘削する）は注目すべきである。この記事は考古学的見地からも再評価する向きがあり、文献古代史においては『風土記』記載の「祖」・「父祖」の用例から、大化前代に遡る記憶の可能性も指摘されている。また、社部氏が出雲と継体天皇の勢力基盤である摂津三島地域にのみ分布している点も看過できない。すなわち、6世紀中葉に島根郡に築造される薄井原《うすいばら》古墳の被葬者らが継体天皇やその擁立・支持勢力との直接的な通交関係を有している考古学的確証を評価すれば（コラム73頁参照）、恵曇の開発は対外的緊張関係における日本海沿岸における兵站供出の生産拠点の一つとして、あるいは「AD536イベント」等の環境変動による対処として、ヤマト王権が在地首長の地域経営に関与した記念碑的開発事業であったと推測することも許されよう。

さらに『風土記』には、上島《あげしま》古墳が所在する出雲郡美談郷《みだみのさと》が「天御領田《あめのみた》」に由来するとされ、これを王権による「屯田《みた》」の設置と説く見解も注目される。加えて、『風土記』美談郷には、王権の直轄地である「県《あがた》」の存在を示唆する「阿我多《あがた》社」・「県社」・「県社」の三社が記され、出雲郡の「正倉《しょうそう》」も設置されている。このことから、上島古墳の被葬者も、ヤマト王権による島根半島西部の新たな地域開発に関与した可能性が浮上するのである。

②欽明朝と出雲の開発

欽明天皇は、継体天皇と雄略天皇の孫娘である手白香皇女《たしらかのひめみこ》の間に生まれた正統なヤマト王権の血筋を引く人物で、継体天皇の内政・外政を継承して地域統治と開発を強力に推し進めた（在位540〜571年『書紀』）。このことは、欽明天皇が「治天下」の日本語である「クニオシ」を和風諡号《わふうしごう》におくられた「アメクニオシハルキヒロニワ（天国押排広庭）」と記されることから、これを天皇成立の一画期とする文献・古代史の見解にも象徴されていよう。

欽明朝期（6世紀後半）になると、雄略朝期（5世紀末葉）までに有力豪族層の政治的結集が達成されていた出雲東部勢力の中心地に、山代二子塚古墳（前方後方墳・94m）が築造される。一方、出雲東部とは対照的に古墳の築造が低調であった出雲西部にも、山代二子塚古墳と双璧をなす規模の大念寺古墳（前方後円墳・92m）が築造される。

ここでは、この時期に新たな政治的結集がなされた出雲西部勢力に注目したい。この出雲西部勢力とヤマト王権の通交は、継体朝期における上島古墳の築造にも表れており、その背景にヤマト王権による「屯田」や「県」設置の接点を想定した。そうであれば、出雲西部の最高首長墳である大念寺古墳の築造は、ヤマト王権が関与した出雲西部の新たな開発行為が背景になっていたことを暗示しているのではないか?かつて、出雲西部勢力の勃興を、斐伊川《ひいかわ》・神戸川両岸における沖積平野の開発の進展に想定した見解があった。近年、大念寺古墳をはじめとする出雲西部勢力の古墳築造地である神戸川三角州や神戸川左岸における各集落遺跡では、小規模古墳や灌漑用水路の可能性もある大溝等が検出されており、未開発の高地部分の利用が後期古墳の築造と連動している可能性が指摘されている。また、6世紀後半の水路（白枝本郷《しろえだほんごう》遺跡）から馬骨が検出されており、牛馬耕の可能性も示唆されている。さらに8世紀前半における公的権力の介在を想定する幅10mの大溝が、出雲市今市町の築山遺跡から見つかっていることも開発の継続性を暗示する。この大溝は今市《いまいち》・塩冶《えんや》古墳群

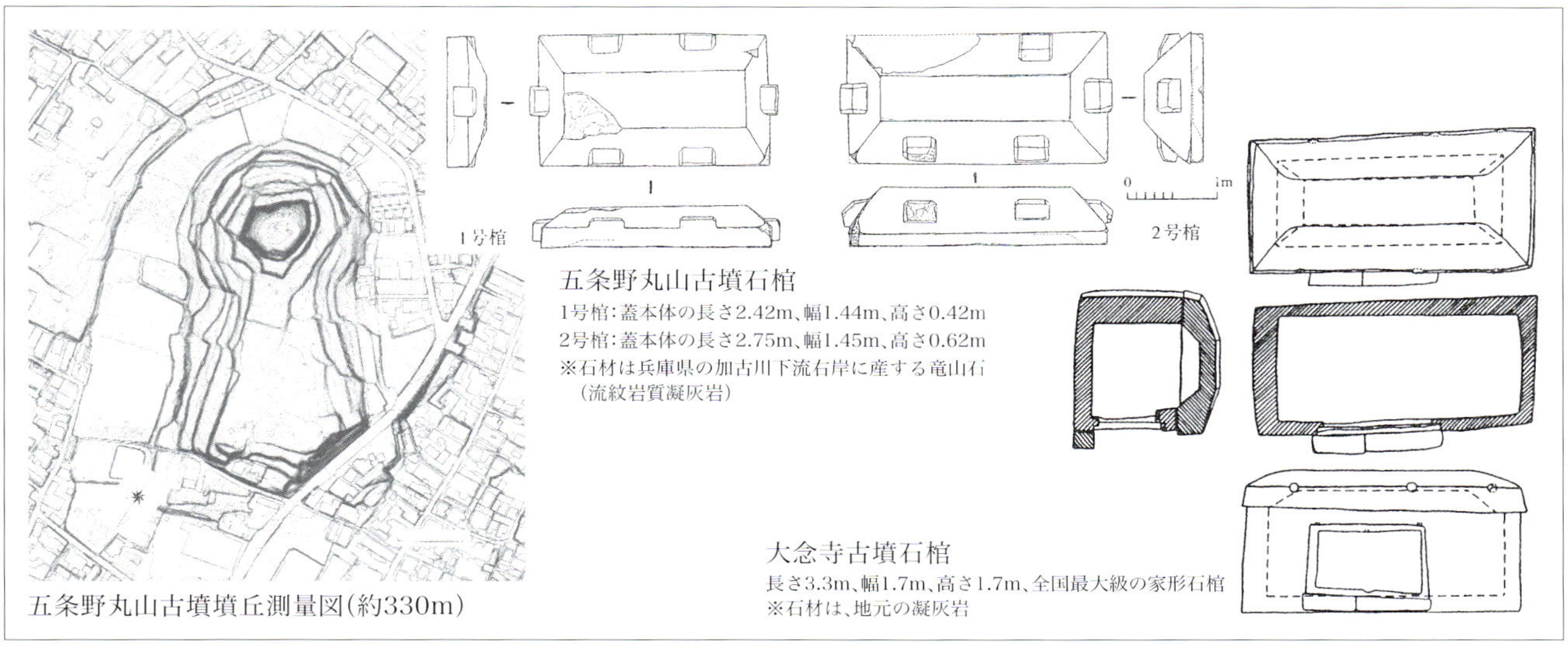

【図３】五条野丸山古墳の石棺と大念寺古墳の石棺（縮尺任意・同縮尺）

にあり、溝の南延長線上約１kmには神門郡家《かんどぐうけ》の付属機関に想定される三田谷Ⅰ《さんただにいち》遺跡（神門郡日《へ》置郷《きのさと》）が存在する。

次に、『出雲国風土記』（以下、『風土記』）に対する考古学的なアプローチから欽明朝における出雲西部開発の記憶を引き出してみよう。出雲西部勢力中枢の地である神門郡には、「池」の記載が４つある。その一つ、『風土記』神門郡古志郷「宇加池《うかのいけ》」の比定地である「宇賀池《うがいけ》」には、改修を含めて明瞭な版《はん》築《ちく》が施された堤が確認されている。この版築は、大念寺古墳の墳丘築造技術に類似しており、また、宇賀池の近傍には古志古墳群と刈山古墳群が周囲に展開していることから、宇賀池の築堤は古墳時代後期に遡る可能性が指摘されている。宇加池が、『風土記』神門郡古志郷《こしのさと》の郷名由来記事（日淵川の水を引いて池を作った際に、古志国の人々がやってきて、堤を築いて居住したことに由来）に登場する堤（池）のことを指しているのかは検討を要するが、『風土記』に記された古志郷の郷名由来の内容と「宇賀池」築堤を古墳時代後期における同時代的歴史事象とすれば、６世紀後半以降における推定５００基をこえる石川県能登半島先端の珠洲《すず》地域の横穴墓構造が出雲のそれと類似しているという考古学的指摘は、出雲の池溝開発を契機とした能登半島からの入植があった可能性にまで想像は及ぶ。

そして、出雲西部の新たな開発を最も端的に象徴する記念碑こそ、溜池築堤に耐えうる新たな版築技術（横穴式石室墳の墳丘構築技法）を導入した大念寺古墳の築造であった。結論のみ記せば、欽明朝期、王権に見いだされた出雲西部の伝統的勢力の後裔である大念寺古墳の被葬者が核となって、ヤマト王権関与の池溝開発を実施するとともに、出雲西部各地を本拠とする在地首長層の再編をすすめたのであろう。欽明天皇の陵として有力な墳長約３３０ｍの前方後円墳・五条野丸山《ごじょうのまるやま》古墳（見瀬丸山《みせまるやま》古墳）の横穴式石室に安置された家形石棺を凌ぐ畿内的要素と九州的要素を併せもつ大念寺古墳の巨大な家形石棺は、ヤマト王権と出雲西部最高首長の婚姻関係（王族や畿内有力氏族から入り婿を迎えた可能性を想定）をも想像させる【図３】。さらに注目すべきは、『風土記』神門郡条に記された日置郷《へきのさと》の郷名由来記事である。欽明朝期に日置伴部《へきのともべ》等が派遣され、宿停《とど》まって「政《まつりごと》」を執り行ったというこの伝承は、欽明朝期に「倉《くら》舎人君《とねりのきみ》」の祖・日置臣志毗《へきのおみしび》が「大舎人《おおとねり》」として奉仕したことに因む『風土記』意宇郡条に記された舎人郷の郷名由来記事と共に、欽明朝を中心とした６世紀における出雲の部民制支配の画期を示すものと理解されている。このことから記事の史実性は高いといえ、考古学的にも大念寺古墳の築造が欽明朝に想定できることとも矛盾しない。日置氏の職掌は諸説あるので措くとしても、日置伴部等は出雲西部の最高首長に参与した王権の派遣的人物の記憶をとどめたものと評価できまいか。

4．ヤマト王権の戦略拠点と出雲

欽明天皇が活躍した6世紀後半、東西出雲に100m級の前方後円（方）墳が築造される。全国的にみれば、6世紀後半代には100m級の前方後円（方）墳が築造される地域は、大和を除くと極めて限定的である【図4】。ヤマト王権による外征と兵站活動、あるいは開発の拠点として、とくに重要な地域とみなされたのであろう。100m級の前方後円（方）墳を築造できたのは、ヤマト王権から地域的な裁量権を許された政治的な証であったと思われる。

また、東西出雲の政治勢力は、ヤマト王権中枢の有力氏族（出雲東部は蘇我《そが》

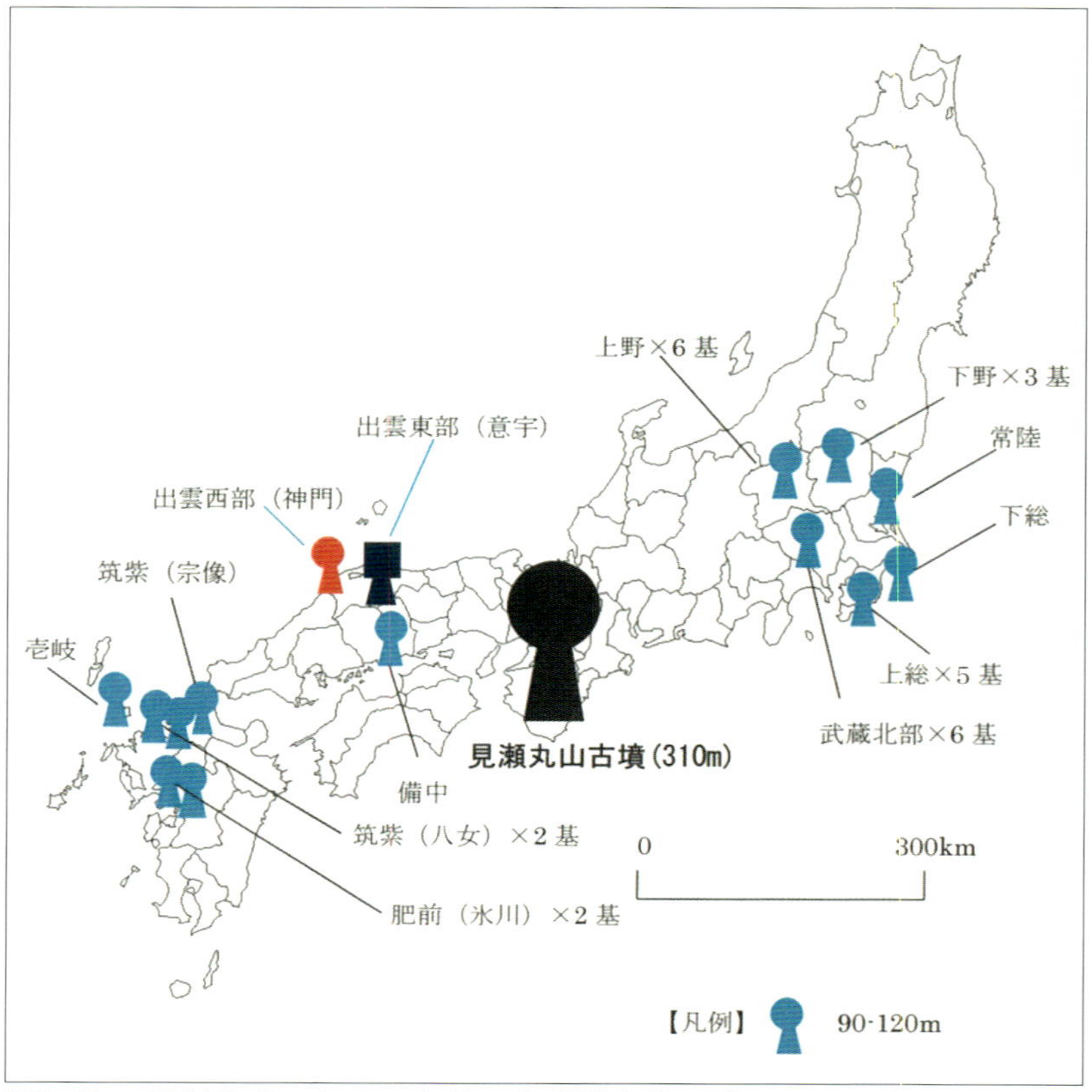

【図4】6世紀後半における各地の大型前方後円墳-ヤマト王権の政治的戦略拠点（軍事・交通・運輸・開発）

旧国	古墳名	墳長 (m)
上野	綿貫観音山古墳	98
	総社二子山古墳	90
	上淵名二子山	90
	割地山古墳	105
	観音塚古墳	105
	九合村 60 号墳	110
下野	正善寺古墳	103
	吾妻古墳	128
	山王塚古墳	89
武蔵（北）	鉄砲山古墳	109
	将軍山古墳	95
	真名板高山古墳	104
	天王山塚古墳	107
	小見真観寺古墳	112
	若王子古墳	103
常陸	大井戸古墳	100

旧国	古墳名	墳長 (m)
下総	御前鬼塚古墳	106
上総	稲荷山古墳	106
	三条塚古墳	122
	金鈴塚古墳	95
	西ノ台古墳	90
	大堤権現塚古墳	115
備中	こうもり塚古墳	94
出雲	山代二子塚古墳	94
	大念寺古墳	92
筑紫（宗像）	在自剣塚古墳	100
筑紫（八女）	鶴見山古墳	103
	乗場古墳	90
肥後（氷川）	大野窟古墳	123
	中ノ城古墳	102
壱岐	双六古墳	91

氏、出雲西部は物部《もののべ》氏、あるいは筑紫・肥後・吉備・下野などの各地の政治勢力とも通交関係を持つことで、地域性を顕在化させた。しかし、東西出雲で熾烈な政治的対立が生じていたことは考古学的には認めがたい。むしろ、出雲西部では石室や副葬品・須恵器・円筒埴輪などに、出雲東部との共通性も認められている。『新撰姓氏録《しんせんしょうじろく》』（平安時代成立）に、神門臣氏がもとは出雲臣氏と同族であることが記されていることは、示唆的である。

東西出雲成立の背景には、「出雲」という地域に二つの戦略的拠点をデザインした継体・欽明朝におけるヤマト王権による政治的意思があった。さらに意を尽くせば、ヤマト王権は、出雲東部勢力を5世紀以来の戦略拠点の伝統的管掌者として継続的に維持・発展させる一方で、新たな開発拠点「出雲新墾《いずもにいはり》」の地として、出雲西部に白羽の矢を立て、神門郡・出

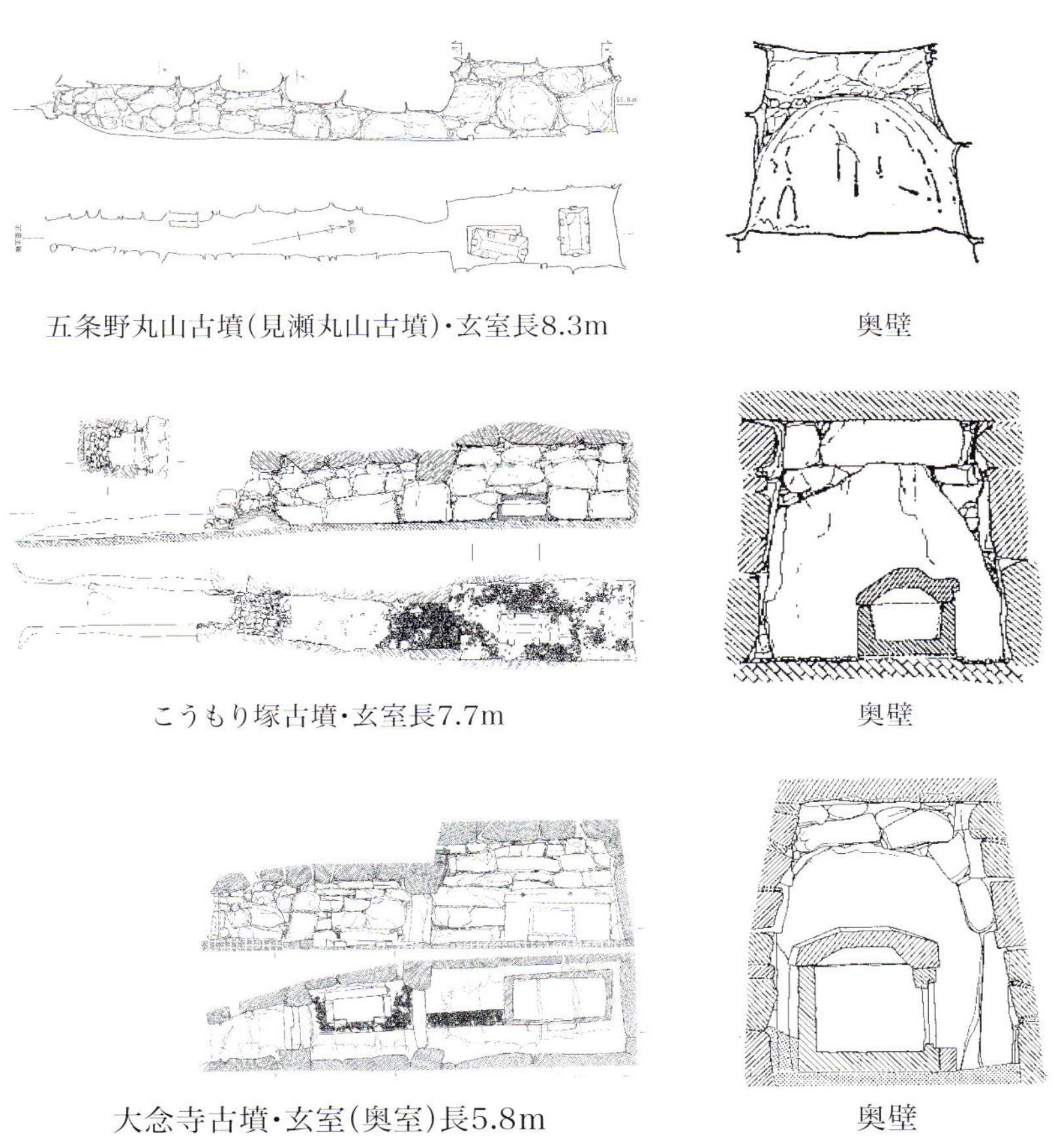

古墳名	玄室平面プラン	石棺	楣石	奥壁構造
五条野丸山古墳	◎	◎	—（※玄室に向かって下がる羨道の天井	◎
こうもり塚古墳	◎	◎	◎	◎
大念寺古墳	△（畿内系石室＋九州系複室構造）	○（畿内系石棺＋九州系平入り構造）	◎	◎

【図5】共時的に完成された巨石墳の類似的要素（縮尺任意・不同）

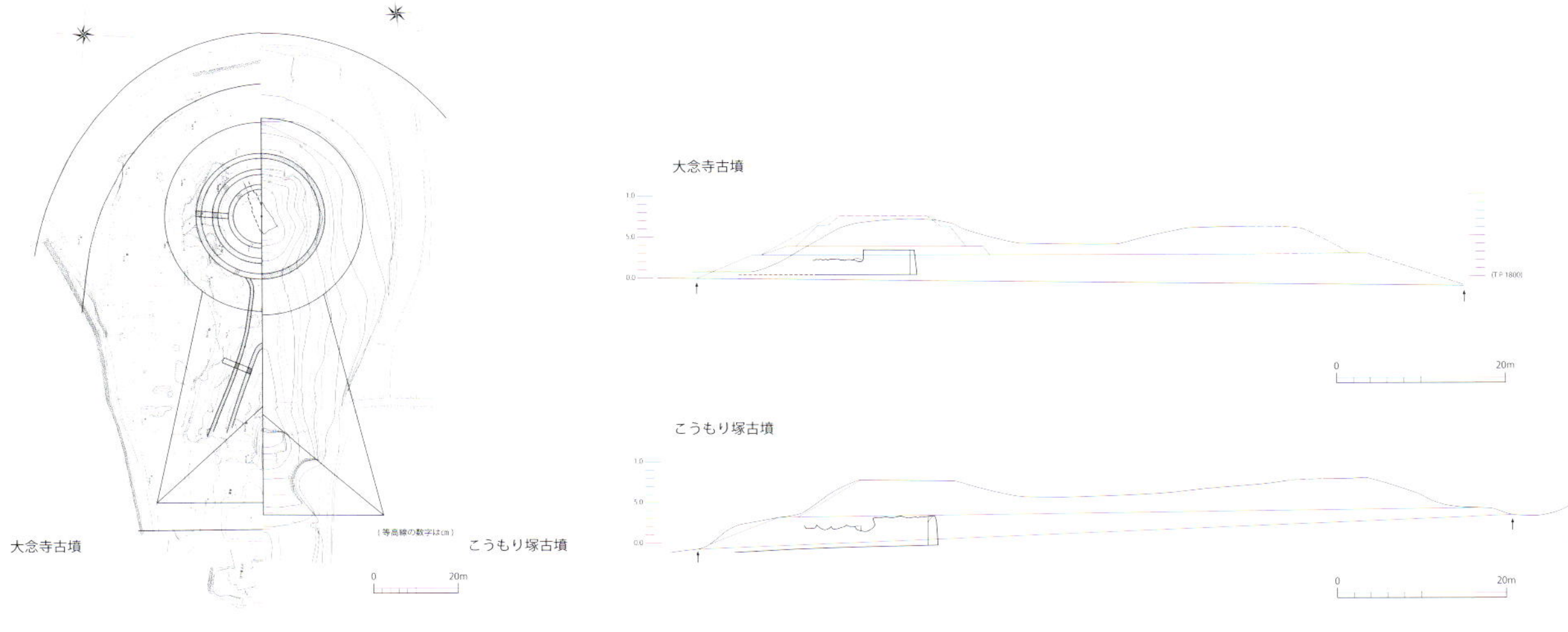

【図6】出雲・大念寺古墳と備中・こうもり塚古墳の類似性（縮尺任意・同縮尺）

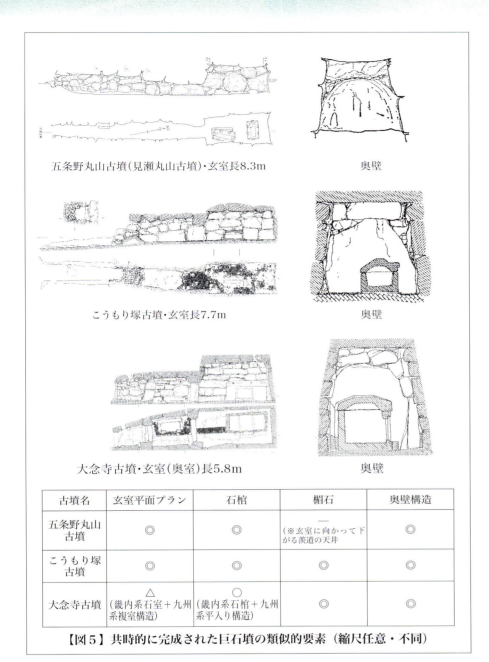

雲郡の伝統的勢力の後裔（大念寺古墳の被葬者）を出雲西部勢力の盟主に抜擢したドラマがあったのではないだろうか［註］。

5. 出雲西部と吉備の通交

6世紀後半代に築造された出雲・大念寺古墳（92m：本コラム推定値）は、五条野丸山古墳（見瀬丸山古墳）（330m）の墳丘築造企画が採用されたとする説がある備中・こうもり塚古墳（96m：本コラム推定値）（「見瀬丸山型前方後円墳」土生田2012）と墳丘企画が類似する。研究史上、大念寺古墳はこうもり塚古墳との類似性や五条野丸山古墳の墳丘築造企画の採用が説かれ（西尾1984）、後円部に対する石室開口方向の類似性と合わせて、大念寺古墳とこうもり塚古墳は相似墳である可能性が指摘されてきたが（島根県古代文化センター編1996）、再検討の結果、両者は五条野丸山古墳との石室・石棺の構成要素の類似性を含めて**【図5・6】**、墳丘築造企画の共通性を認め得る「共時的に完成された巨石墳」（菱田2007）と考えて大過ない。

ところで、大念寺古墳が位置する神戸郡や出雲西部勢力下の出雲郡には、「吉備」にまつわる8世紀代の史資料がみえる。『風土記』には、神戸郡の主政に「吉備臣」が記され、天平一一年出雲国大税賑給歴名帳の神戸郡には「吉備部（臣・君）」、出雲郡の青木遺跡出土木簡には、「吉備部細女」・「吉備部忍手」の名がみえる。さらに、吉備にも「出雲部」がみられる（備中窪屋郡・賀夜郡）。文献・古代史による先行研究では、「吉備部」あるいは「出雲部」の始祖は、弥生時代後期～古墳時代前期（岩本1960・門脇1992など）、部民制の開始を5世紀前半とする説（吉田1973）のなかで、彼我の通交関係に求められてきた。もちろん、これら吉備部姓や出雲部姓を名乗る人々のルーツ（祖先）がいつの時代に遡り、あるいは祖先の出身地が事実として「吉備」・「出雲」にあったのか、断続的な交流による始祖ルーツの累積も考えられるため、歴史学的にこれを決することは容易ではない。

しかし、可能性の問題として、ここでは墳丘企画と石室構造の類似性を共有した巨大な前方後円墳の築造が、「畿内」、「出雲西部」、「吉備」で行われていたという考古学的事実を重視したい。すなわち、8世紀に比較的近い欽明朝期（6世紀後半）に、出雲西部におけるヤマト王権主導の開発を画期とした「吉備からの出雲西部への集団移入」、あるいは吉備を介したヤマト王権の「部民支配（吉備部の扶植）」による「吉備」と「出雲西部」の相互通交があった可能性を想像することは許されよう。

6. おわりに

最後に『風土記』に触れておきたい。開発伝承をはじめ、「池」や「陂《つつみ》（坡）・隄《つつみ》」の記載が島根半島と出雲西部に偏っていることをどのように考えたらよいのか。島根郡の薄井原古墳と「恵曇の開発」、出雲郡美談郷の上島古墳と「県」・「屯倉（屯田）」、神門郡古志郷の巨石墳と「宇加池」築堤、大念寺古墳築造と「日置伴部等」の「政」は、両地域の池溝開発の一端を示すものであろう。古墳時代後期から律令時代にかけて、出雲はヤマト王権から「新墾《にいはり》の地」（新たな開発対象地）とみなされたとする説がある。その「出雲新墾」とは、5世紀に遡って有力豪族の政治的結集と開発が行われた出雲東部勢力の中心地である意宇郡中枢も含まれようが、本質的には継体・欽明朝を画期とする6世紀以降の新たな開発が行われた島根半島と出雲西部を象徴したものなのである**【図2】**。公的権力を伴った開発の記憶と共に、人工物としての「池」・「陂（坡）・隄」も『風土記』編纂に際して、記載要件の一つに加えられていた。『風土記』の編纂者は開発伝承を採録せざるを得なかったのである。

［註］

大念寺古墳をピークとした出雲西部の首長墳の築造は、「神門水海」を重視した中央政権と在地勢力の政治的結合を内外に見せるもので、出雲西部成立の背景に6世紀後半から7世紀における対新羅外交に基因した中央政権の交通政策が唱えられている（広瀬2017）。広瀬による対新羅外交と交通政策に関する一連の研究（広瀬2010など）は説得的であり、東西出雲の成立を考える上で、筆者も基本的に支持する立場を示した（仁木2016・2017）。

大念寺古墳の築造地は、巨視的に見れば西谷墳墓群・西谷古墳群が存在する西谷丘陵に接続する丘陵の最先端部にある。出雲西部における伝統的勢力を祖先系譜として意識した立地ともいえる。さらに、近傍にある「大津」地名、「大曲」地名から、古代に遡り得る可能性のある「港津」や「古代道（プレ古代山陰道）」の存在が示唆され、大念寺古墳は交通の要衝を臨むランドマーク的存在であった可能性も考えられる。また、出雲西部の成立を王権主導の池溝開発から注目した本稿の立場から付言すれば、大念寺古墳は斐伊川・神戸川三角州地帯の中間地点に位置することから、池溝開発域を意識した立地であった可能性が十分に考えられる。

【付記】

本コラムは、仁木2016・2017にテーマ研究「国家形成期の首長権と地域社会」の成果を加筆して再構成したものである。引用文献は、加筆を加えた箇所に該当するものを中心に、最小限にとどめている。御寛恕を請いたい。

岩本次郎　1960「古代吉備氏に関する一考察」『ヒストリア』第26号

門脇禎二　1992『吉備の古代史』NHKブックス［648］

島根県古代文化センター編　1996『いにしえの島根ガイドブック第3巻　いにしえ探検隊　古墳を歩く』

島根県古代文化センター編　2015『前方後円墳と東西出雲成立に関する研究』（島根県古代文化センター研究論集第14集）

田嶋明人　1976「珠洲地域の横穴墓群の構造」『珠洲市史』第1巻、珠洲市

中塚　武　2015「酸素同位体比年輪年代法がもたらす新しい考古学研究の可能性」『考古学研究』62巻2号考古学研究会

新納　泉　2014「6世紀前半の環境変動を考える」『考古学研究』第60巻第4号　考古学研究会

仁木　聡　2016「継体・欽明朝における出雲の池溝開発について―東西出雲成立の史的画期―」『塚口義信博士古稀記念　日本古代学論叢』同刊行会　和泉書院

仁木　聡　2017「『出雲国風土記』神戸郡条記載の「池」と大念寺古墳の時代」『季刊文化財』第140号　島根県文化財愛護協会

西尾良一　1984「今市・大念寺古墳について（上）」『ふぃ～るど・の～と』

仁藤敦史　2009「古代王権と「後期ミヤケ」」『国立歴史民俗博物館研究報告』第158集

土生田純之　2012「8．墳丘の特徴と評価」『馬越長火塚古墳群』豊橋市埋蔵文化財調査報告書第120集

菱田哲郎　2007『古代日本　国家形成の考古学』京都大学出版会

広瀬和雄　2010「壱岐島の後・終末期古墳の歴史的意義」『国立歴史民俗博物館研究報告』第158集

広瀬和雄　2017「但馬・大籔古墳群の歴史的意義―中央政権の交通政策をめぐって―」『同志社考古』第14号

吉田　晶　1973「第三章　吉備地方における国造制の成立」『日本古代国家成立史論―国造制を中心として―』東京大学出版会

【図の出典】

【図1】島根県古代文化センター編　2014『解説　出雲国風土記』を改変して作成

【図2・4】筆者作成

【図3・5・6】各報告書等（大念寺古墳墳丘測量図は出雲市文化財課の提供による）をもとに筆者作成

出雲市教育委員会　1984『史跡今市大念寺古墳保存修理工事報告書』

一瀬和夫・荒木瀬奈　2013「第3章　橿原丸山古墳測量調査」『京都橘大学　文化財調査報告　2012』京都橘大学文学部

近藤義郎　1987「こうもり塚古墳」『総社市史　考古資料編』総社市史編さん委員会

葛原克人　1979『備中こうもり塚古墳』（岡山県埋蔵文化財調査報告35）岡山県文化財保護協会

島根県古代文化センター編　1999『上塩冶築山古墳の研究』

福尾正彦・徳田誠志　1994「畝傍陵墓参考地石室内現況調査報告」『書陵部紀要』第45号

トピック

出雲と下野の知られざる交流

『県内初「長胴形須恵器大甕」の発見について』

平成30年（２０１８）４月、栃木県立博物館が報道発表したこの記事は、残念ながら地元の栃木県内でもあまり取り上げられなかったらしい。今をさること四十数年前に発掘された土器片が、全体像が把握できるところまで復元された、というのがその趣旨であるから、マスコミの琴線に触れなかったのも致し方ないだろう［註］。しかし、本展覧会とは少なからず縁のある内容なので、ここで紹介しておきたい。

古墳時代後期における出雲と下野の関係については、これまでにも幾つかの指摘がなされていた。例えば下野南部には、６世紀後半以降、１００ｍクラスの前方後円墳をはじめとする大型古墳が次々に築造される。これらの古墳は、墳丘一段目が低平な基壇となっている点や、前方部に石室を持つ点など非常に強い個性を持っており、下野型古墳とも呼ばれている。注目されるのは、出雲や九州の古墳に採用される石棺式石室と類似する、切石積みで刳抜玄門を持つ石室（下野型石棺式石室）を持つものが多いことである。出雲の石棺式石室は、肥後を中心とする九州に見られる横口式家形石棺や石屋形などを祖型として変化・成立したものと考えられており、下野型石棺式石室はそれがさらに波及したものとも考えられる。

また、出雲では石室構築時や墳丘完成後に子持壺などを立ち並べて葬送儀礼・墳丘装飾を行っていたが、下野においても類似例がある。国分寺愛宕塚古墳（栃木県下野市：全長約78ｍの前方後円墳）や下石橋愛宕塚古墳（栃木県下野市：全長84ｍの帆立貝式古墳）では、墳丘上から子持壺や脚付壺（器台）の破片が出土しており、こうした須恵器を墳丘上に並べ、祭祀が行われていた可能性が高いのである。平成30年１月、島根県古代文化センターでは本展覧会に先駆けてこれらの須恵器の調査を行った。両古墳出土の資料は、古くは昭和初期に採取されたものから、遺跡範囲確認調査の一環として近年発掘されたものまで、経緯の異なるものが含まれていた。結論から言えば、これらの須恵器には台付壺（あるいは器台）や底が抜けていない子壺はあるものの、全体像を把握できる資料はなく、出雲型子持壺の範疇に入るものは見いだすことができなかった。

さて、話は冒頭に戻る。この調査を契機として、栃木県立博物館では館蔵の須恵器片と下野市所蔵の須恵器片について改めて整理、確認を行った。すると、これらの破片が接合したばかりか、全体像が分かる状態まで復元できたのである。「長胴形須恵器大甕」として復元された大甕は、当地ではイレギュラーな長胴形であり、墳丘上に据えるために製作された特殊な須恵器と考えられた。プロポーションや表面成形（調整）には、出雲との共通性を見いだしがたいが、岡田山１号墳（島根県松江市）や上野遺跡（鳥取県倉吉市）出土品に見える丸底胴長の子持壺と同じように、墳丘を掘り込んで据えることを前提として製作されたのであろう。葬送儀礼や墳丘装飾のために、特殊な須恵器を立ち並べるというスタイルは、両地域で共通していたと言えそうである。

以上のように、古墳時代後期の両地域間には多少とも繋がりがあったことは確かなようである。また、下野南部に築造される首長墳の集中化と、意宇平野周辺に相次いで首長墳が築造される出雲東部の様相についても、共通点を見いだすことができるかもしれない。いずれにせよ、今後より詳細な調査・研究が必要と考えられる。（増田）

［註］
奇しくも島根県においても、四十数年前に発掘された志谷奥遺跡出土の青銅器小破片を再調査したところ、新たに３号銅鐸の存在が判明した。こうした調査資料の再検証は近年各地で盛んに行われ、多くの成果が上がっているが、あまりマスコミでも取り上げてもらえないのが残念である。

［付記］
本トピックは、栃木県立博物館発表資料をもとに、テーマ研究「国家形成期の首長権と地域社会」の成果を加えて再構成したものである。

第2章

筑紫君磐井の栄華

九州北部では、「筑紫君磐井《ちくしのきみいわい》」に代表される大豪族が独自の文化を作り上げていました。有明海沿岸を中心に分布する大型古墳や石人・石馬、金銀製の副葬品などに、朝鮮半島との密接な関係を軸として活躍した、彼らの姿が垣間見えます。継体 21 年（527)、ヤマト王権との間で勃発した「磐井の乱」は、彼らの立場やヤマト王権との関係に一石を投じるものでした。

列島各地にさまざまな形のインパクトを与えた筑紫君一族の実像に迫ります。

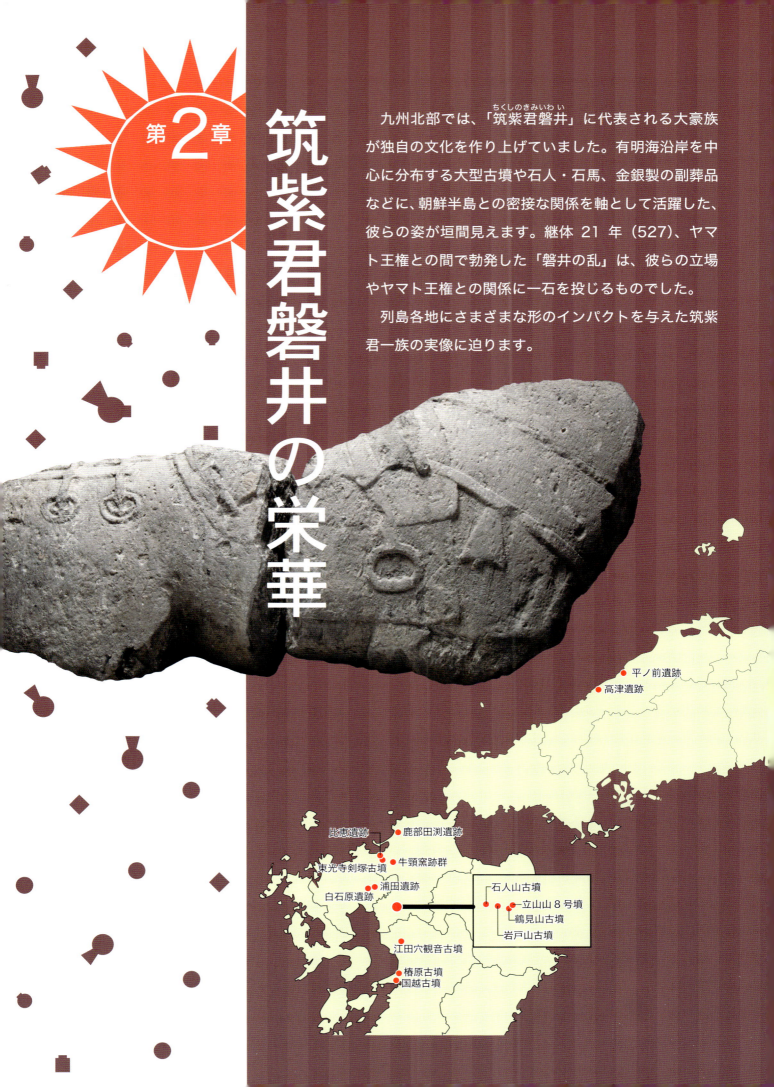

筑紫君磐井と有明海沿岸地域の豪族たち

29　**石馬 ／ 県指定文化財**
岩戸山古墳　古墳時代後期　正福寺

30　**石馬（複製品を展示）**
石馬谷古墳　現代（原品：古墳時代後期）　米子市教育委員会・現品：天神垣神社

31 『磐井の戦い』
早川和子画　現代　高槻市教育委員会

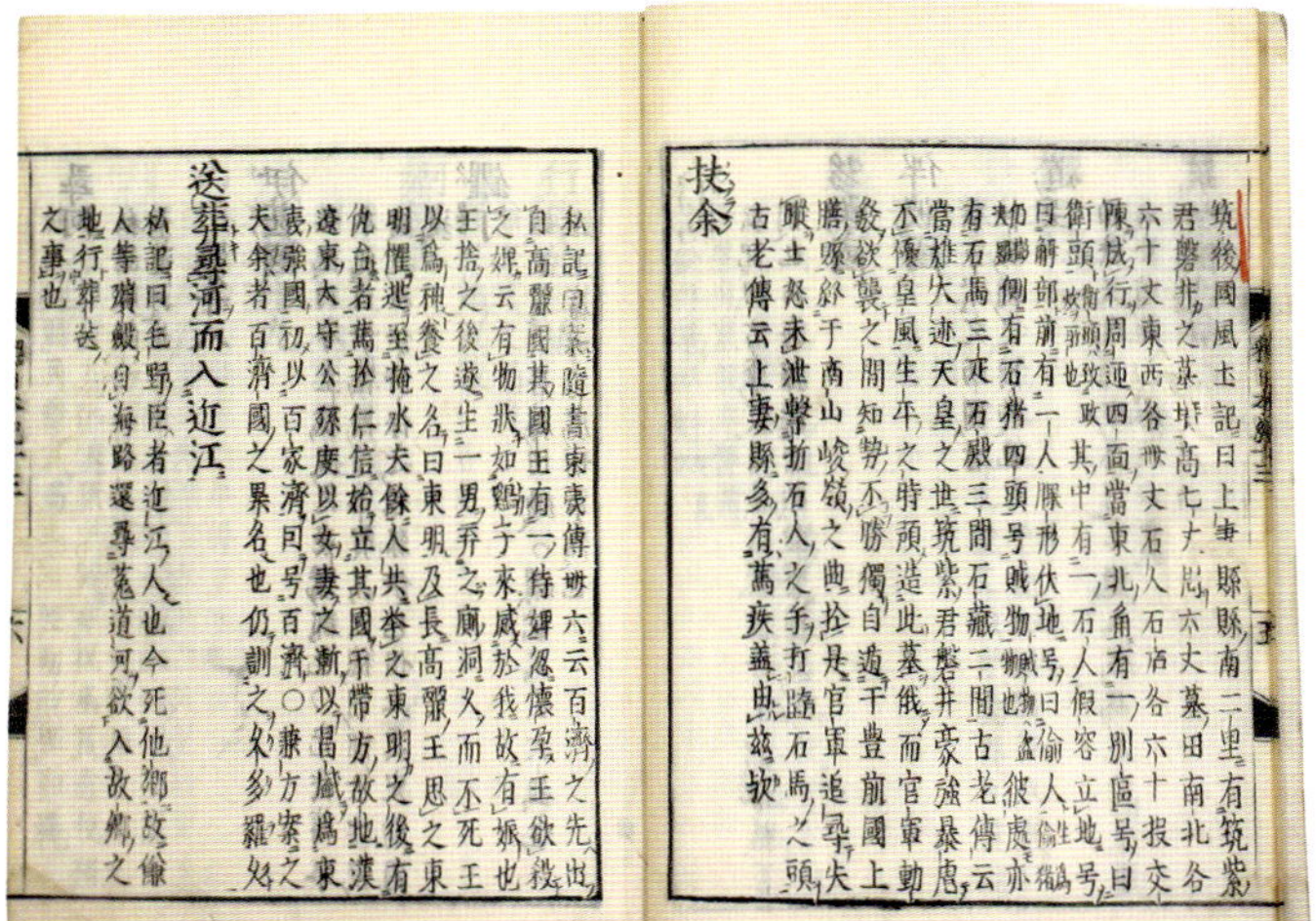

筑後國風土記曰上妻縣縣南二里有筑紫
君磐井之墓墳高七丈周六丈墓田南北各
六十丈東西各卌丈石人石盾各六十枚交
陣成行周匝四面當東北角有一別區号曰
衙頭衙頭政所也其中有一石人縱容立地号曰
解部前有一人裸形伏地号曰偸人生爲偸猪
仍擬決罪側有石猪四頭号贓物贓物盜物也彼處亦
有石馬三疋石殿三間石藏二間古老傳云
當雄大迹天皇之世筑紫君磐井豪強暴虐
不偃皇風生平之時預造此墓俄而官軍動
發欲襲之間知勢不勝獨自遁于豐前國上
膳縣終于南山峻嶺之曲於是官軍追尋失
蹤士怒未泄撃折石人之手打墮石馬之頭
古老傳云上妻縣多有篤疾蓋由茲歟
扶余

私記曰案隋書東夷傳卌六云百濟之先出
自高麗國其國王有一侍婢忽懷孕王欲殺
之婢云有物狀如鷄子來感於我故有娠也
王捨之後遂生一男弃之廁溷久而不死王
以爲神養之名曰東明及長高麗王忌之東
明懼逃至淹水夫餘人共奉之東明之後有
仇台者篤於仁信始立其國于帶方故地漢
遼東太守公孫度以女妻之漸以昌盛爲東
夷强國初以百家濟因号百濟○兼方案之
夫余者百濟國之異名也仍訓之久多羅如
送葬尋河而入近江
私記曰毛野臣者近江人也今死他鄕故備
人等殯斂自海路還尋菟道河欲入故鄕之
地行葬送
之事也

32　釈日本紀　巻十三(筑後国風土記逸文)
江戸時代　島根県教育委員会

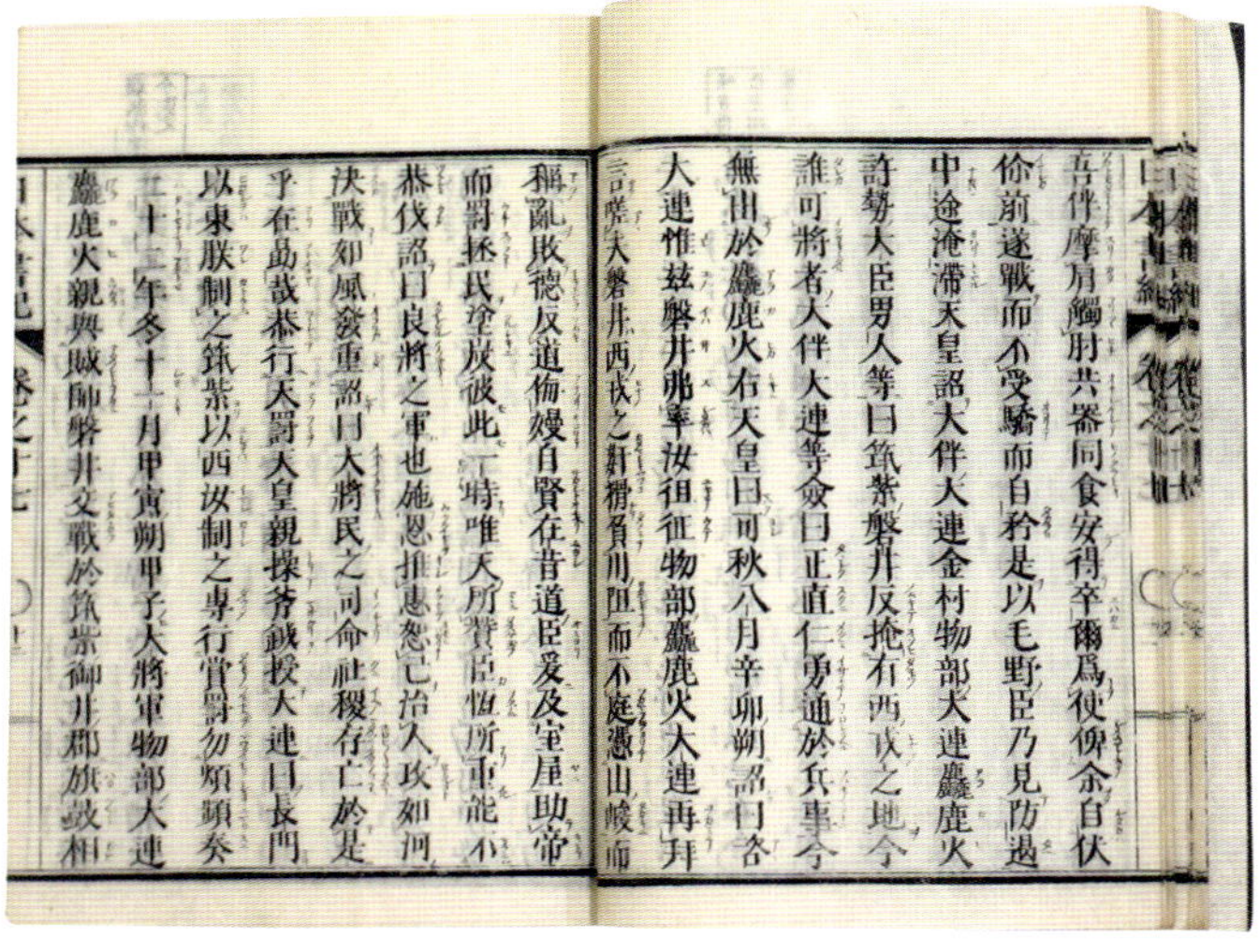

吾伴摩肩觸肘共器同食安得率爾爲使俾余自伏
儞前遂戰而不受驕而自矜是以毛野臣乃見防遏
中途淹滯天皇詔大伴大連金村物部大連麁鹿火
許勢大臣男人等曰筑紫磐井反掩有西戎之地今
誰可將者大伴大連等僉曰正直仁勇通於兵事今
無出於麁鹿火右天皇曰可秋八月辛卯朔詔曰咨
大連惟茲磐井弗率汝徂征物部麁鹿火大連再拜
言嗟夫磐井西戎之姧猾負川阻而不庭憑山峻而
稱亂敗德反道侮嫚自賢在昔道臣爰及室屋助帝
而罰拯民塗炭彼此一時唯天所贊臣恒所重能不
恭伐詔曰良將之軍也施恩推惠恕己治人攻如河
決戰如風發重詔曰大將民之司命社稷存亡於是
乎在勗哉恭行天罰天皇親操斧鉞授大連曰長門
以東朕制之筑紫以西汝制之專行賞罰勿煩頻奏
二十二年冬十一月甲寅朔甲子大將軍物部大連
麁鹿火親與賊帥磐井交戰於筑紫御井郡旗鼓相

33　日本書紀　巻十七(継体天皇二十二年条)
江戸時代(寛政5年〈1793〉)　島根県教育委員会

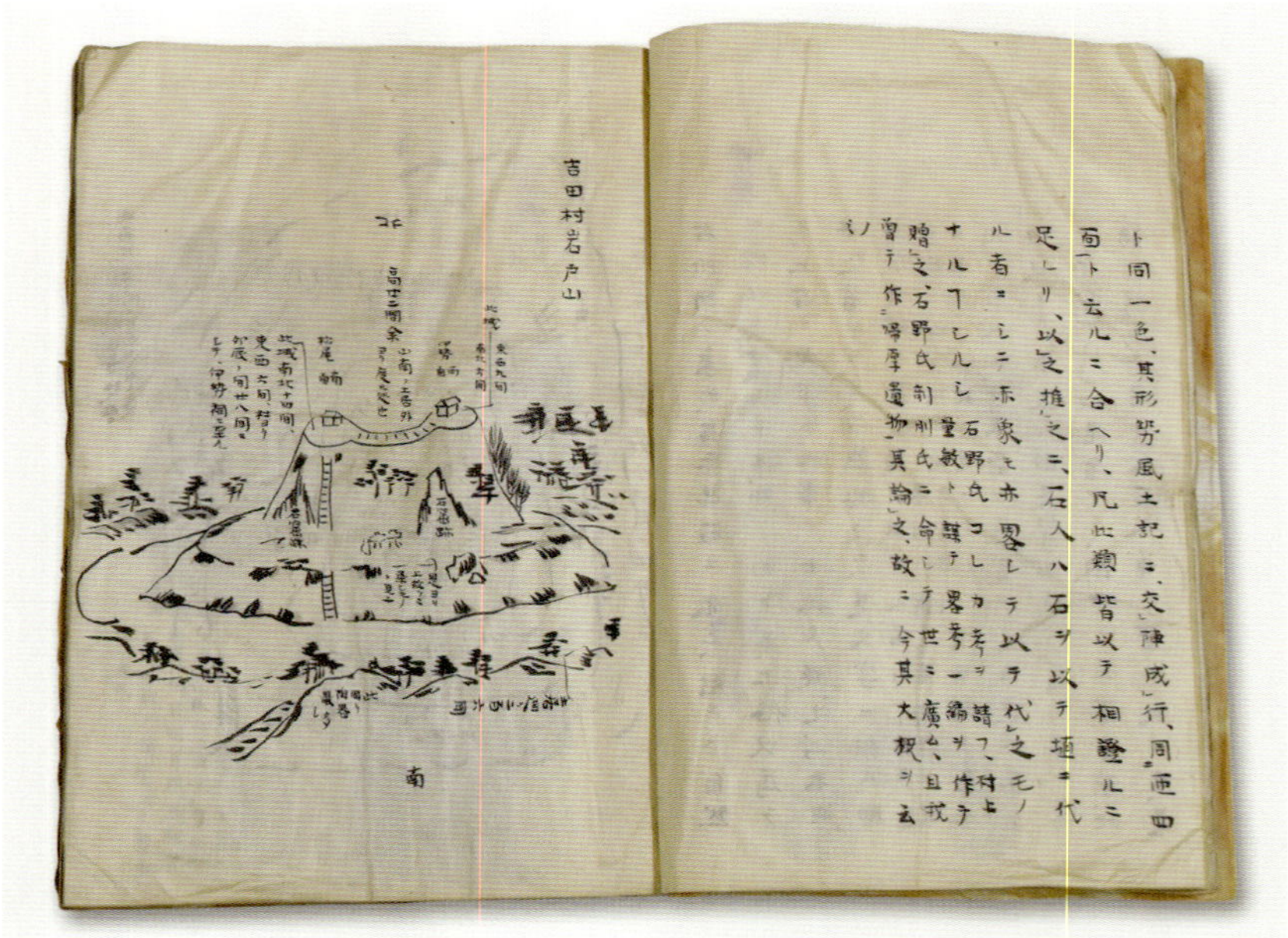

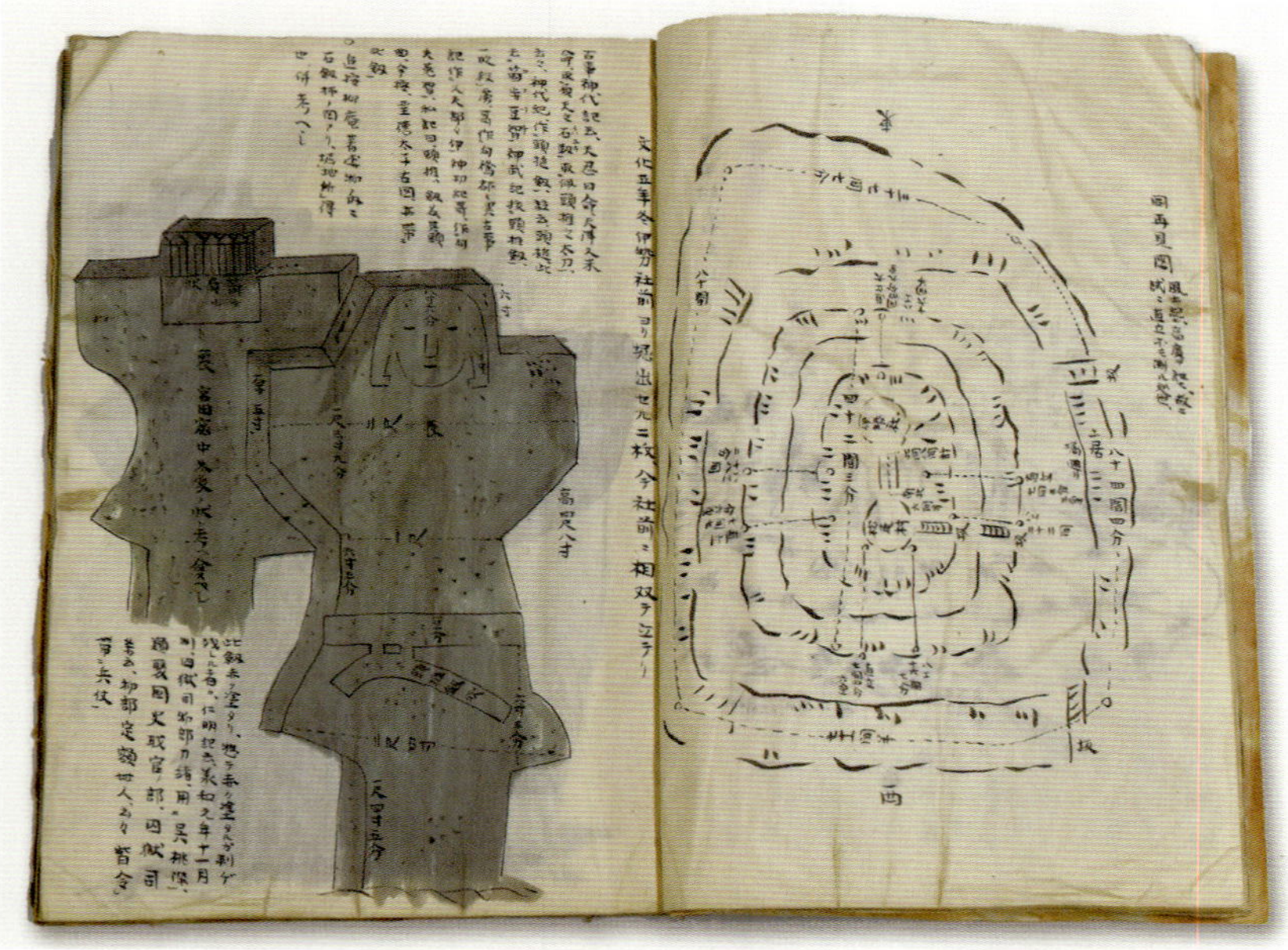

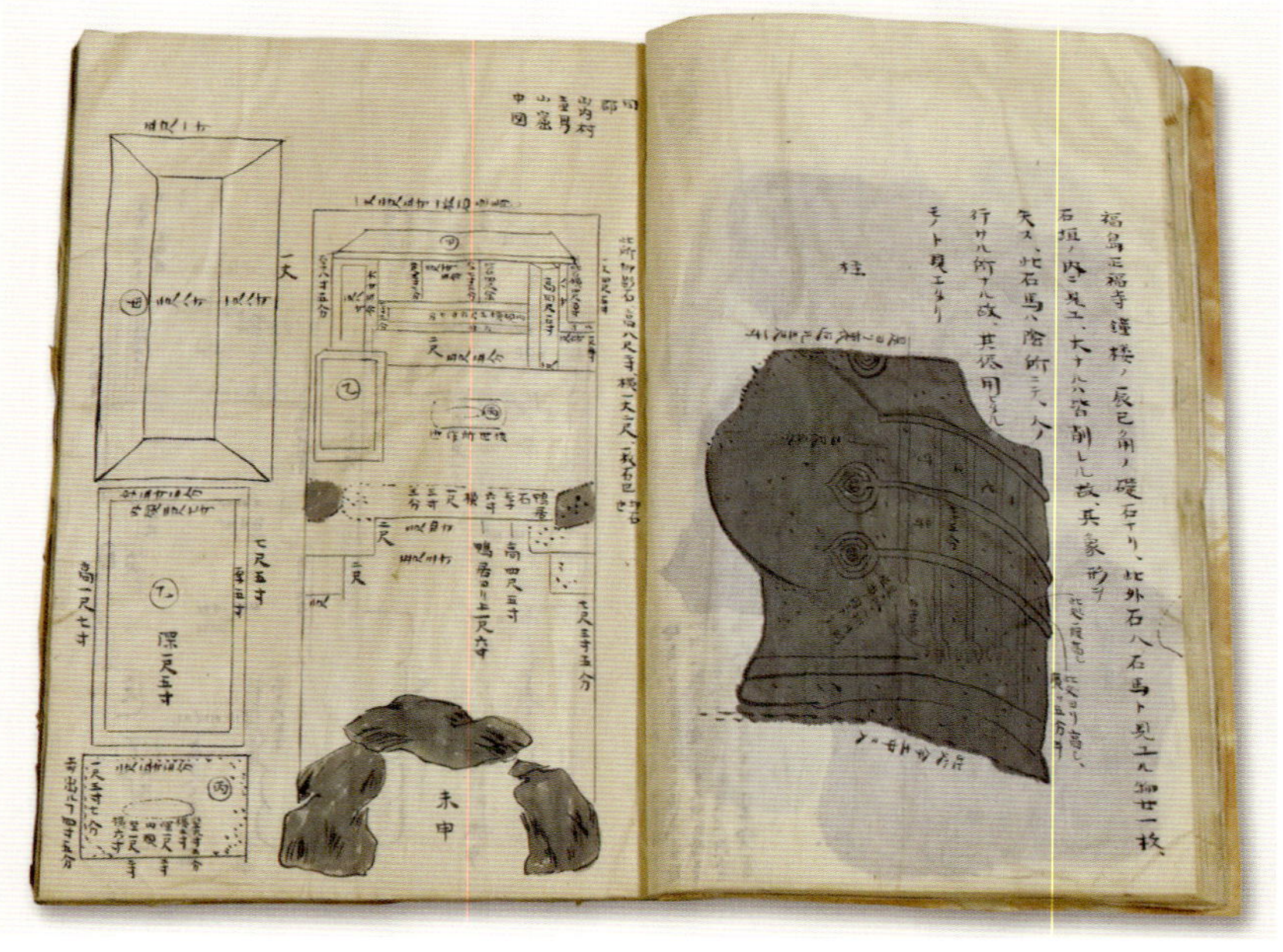

34　筑後将士軍談　巻之五十一、五十二
江戸時代（嘉永6年〈1853〉）
久留米市立中央図書館

36　杏葉・金環・勾玉(参考品含む)
江田穴観音古墳　古墳時代後期
京都大学総合博物館

35-1　猿面埴輪
立山山8号墳　古墳時代後期
八女市

35-1　金製耳飾
立山山8号墳
古墳時代後期
八女市

35-2　鞍に乗る貴人埴輪
立山山13号墳　古墳時代後期　八女市

35-1　猪形埴輪
立山山8号墳　古墳時代後期　八女市

37　台付長頸壺
国越古墳　古墳時代後期　熊本県教育委員会

37　鹿角製玉飾
国越古墳　古墳時代後期　熊本県教育委員会

37　勾玉・空玉・ガラス玉・金環(参考品含む)
国越古墳　古墳時代後期
熊本県教育委員会

37　半肉彫獣帯鏡・四獣鏡・画文帯神獣鏡

国越古墳　古墳時代後期　熊本県教育委員会

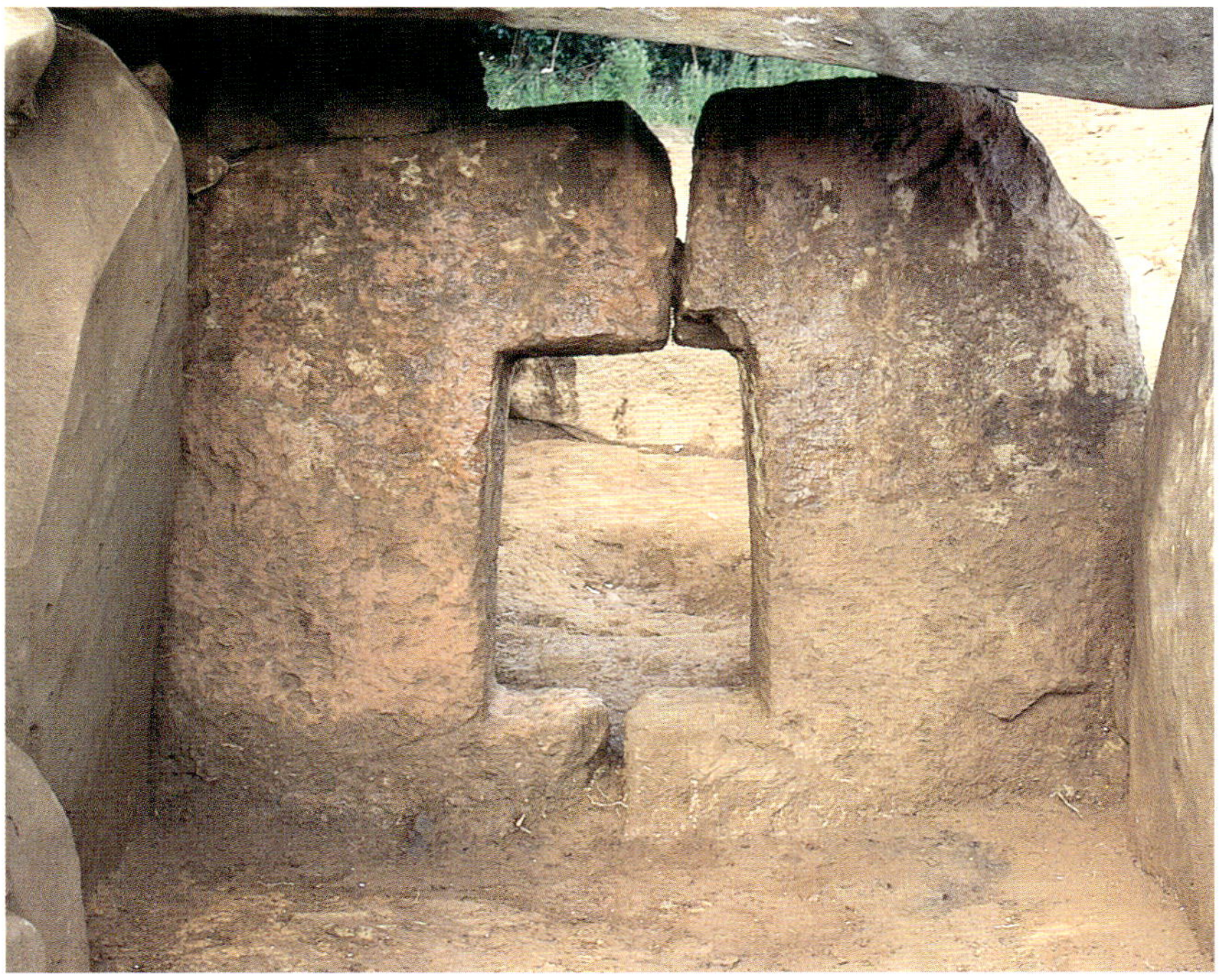

38　椿原古墳の玄室から見た刳抜玄門

椿原古墳　古墳時代後期〜終末期
宇土市教育委員会

38　須恵器類(参考品含む)

椿原古墳　古墳時代後期〜終末期　宇土市教育委員会

ミヤケの広がり

39　**鹿部田渕遺跡の大型建物群**
鹿部田渕遺跡　古墳時代後期
古賀市教育委員会

40　**須恵器窯復元図**
牛頸窯跡群　現代　大野城市教育委員会　絵：岩本恵

40　**須恵器類(参考品含む)**
牛頸窯跡群　古墳時代後期　大野城市教育委員会

40　**「大神部見乃官」銘ヘラ書き甕**
牛頸窯跡群　古墳時代後期　大野城市教育委員会

44　**形象埴輪**

東光寺剣塚古墳　古墳時代後期
福岡市博物館

43　**比恵遺跡の大型建物群**

比恵遺跡　古墳時代後期　福岡市教育委員会

44　**円筒埴輪**

東光寺剣塚古墳　古墳時代後期　福岡市教育委員会

44　**朝顔形埴輪**

東光寺剣塚古墳　古墳時代後期
福岡市教育委員会

有明海岸の煮炊具

45　甑・土製支脚・移動式竈・甕
白石原遺跡　古墳時代後期　佐賀市教育委員会

山陰地域の煮炊具

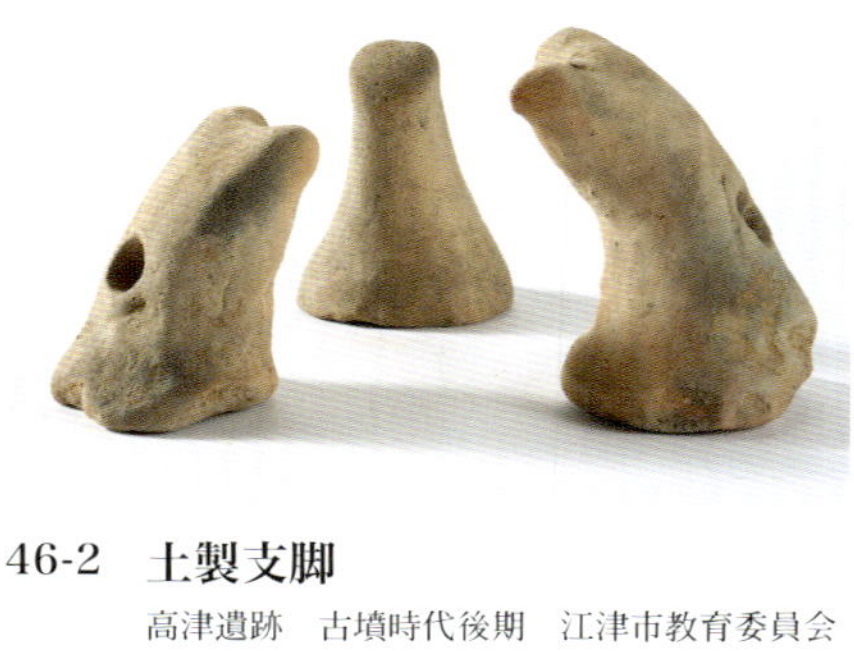

46-2　土製支脚
高津遺跡　古墳時代後期　江津市教育委員会

46-1　山陰地域の煮炊具
石田遺跡・平ラⅡ遺跡・三田谷Ⅰ遺跡　古墳時代後期　島根県教育委員会

47　**黒色磨研須恵器模倣土師器**
浦田遺跡　古墳時代後期　佐賀県教育委員会

48　**黒色磨研須恵器模倣土師器**
高津遺跡　古墳時代後期　江津市教育委員会

49　**黒色磨研須恵器模倣土師器**
平ノ前遺跡　古墳時代後期　島根県教育委員会

コラム

筑紫君磐井の乱は出雲に何をもたらしたのか

岩橋 孝典

継体天皇21（527）年から翌年にかけて勃発した「磐井の乱」は、朝鮮半島出兵という外交問題と連動して倭国内の内乱となった大事件であった。当事者である筑紫君磐井は、継体天皇に対する反乱者のイメージが強いが、多くの地方豪族と同様に若い頃は継体天皇（あるいは、それ以前の天皇）の宮処に出仕し、天皇に仕えていたことが指摘される。つまり、継体天皇にとって筑紫君磐井は、朝鮮半島外交の要でもある九州北部という要衝地支配を任せることができる盟友であったとも考えられる。

継体天皇は、即位後20年近く山城・北河内で宮地を構え、ようやく奈良盆地南部の磐余宮に宮処を移したばかりの時期に磐井の反は発生した。この反乱は、継体王権の所在する畿内と、筑紫君磐井が力を持つ九州北部の中間に位置する出雲をはじめとする山陰地域には一体どのような影響があったのであろうか。

磐井の乱以前（継体・磐井の同盟時代）

5世紀代の出雲地域と倭王権は親密な協力関係にあったことが既に指摘されているが、6世紀前半の継体王権と出雲地域の関係はやや距離を置いたような状況となる。それでも、継体天皇の出身地あるいは所縁の地である越前・若狭・近江などの地域と盟友の磐井が治める九州北部を結ぶ日本海航路は確保されていたようだ。北陸地域から九州北部までの海上航路を、ノンストップで航海することは江戸時代の北前船でも容易ではない。ましてや、古墳時代の準構造船では海上の風や波浪に大きく影響されるため、船を退避できる寄港地を複数確保する必要があった。

先に、継体王権と山陰地域は五世紀代の関係と比べてやや縁遠いと書いた。しかし、詳細に山陰地域の遺跡や古墳を調べていくと、点々と継体王権にゆかりがある遺跡・古墳が見つかるが、多くは古代の港湾や交通路を支配管理していた豪族の拠点地域と目されるのだ。【仁木氏コラム参照】

黒色磨研須恵器模倣杯

ここで山陰地域では見慣れない土器を紹介しよう。「黒色磨研須恵器模倣杯」という長い名称であるが、須恵器の杯蓋・杯身を模倣した土師器を作り、その表面に炭素を吸着させて「黒色」化して、その後土器の表面をヘラ状の道具でよく「磨」いた土器という意味である。

この「黒色磨研須恵器模倣杯」は、関東地方に多く分布することから東日本中心に研究が盛んであるが、21世紀に入ることから九州北部地域、とりわけ

九州北部・山陰地域の土製支脚及び黒色磨研須恵器模倣杯の消長概念図

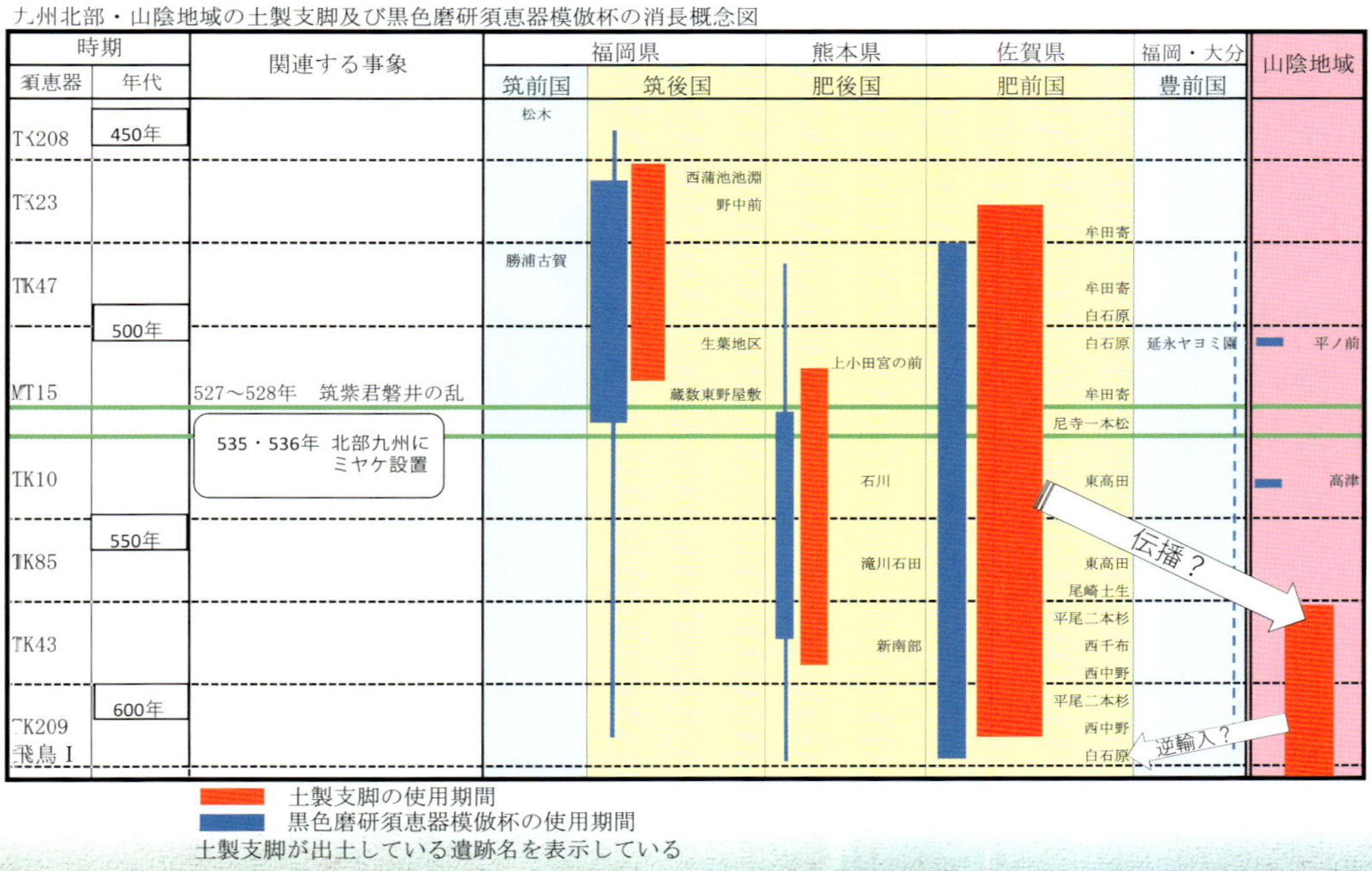

有明海北部沿岸にまとまって存在することが明らかとなってきた。九州北部と関東地方の「黒色磨研須恵器模倣付杯」は、ほぼ同じ5世紀後半頃に出現することなどから系譜関係があるものと考えられる（杉井２００３）。

筑紫君磐井は、6世紀初頭に筑後八女に盤踞するのであるが、まさにこの周辺に「黒色磨研須恵器模倣付杯」が分布する。磐井もこの「黒色磨研須恵器模倣付杯」を見ていた（あるいは使っていた）のである。

さて、島根県内にも、「黒色磨研須恵器模倣付杯」が出土する遺跡が2か所見つかっている。一つは、大田市・平ノ前遺跡である。この遺跡は、静間川の河口内側に形成された狭長な潟湖の縁辺にあることから、日本海航路の寄港地として開発・確保され、継体王権親派の豪族が管理を行ったものと考えられる。ここでは、「黒色磨研須恵器模倣付杯」が一六個体以上出土しているが、6世紀初頭の九州北部地域と同様に杯身模倣よりも杯蓋模倣の方が多数を占める状況がみられる。

平ノ前遺跡では、歩様付き銀製空玉などの稀少品の出土や玉作りを伴う祭祀場も発見されるなど、後の安濃郡域を掌握する豪族の存在が指摘され、安濃郡を代表する日本海航路の港湾であったことが推察される。

筑紫君磐井の乱以後

継体王権は、物部麁鹿火を平定将軍として九州に送り、５２８年11月に磐井は敗死したとされる。同年12月に磐井の子息・筑紫葛子は糟屋屯倉を献上して、反乱への連座を逃れたとされる。筑紫葛子の墓とされる乗場古墳は全長70ｍの前方後円墳で、岩戸山古墳よりは小型化しているが、筑紫君勢力が磐井の乱後も存続したことが指摘されている。

土製支脚の故地

ここで、九州北部の有明海沿岸と山陰地域を結ぶ考古資料として「土製支脚」を紹介しよう。「土製支脚」とは、煮炊きに用いる鍋（甕）を支える道具で、現代の道具に例えれば「五徳」である。

「土製支脚」は弥生時代～古墳時代前期初頭までは、北部九州や瀬戸内海沿岸、近畿地方中央部などで煮炊きに使用されたが、古墳時代前期後半～中期にかけては衰退し使われなくなった。ところが、出雲を中心とする山陰地域だけでは6世紀後半から8世紀までの期間に「土製支脚」が爆発的に使用されたのだ。山陰地域の「土製支脚」の使用はあまりにも突然、かつ普遍的なものであったが、それが何処から伝来してきたのか、山陰地域内で自生したのか、近年まで全く判らなかったのである。

山陰地域の「土製支脚」の故地についてわかってきたのは、ここ数年のことである。それは九州北部地域の中でも、有明海北部沿岸のごく限られた地域であった。同じ佐賀県・福岡県でも玄界灘に面する北部ではほとんど用いられないほど限定的な分布状況を示していた。（美浦２０１４、岩橋２０１６）

土製支脚は、五世紀末頃に筑後川下流の筑後、肥前で出現するが、筑後では六世紀前半過ぎ（磐井の乱後）に衰退する。代わって肥後北部では六世紀中頃から土製支脚の使用が始まる。肥前地域では、6世紀を通じて土製支脚が安定的に使用される。磐井の乱は、有明海沿岸の地域連合内部にも異なる影響を与えたことが土製支脚の盛衰からもうかがえるのである。

土製支脚の東遷

さて、山陰地域の土製支脚の故地は、有明海沿岸にあると指摘したが、実は両者には異なる点があるのである。九州北部の土製支脚は、先端部が単頭であり最低でも3個体セットでの使用が前提となるⅣ類である。ところが山陰地域で使用される土製支脚は当初から先端部が二股に分かれるⅠ・Ⅱ類である。九州から山陰への伝播の過程でなにがしかの変容が介在したのであろう。

ところで、島根県内で北部九州的なⅣ類土製支脚が唯一出土している遺跡が存在する。江津市・高津遺跡である。さらにいえば、高津遺跡は先に述べた「黒色磨研須恵器模倣付杯」が出土している2つ目の遺跡でもある。この遺跡は、日本海の海岸線から二・二㎞しか離れていないが、その間には砂丘や小丘陵が広がり海からは視認できない。江の川支流の都治川が形成した小盆地の隠れ里のような場所に立地しているのである。江の川東岸地域には六世紀代の古墳や横穴墓群が少なく、六世紀代はやや閑散としていた地域であったと想定される。そのような場所で、有明海沿岸から持ち込まれた「Ⅳ類土製支脚」、「黒色磨研須恵器模倣付杯」が発見されたのだ。

高津遺跡に持ち込まれたこれらの土器類は、磐井の乱後の六世紀中頃に近い時期のものと考えられる。果たして、高津遺跡にやってきた人々は、磐井の乱で混乱する九州北部から自主的に退避した「避難民」なのか、それとも継体王権による乱後処理により、政策的に移住させられた人々なのか…。

遠い九州で起こった「磐井の乱」は、その後の山陰地域社会に豪族層などの上位階層はもちろん、一般民衆の生活様式にまで大きな影響をもたらしたのである。

【参考文献】

岩橋孝典2016「山陰地域の土製支脚はどこから来たのか ―6世紀における北部九州と山陰地域の地域間交流の一幕―」『古代文化研究』第24号 島根県古代文化センター

杉井 健2003『朝鮮半島系渡来文化の伝播・普及と首長系譜変動の比較 平成12年度～平成14年度科学研究費補助金(基盤研究C2)研究成果報告書』熊本大学文学部

美浦雄二2014「北部九州の土製支脚について」『先史学・考古学論究Ⅵ 考古学研究室創設40周年記念論文集』龍田考古会

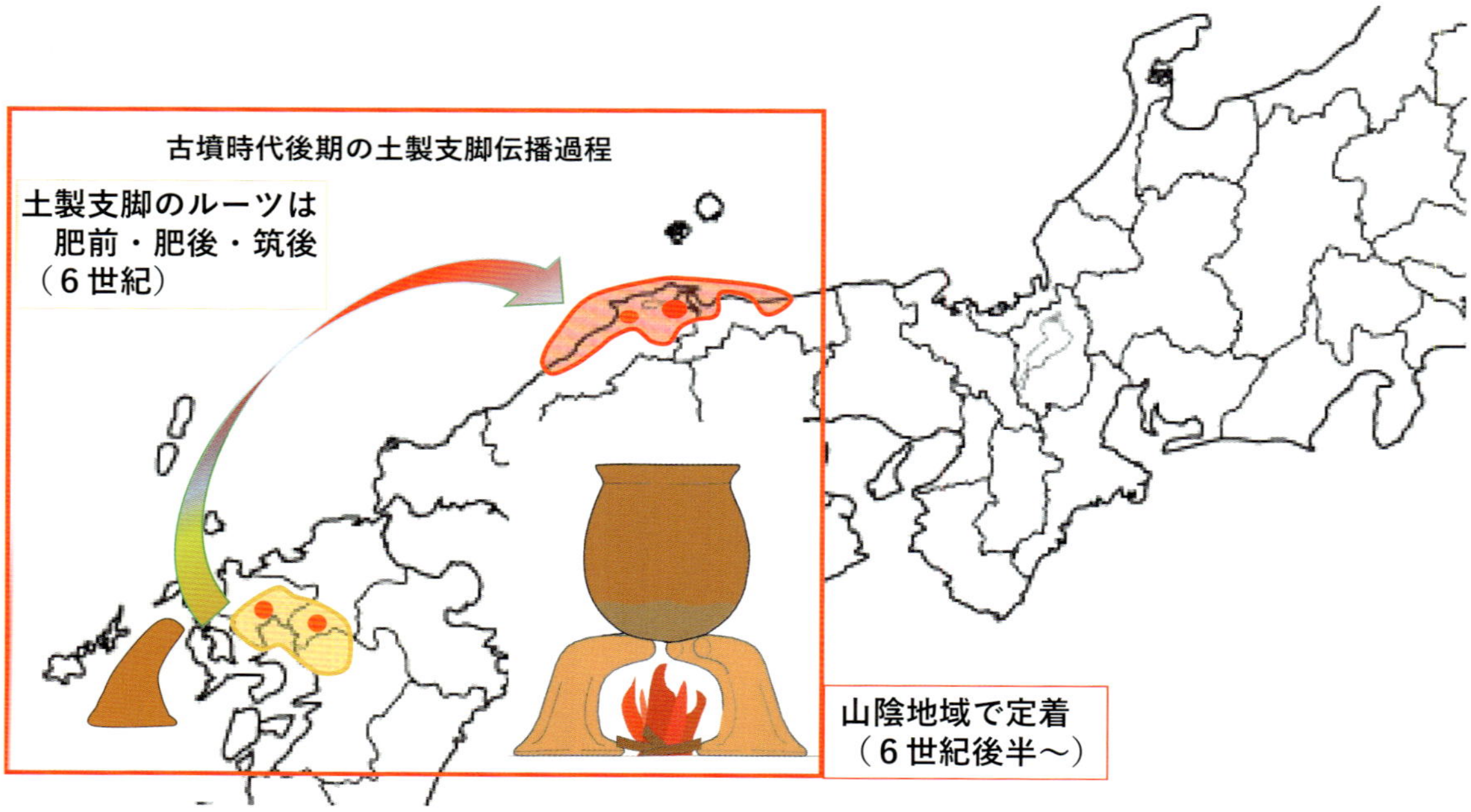

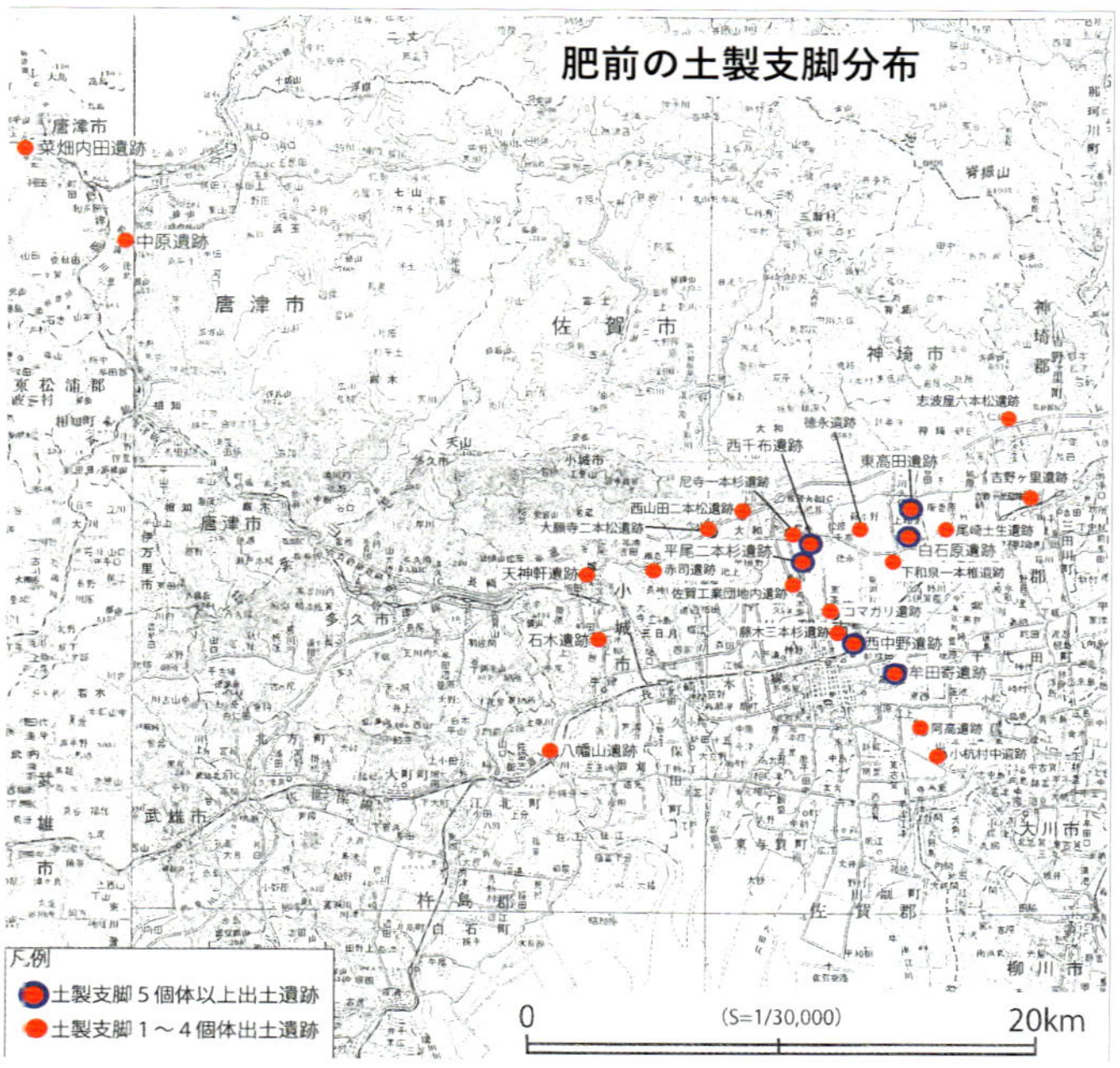

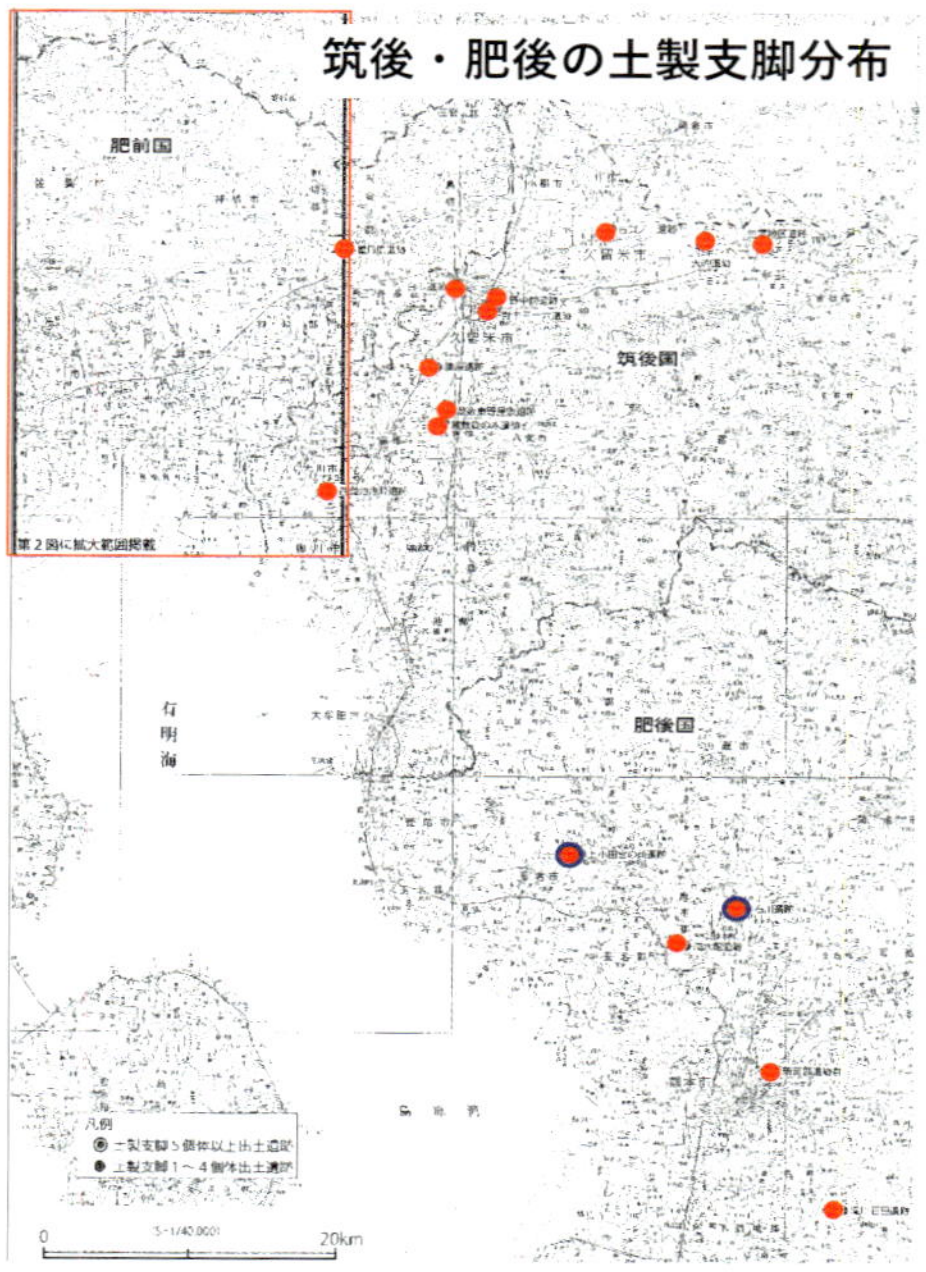

第3章

継体・欽明天皇の覇権

6 世紀はじめ、継体《けいたい》天皇は政治組織や制度改革を推し進め、列島各地の豪族と繋がりながら、列島内をまとめ上げました。続く欽明《きんめい》天皇の時代には、後の古代国家へ引き継がれる政治システムが確立したと考えられています。彼らを中心とする新たな社会秩序は、どのようなものだったのでしょうか。またどのように形作られたのでしょうか。継体・欽明天皇ゆかりの古墳や遺跡を手がかりに考えます。

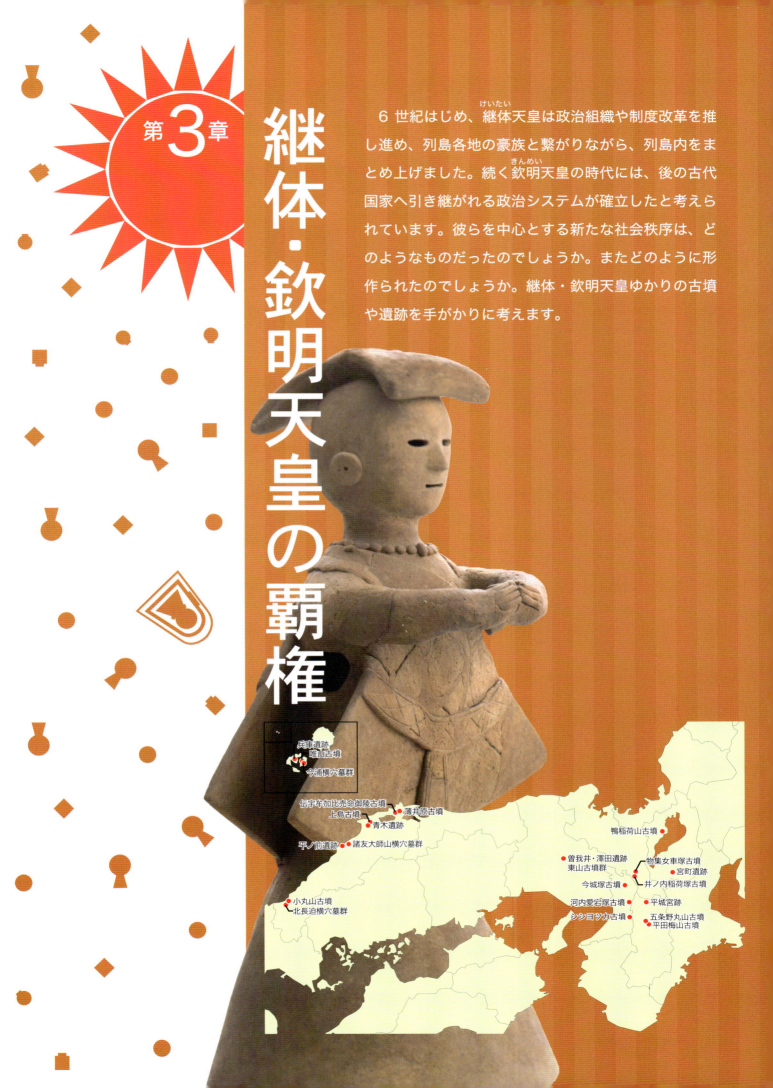

今城塚古墳

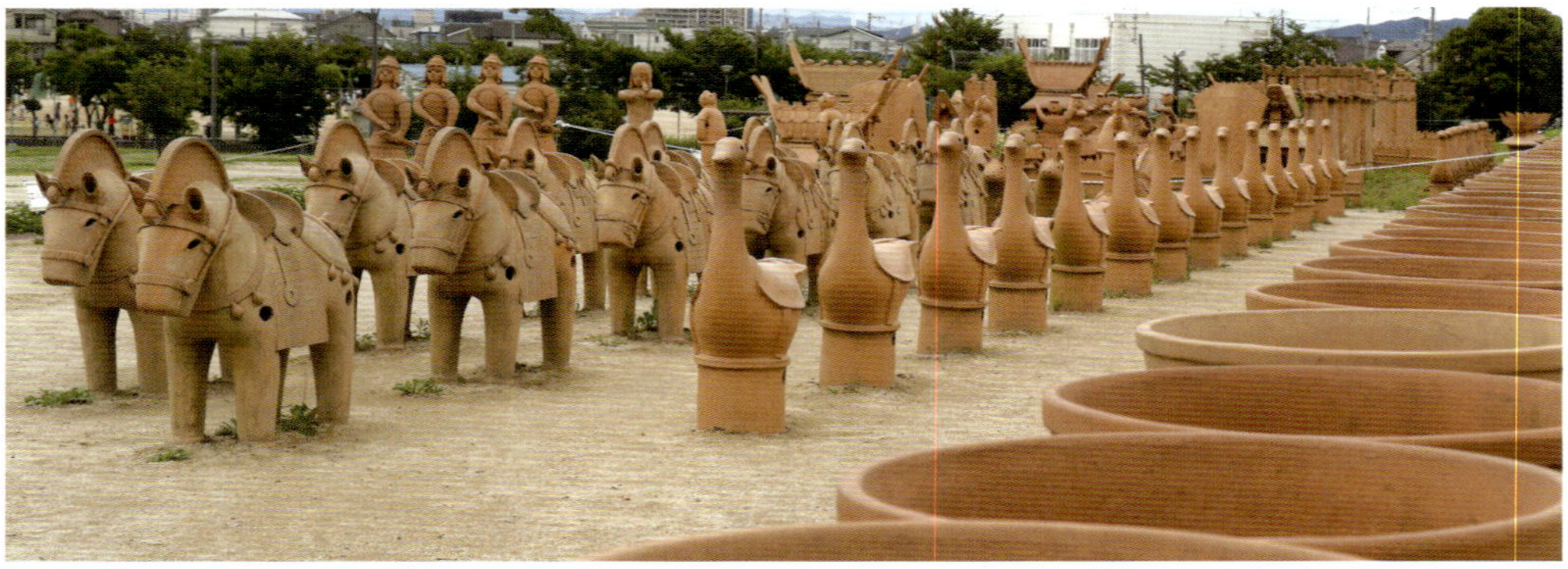

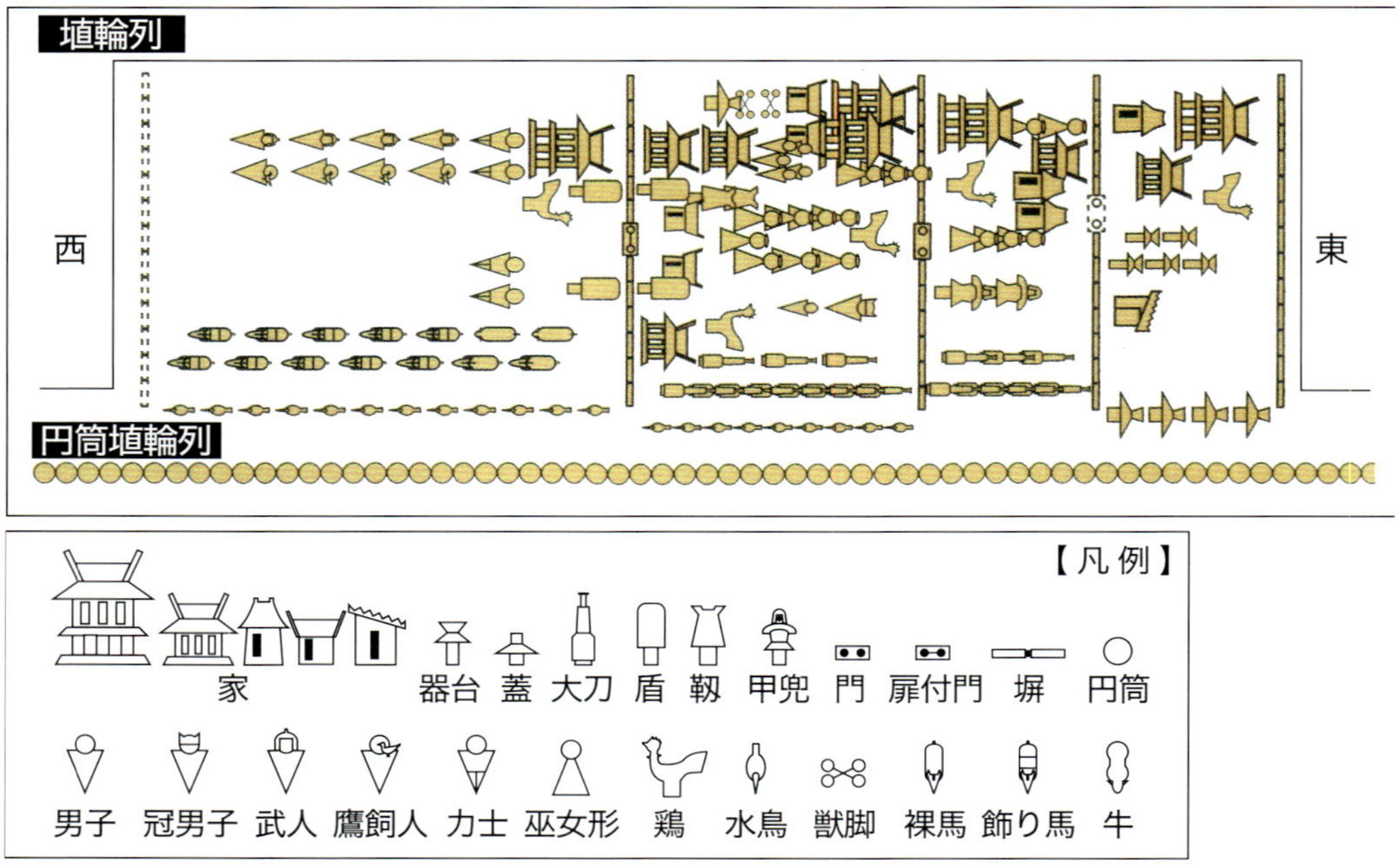

埴輪配置模式図

50　埴輪祭祀場の様子

（今城塚古代歴史館2016『開館５周年記念特別展　継体大王と筑紫君磐井』掲載図を元に作成）

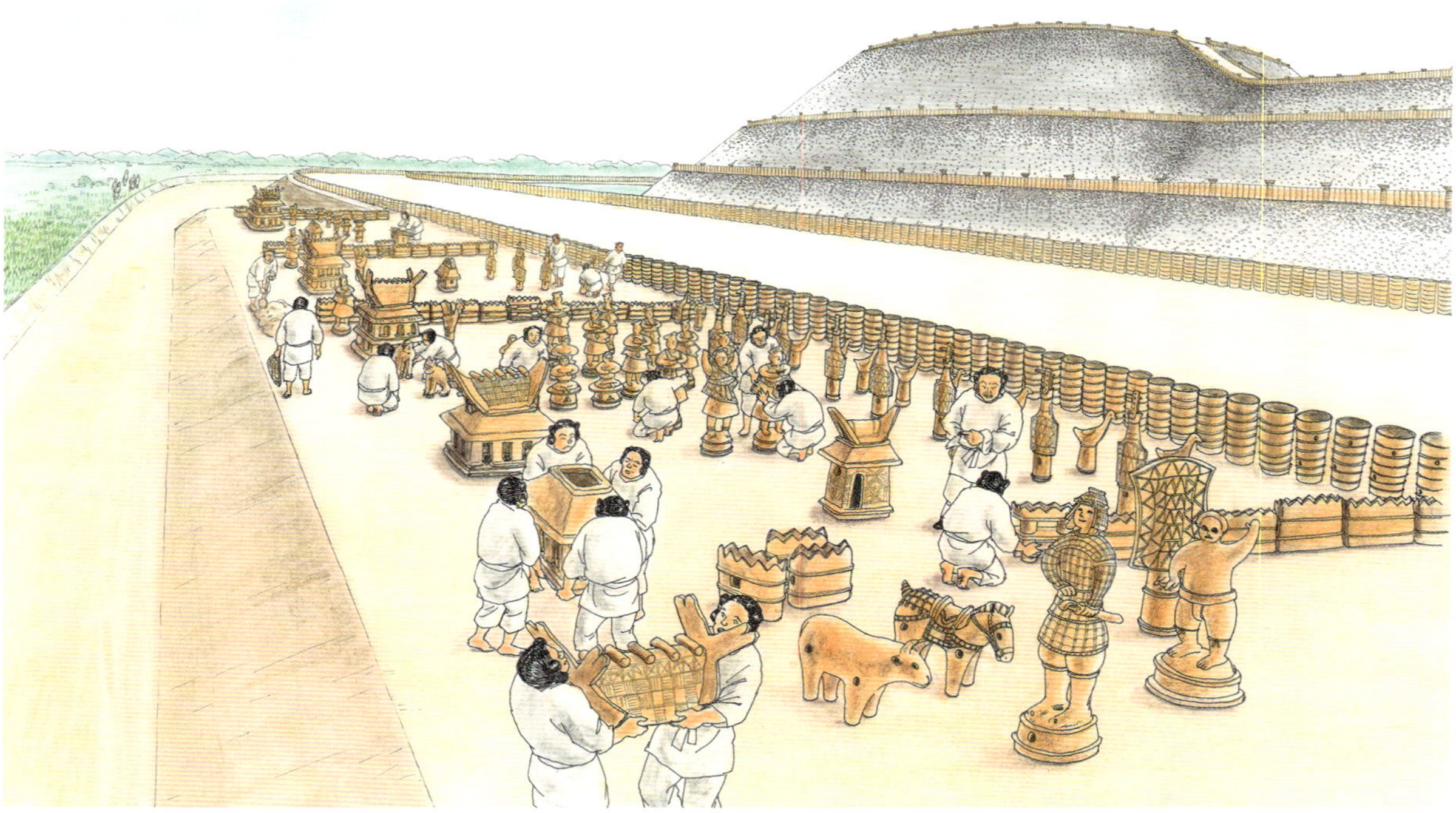

51-2　『今城塚古墳埴輪祭祀場』

早川和子画　現代　高槻市教育委員会

50-1　大刀形埴輪
今城塚古墳　古墳時代後期　高槻市教育委員会

50-1　家形埴輪
今城塚古墳　古墳時代後期　高槻市教育委員会

50-1　力士形埴輪
今城塚古墳　古墳時代後期　高槻市教育委員会

50-1　巫女形埴輪
今城塚古墳　古墳時代後期　高槻市教育委員会

50-1　牛形埴輪
今城塚古墳　古墳時代後期　高槻市教育委員会

50-1　鶏形埴輪
今城塚古墳　古墳時代後期　高槻市教育委員会

50-2　石棺片
今城塚古墳　古墳時代後期　高槻市教育委員会

50-1　鶏形埴輪
今城塚古墳　古墳時代後期　高槻市教育委員会

51-1　『工房での埴輪作り』
早川和子画　現代　高槻市教育委員会

継体天皇を支えた豪族たち

53　杏葉
鴨稲荷山古墳　古墳時代後期　京都大学総合博物館

53　鞍金具
鴨稲荷山古墳　古墳時代後期　京都大学総合博物館

53　雲珠
鴨稲荷山古墳　古墳時代後期　京都大学総合博物館

52　王者の装い（復元模型）
現代　安土城考古博物館

53　切子玉
鴨稲荷山古墳　古墳時代後期　京都大学総合博物館

54　護拳帯金具 ／ 市指定文化財
上島古墳　古墳時代後期　上島古墳奉賛会

54　馬具類 ／ 市指定文化財
上島古墳　古墳時代後期　上島古墳奉賛会

55　「美談」墨書土器
青木遺跡　奈良～平安時代　島根県教育委員会

55　「縣」墨書土器
青木遺跡　奈良～平安時代　島根県教育委員会

56　**金製刀装具**
井ノ内稲荷塚古墳　古墳時代後期
長岡京市教育委員会

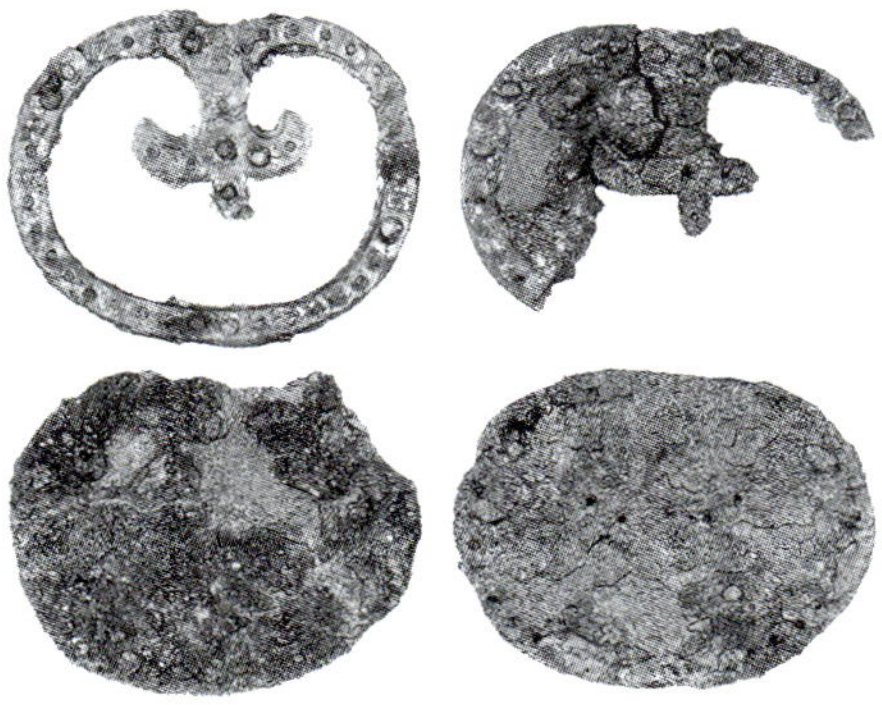

56　**杏葉**
井ノ内稲荷塚古墳　古墳時代後期
長岡京市教育委員会

56　**雲珠**
井ノ内稲荷塚古墳　古墳時代後期
長岡京市教育委員会

56　**井ノ内稲荷塚古墳の石室**
井ノ内稲荷塚古墳　古墳時代後期　長岡京市教育委員会

56　**鉄鏃**
井ノ内稲荷塚古墳　古墳時代後期　長岡京市教育委員会

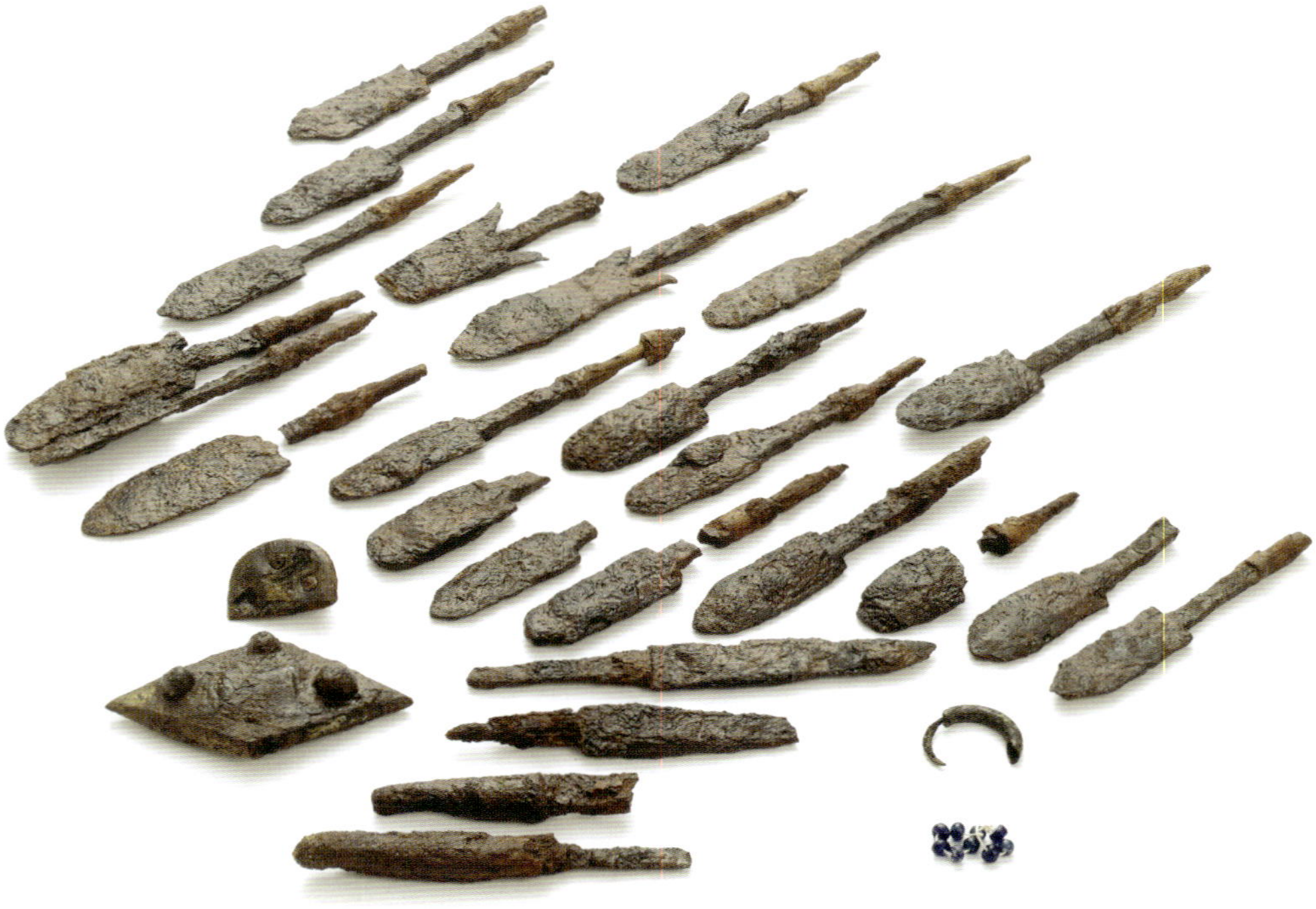

58-1　武器・馬具類(参考品含む)
薄井原古墳　古墳時代後期　島根県教育委員会

58-2　須恵器類
薄井原古墳　古墳時代後期　島根県教育委員会

57　鉄鏃・須恵器類
伝宇牟加比売命御陵古墳　古墳時代後期　松江市教育委員会

60　鉄鏃
御崎山古墳　古墳時代後期
島根県教育委員会

59　物集女車塚古墳の石室(玄室から)
物集女車塚古墳　古墳時代後期　向日市教育委員会

59　物集女車塚古墳の石室(羨道から)
物集女車塚古墳　古墳時代後期　向日市教育委員会

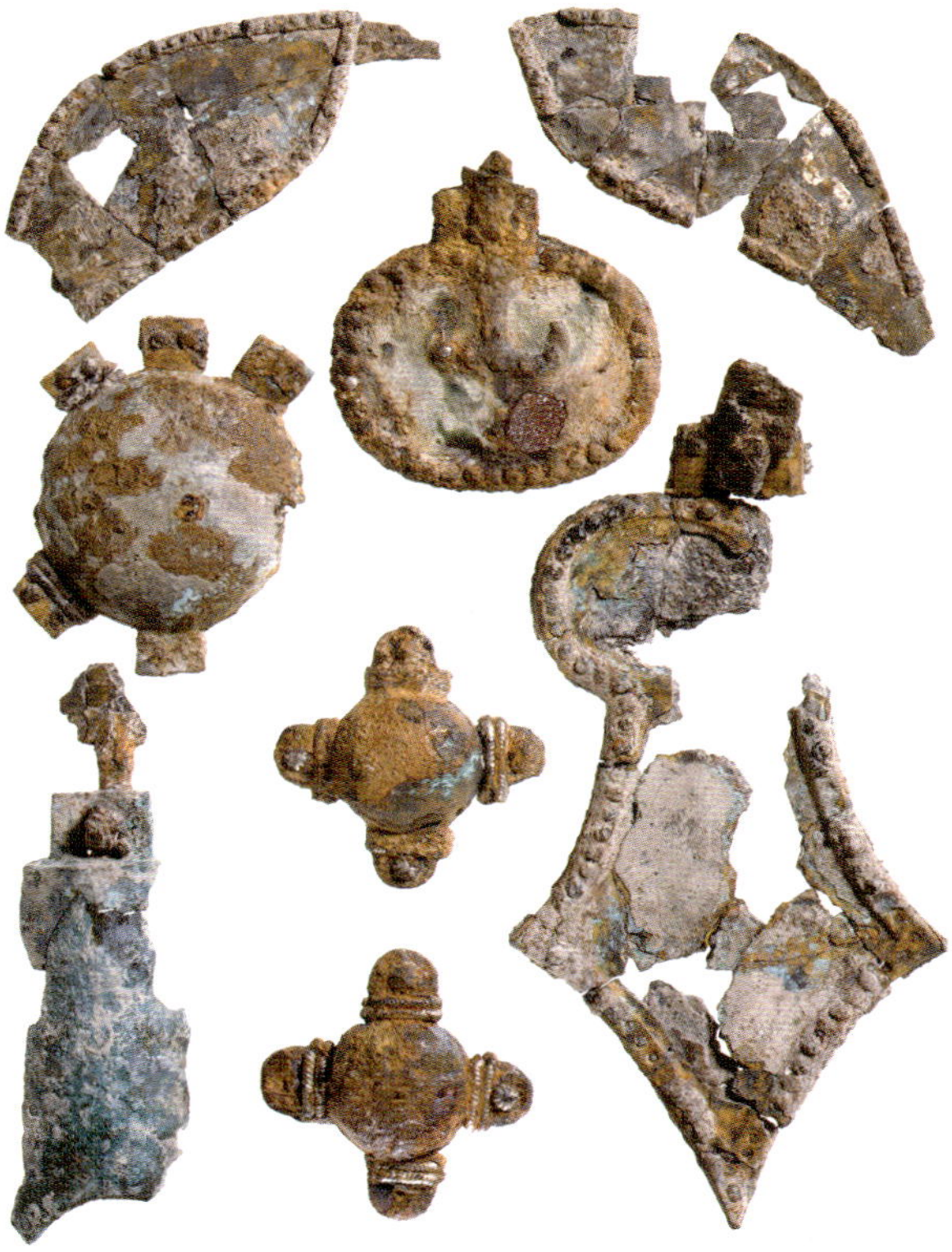

59　馬具類／府指定文化財
物集女車塚古墳　古墳時代後期　向日市教育委員会

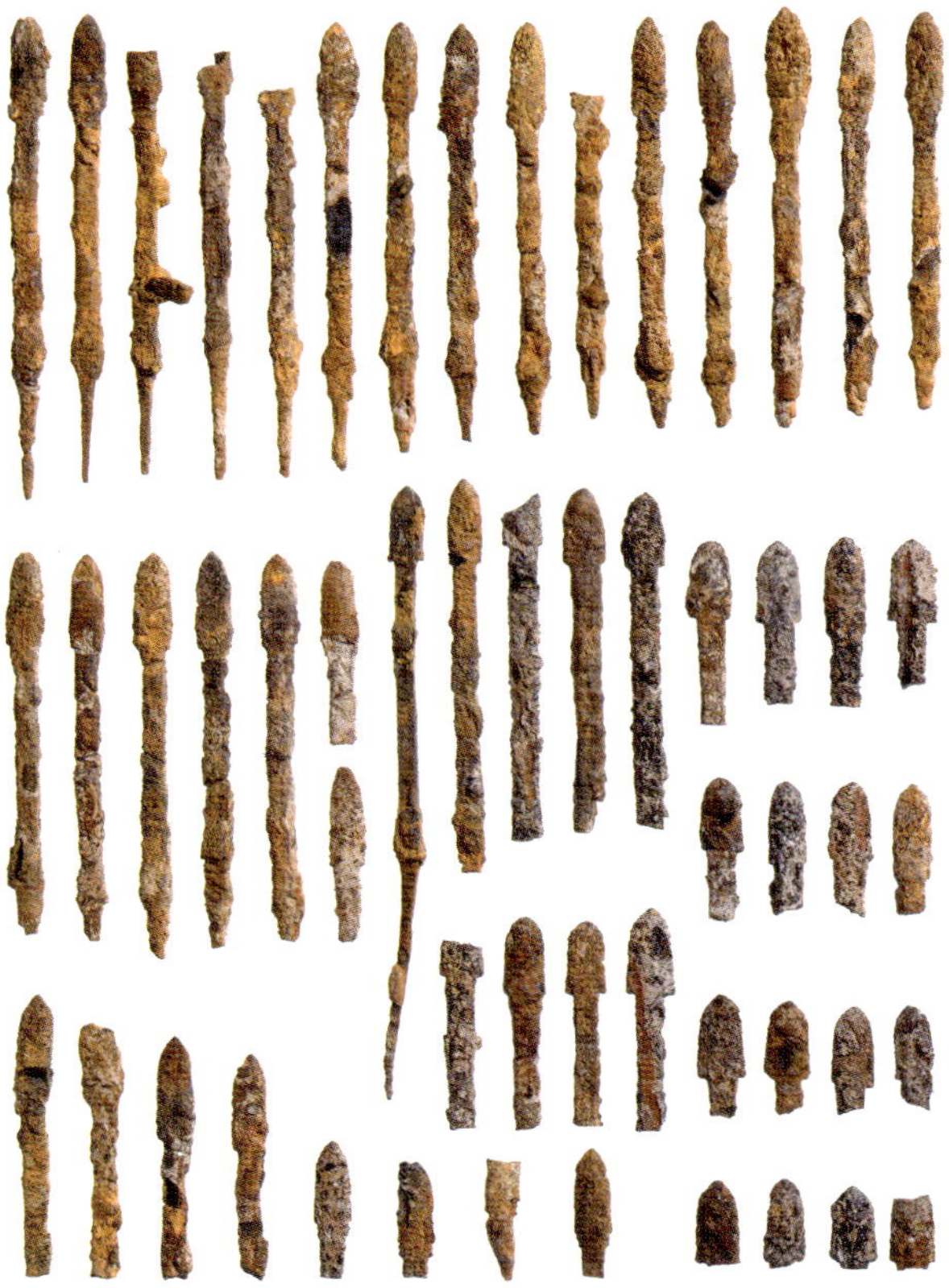

59　鉄鏃／府指定文化財
物集女車塚古墳　古墳時代後期　向日市教育委員会

欽明天皇の覇権

62　**双鸞瑞花文八花鏡**
五条野丸山古墳　古墳時代後期
京都大学総合博物館

63　**須恵器類**
五条野丸山古墳　古墳時代後期　宮内庁書陵部

62　**五条野丸山古墳の石室**
五条野丸山古墳　古墳時代後期　宮内庁書陵部

64　**須恵器類**
平田梅山古墳　古墳時代後期　宮内庁書陵部

64　**須恵器類**
平田梅山古墳　古墳時代後期　宮内庁書陵部

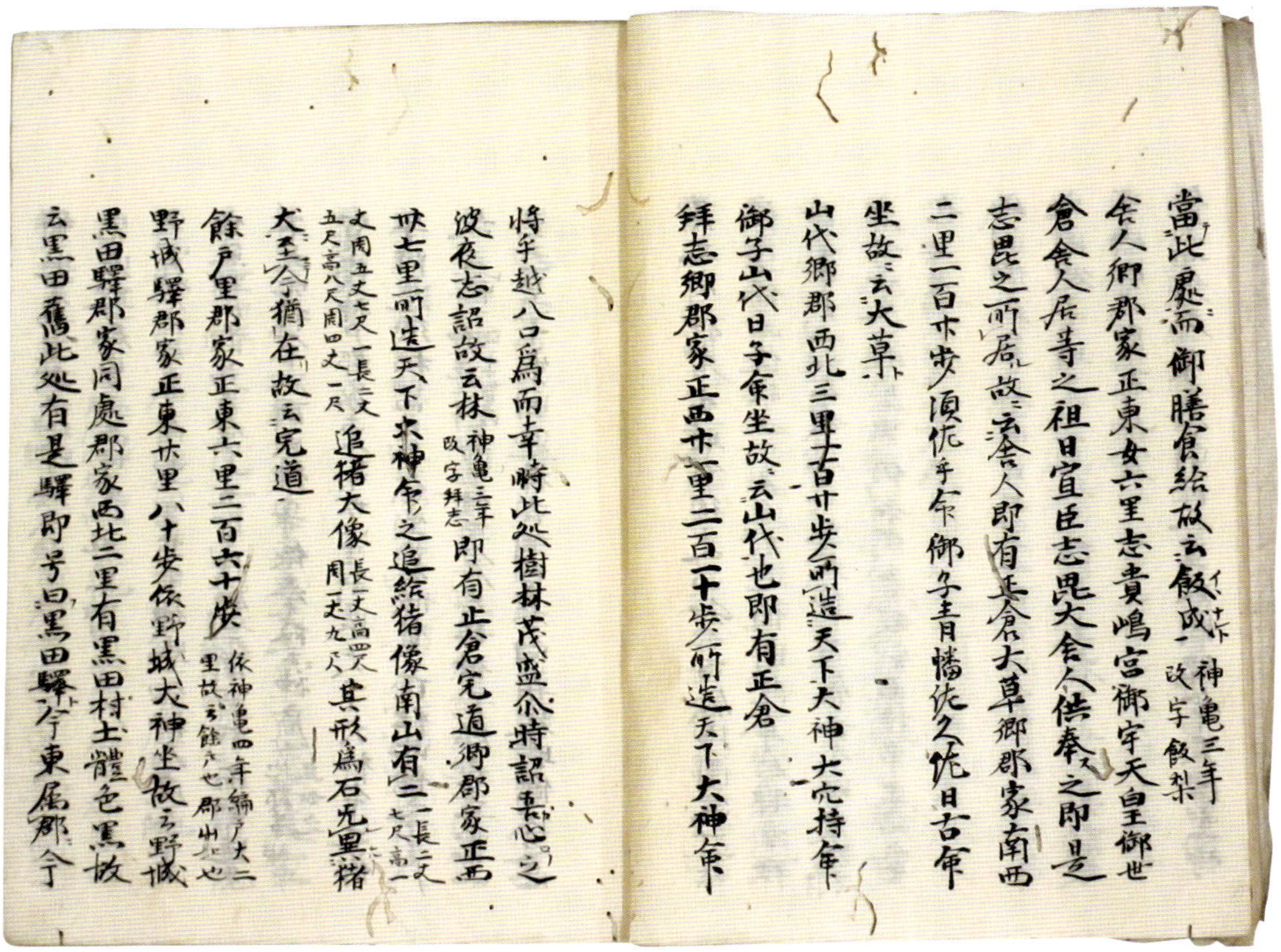

65-1　出雲国風土記　古代文化センター本（意宇郡舎人郷条）
江戸時代　島根県教育委員会

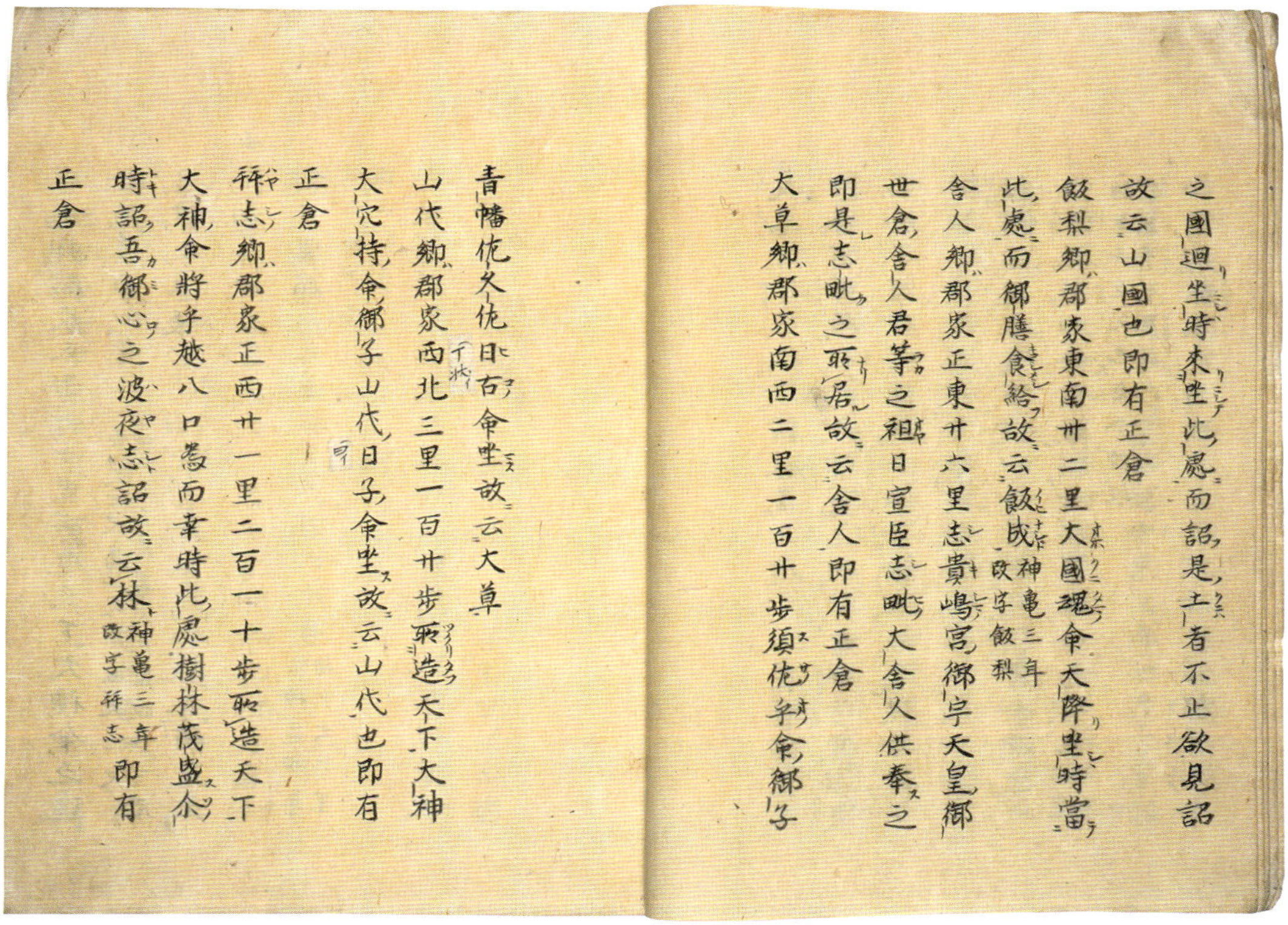

65-2　出雲国風土記　勧修寺家本（意宇郡舎人郷条）
江戸時代　島根県教育委員会

66　河内愛宕塚古墳の石室(玄室から)
河内愛宕塚古墳　古墳時代後期　大阪府教育委員会

66　捩り環頭 ／ 府指定文化財
河内愛宕塚古墳　古墳時代後期　大阪府教育委員会

66　杏葉 ／ 府指定文化財
河内愛宕塚古墳　古墳時代後期　大阪府教育委員会

66　三輪玉 ／ 府指定文化財
河内愛宕塚古墳　古墳時代後期
大阪府教育委員会

66　ガラス玉 ／ 府指定文化財
河内愛宕塚古墳　古墳時代後期
大阪府教育委員会

66　龍文銀象嵌鞘口金具 ／ 府指定文化財
河内愛宕塚古墳　古墳時代後期
大阪府教育委員会

E D C B A

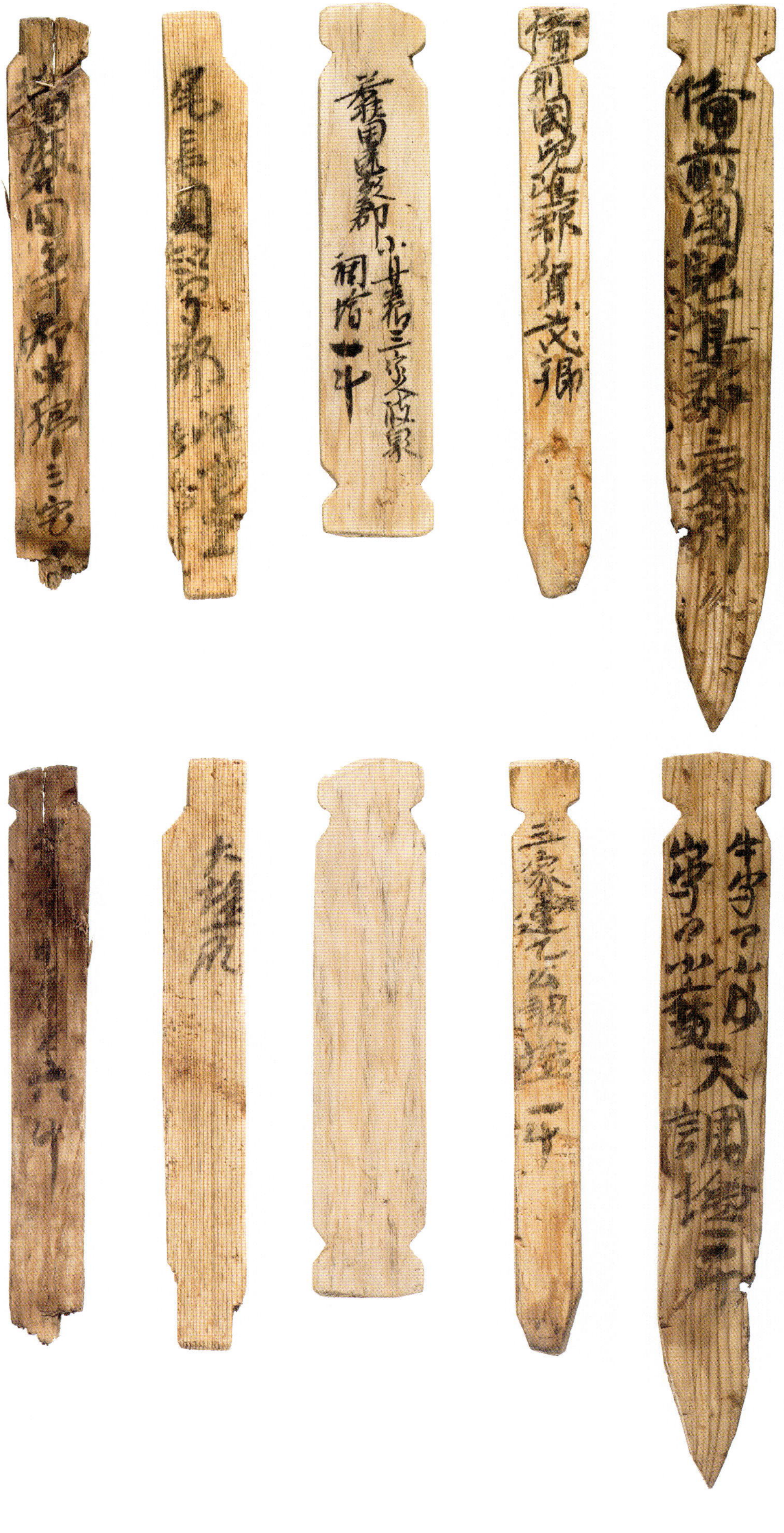

A 67-1 備前国「三家郷」木簡／国宝
平城宮跡出土　奈良時代　奈良文化財研究所

B 67-2 備前国「三家連」木簡／国宝
平城宮跡出土　奈良時代　奈良文化財研究所

C 67-3 若狭国「三家人」木簡
平城宮跡出土　奈良時代　奈良文化財研究所

D 67-4 尾張国「御宅里」木簡
平城宮跡出土　奈良時代　奈良文化財研究所

E 67-5 播磨国「三宅里」木簡
二条大路木簡　奈良時代　奈良文化財研究所

42　シシヨツカ古墳の石室(羨道から)
シシヨツカ古墳　古墳時代後期　大阪府教育委員会

42　須恵器類
シシヨツカ古墳　古墳時代後期　大阪府教育委員会

42　金製指輪
シシヨツカ古墳　古墳時代後期
大阪府教育委員会

42　亀甲繋鳳凰文銀象嵌刀装具
シシヨツカ古墳　古墳時代後期
大阪府教育委員会

68

「中家」墨書土器
曽我井・澤田遺跡　奈良・平安時代
兵庫県立考古博物館

68

「宗我西」墨書土器
曽我井・澤田遺跡　奈良・平安時代
兵庫県立考古博物館

68

人形
曽我井・澤田遺跡　奈良・平安時代
兵庫県立考古博物館

68　「宗我□」墨書土器
曽我井・澤田遺跡　奈良・平安時代　兵庫県立考古博物館

69　鉄鉾・馬具類・耳環・玉類
東山古墳群1号墳　古墳時代後期　多可町教育委員会

69　須恵器類
東山古墳群2号墳　古墳時代後期　多可町教育委員会

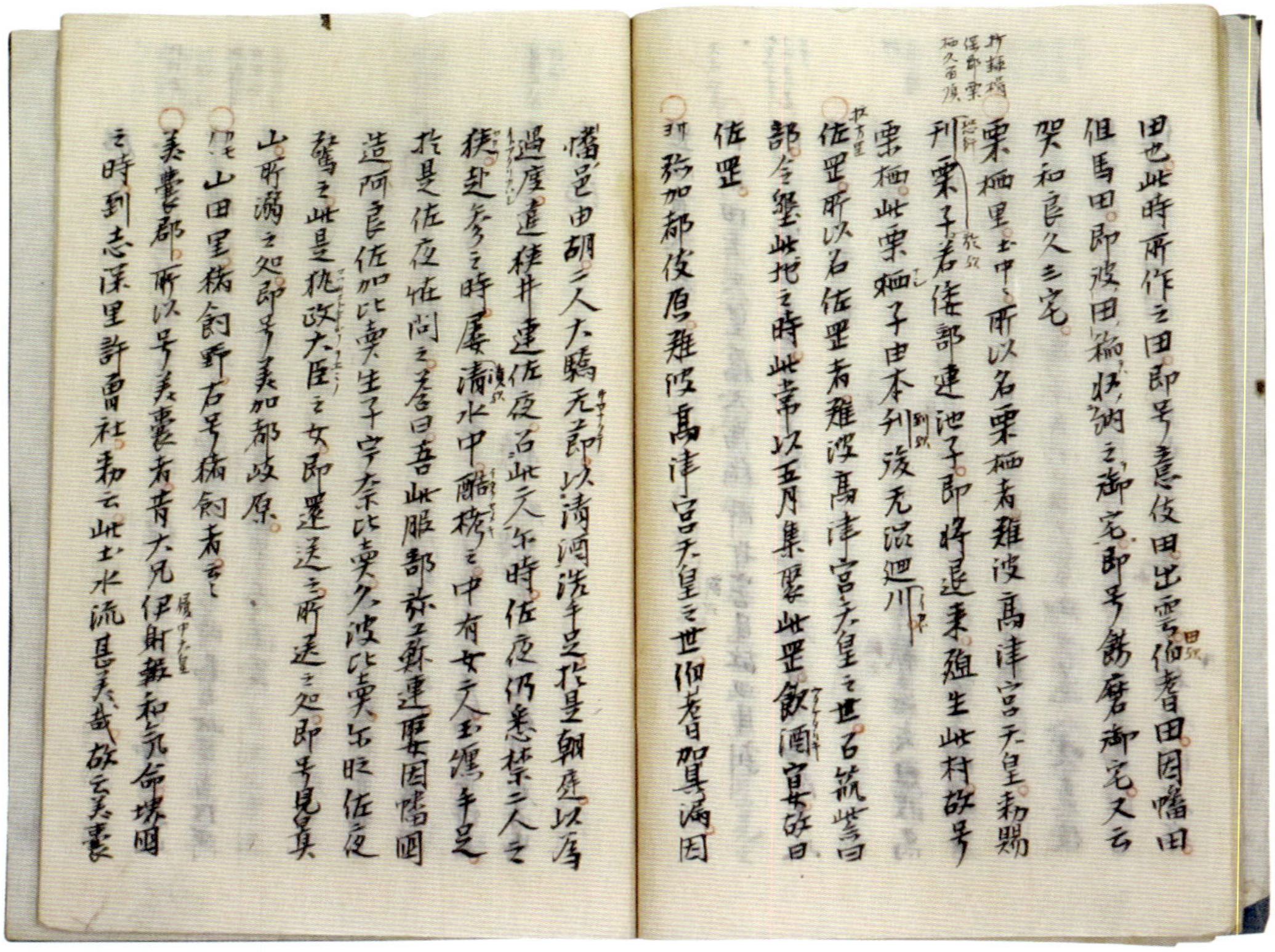

田也此時所作之田即号意伎田出雲田伯耆田因幡田
但馬田即彼田稲収納之御宅即号飾磨御宅又云
賀和良久之宅
栗栖里 土中々 所以名栗栖者難波高津宮天皇勅賜
刊栗子若倭部連池子即将退来殖生此村故号
栗栖 此栗栖子由本刊後无澁廻川
佐岡 土中々 所以名佐岡者難波高津宮天皇之世召筑紫田
部令墾此地之時此常以五月集聚此岡飲酒宴故曰
佐岡
弥加都岐原 難波高津宮天皇之世伯耆加具漏因
幡邑由胡二人大驕无節以清酒洗手足於是朝庭以為
過度遣狭井連佐夜召此二人尓時佐夜仍悉禁二人之
族赴参之時屡漬水中酷拷之中有女二人玉纏手足
於是佐夜恠問之答曰吾此服部弥蘇連娶因幡国
造阿良佐加比売生子宇奈比売久波比売尓時佐夜
驚之此是執政大臣之女即還送之所送之処即号見置
山所溺之処即号美加都岐原
山田里 猪飼野 右号猪飼者
美嚢郡 所以号美嚢者昔大兄伊射報和気命堺国
之時到志深里許曾社勅云此土水流甚美哉故云美嚢

70-1　播磨国風土記（飾磨郡飾磨御宅条）

明治時代（明治17年〈1884〉）　島根県教育委員会

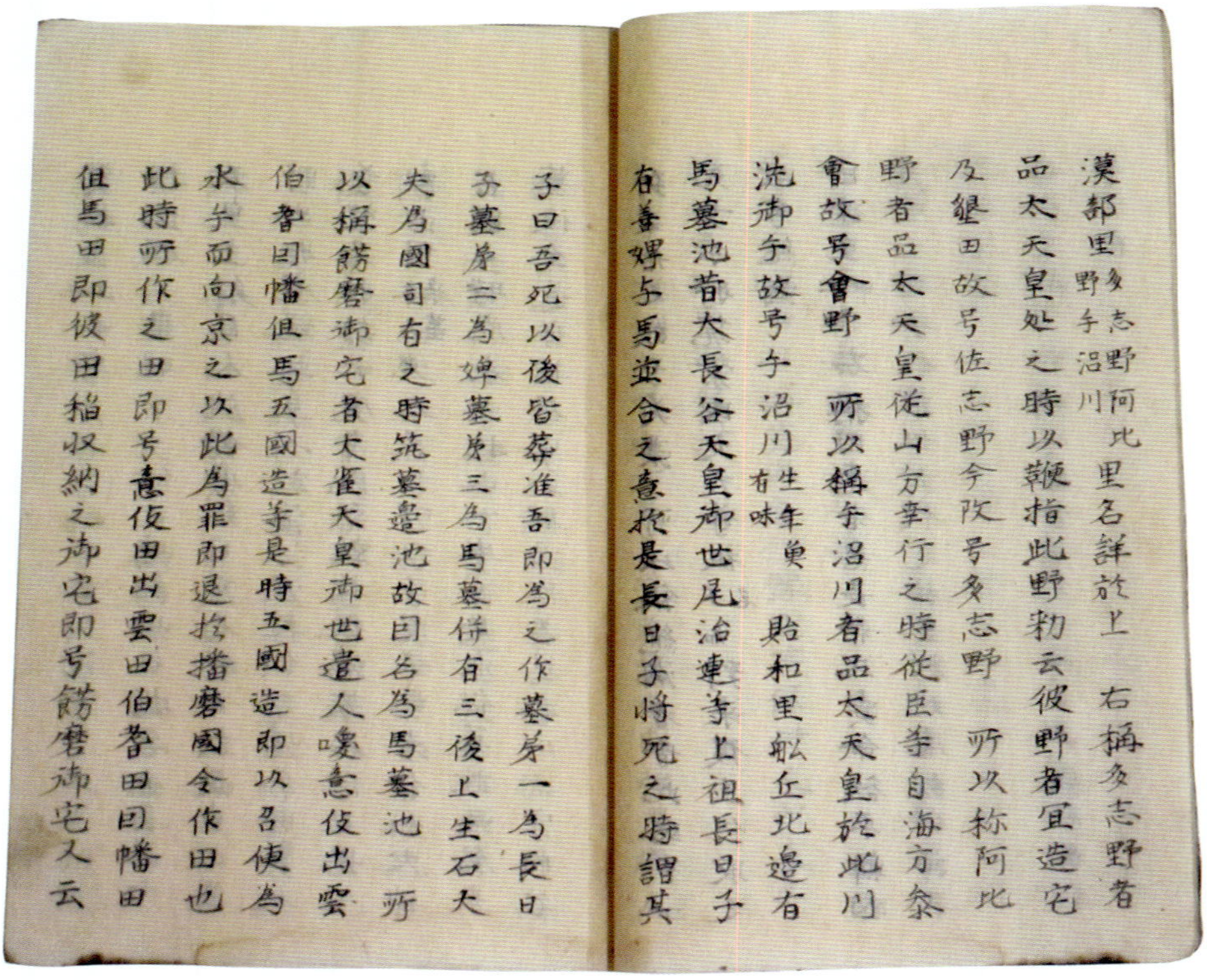

漢部里 多志野 阿比野 手沼川 里名詳於上 右稱多志野者
品太天皇巡之時以鞭指此野勅云彼野者宜造宅
及墾田故号佐志野今改号多志野 所以称阿比
野者品太天皇従山方幸行之時従臣等自海方参
會故号會野 所以稱手沼川者品太天皇於此川
洗御手故号手沼川 生年魚有味 貽和里船丘北邊有
馬墓池昔大長谷天皇御世尾治連等上祖長日子
有善婢与馬並合之意於是長日子将死之時謂其
子曰吾死以後皆葬准吾即為之作墓第一為長日
子墓第二為婢墓第三為馬墓併有三後上生石大
夫為國司之時築墓邊池故因名為馬墓池 所
以稱飾磨御宅者大雀天皇御世遣人喚意伎出雲
伯耆因幡但馬五國造等是時五國造即以召使為
水手而向京之以此為罪即退於播磨國令作田也
此時所作之田即号意伎田出雲田伯耆田因幡田
但馬田即彼田稲収納之御宅即号飾磨御宅又云

70-2　播磨国風土記（飾磨郡飾磨御宅条）

江戸時代（安政7年〈1860〉）　島根県教育委員会

71
隠岐国「御宅郷」木簡（複製）
二条大路木簡　現代（原品は奈良時代）　島根県教育委員会・原品：奈良文化財研究所

72
隠岐国「御宅郷」木簡（複製）
宮町遺跡 現代（原品は奈良時代）
島根県教育委員会・原品：甲賀市教育委員会

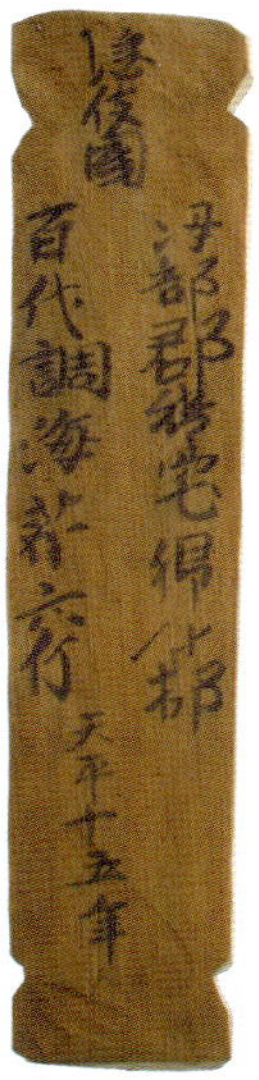

72
隠岐国「御宅郷」木簡（複製）
宮町遺跡 現代（原品は奈良時代）
島根県教育委員会・原品：甲賀市教育委員会

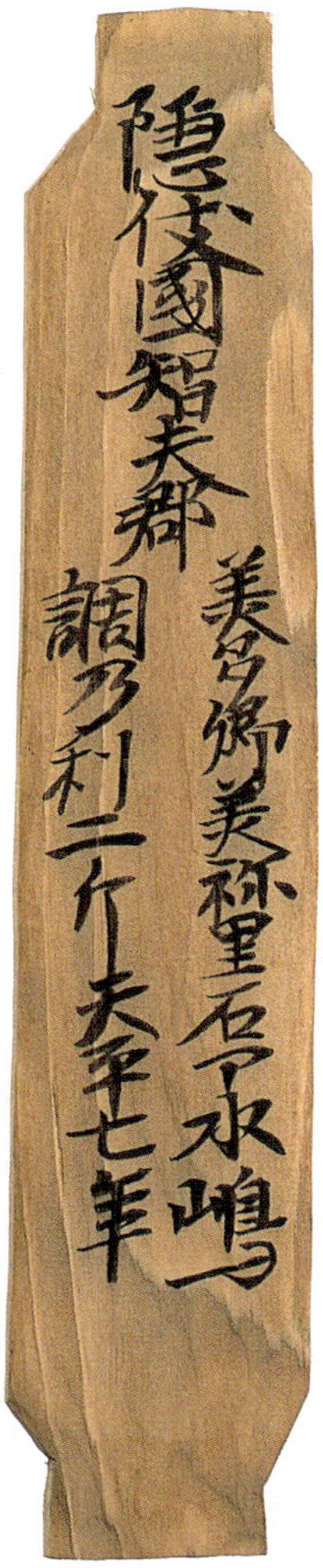

74
隠岐国「美多郷」木簡（複製）
二条大路木簡　現代（原品は奈良時代）　島根県教育委員会・原品：奈良文化財研究所

79
隠岐国「宗我部」木簡（複製）
二条大路木簡　現代（原品は奈良時代）　島根県教育委員会・原品：奈良文化財研究所

77　**「海」線刻土器**
今浦5号横穴墓　古墳時代終末期　海士町教育委員会

75　**「三田」線刻土器**
兵庫遺跡　奈良時代　西ノ島町教育委員会

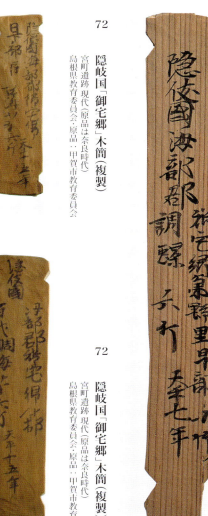

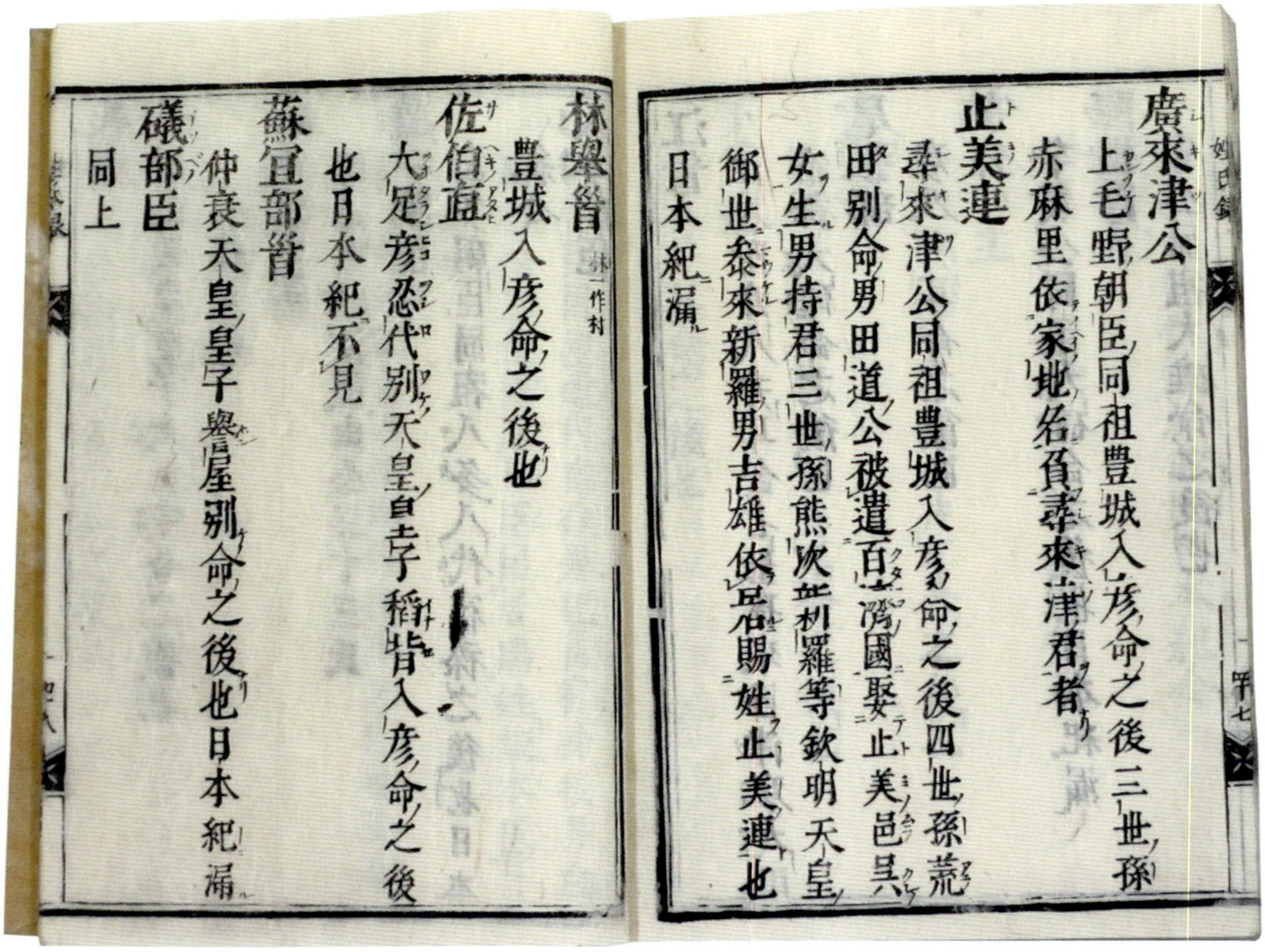
廣來津公
上毛野朝臣同祖豊城入彦命之後三世孫
赤麻里依家地名負廣來津君者
止美連
廣來津公同祖豊城入彦命之後四世孫荒
田別命男田道公被遣百済國娶止美邑呉
女生男持君三世孫熊次新羅等欽明天皇
御世參來新羅男吉雄依居賜姓止美連也
日本紀漏
林舉首
豊城入彦命之後也（林一作村）
佐伯直
大足彦忍代別天皇皇子稲背入彦命之後
也日本紀不見
蘇宜部首
仲哀天皇皇子誉屋別命之後也日本紀漏
礒部臣
同上

76　新撰姓氏録（磯部部分）
江戸時代　島根県教育委員会

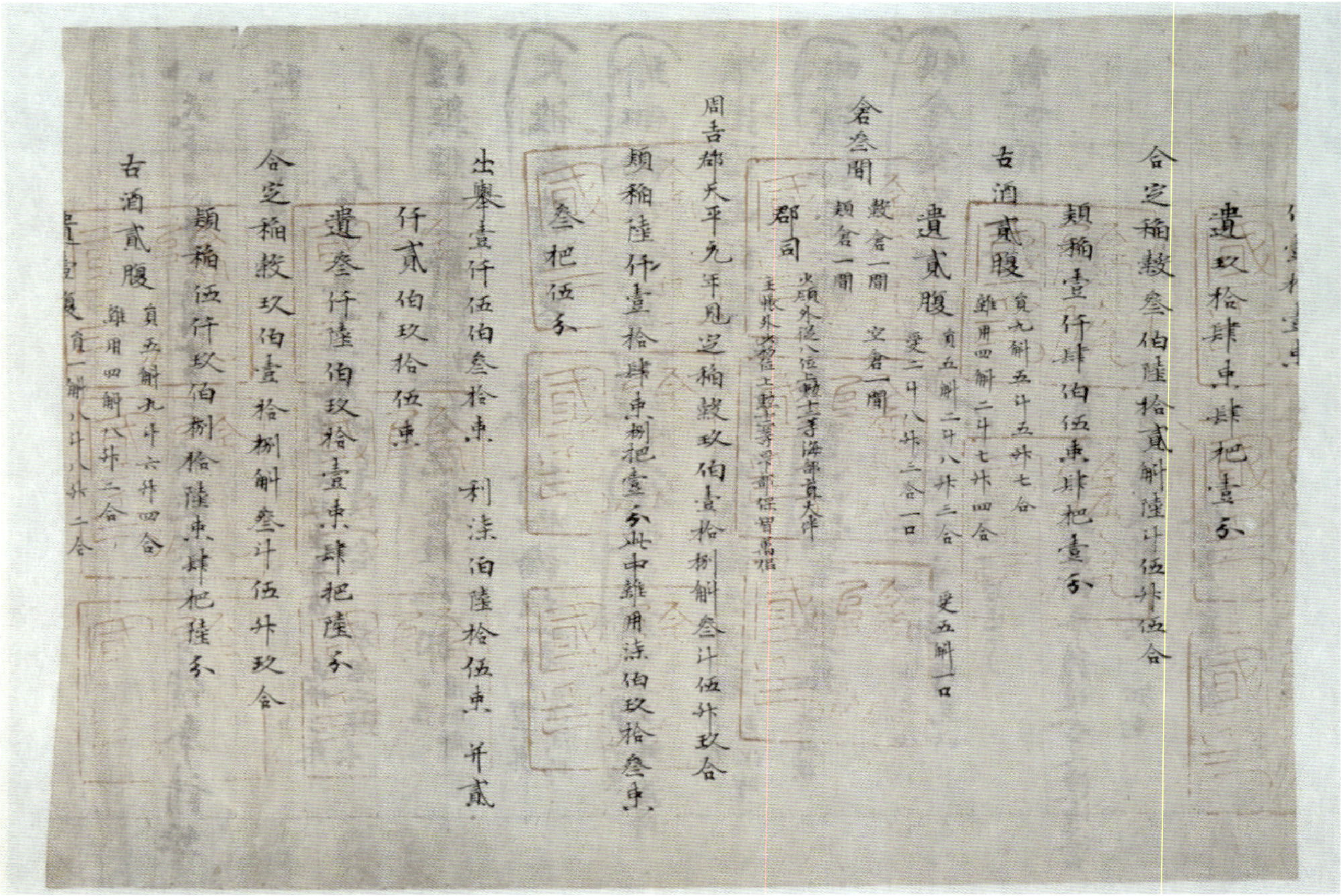

78　隠伎国郡稲帳（複製、海部郡司部分）
現代（原品は奈良時代）　島根県教育委員会・原品：宮内庁正倉院事務所

73　大刀・須恵器類・土師器類
唯山古墳　古墳時代後期　海士町教育委員会

80　馬具類・珠文鏡
小丸山古墳　古墳時代後期　益田市教育委員会

81　須恵器類
北長迫横穴墓群　古墳時代後期　益田市教育委員会

82　ミニチュア土器
平ノ前遺跡　古墳時代後期　島根県教育委員会

82　金銅製歩揺付空玉
平ノ前遺跡　古墳時代後期　島根県教育委員会

82　須恵器類
平ノ前遺跡　古墳時代後期
島根県教育委員会

83　須恵器類・石製紡錘車
諸友大師山横穴墓群　古墳時代後期　大田市教育委員会

83　石製紡錘車
諸友大師山Ⅰ群3号横穴墓　古墳時代後期
大田市教育委員会

コラム

継体天皇と外征ルート

仁木　聡

1. 継体天皇の登場

雄略天皇（倭王武《わおうぶ》、ワカタケル大王）は、畿内と各地の有力豪族らによる連合的な政治体制から、より中央集権的で強力な政治体制の形成を目指した。その結果、王族・有力豪族との抗争を激化させ、王権の一時的な弱体化を招いた。このような政治的・社会的混乱の中で、雄略天皇の孫娘である手白香皇女《たしらかのひめみこ》（仁賢天皇の娘）を娶って即位したのが、応神五世孫の継体天皇（男大迹王《おほどのおおきみ》）であった（在位：507―531年『日本書紀』）。

継体天皇の勢力基盤は、北陸・近江・摂津・山背・尾張にあり、5世紀代に活躍した歴代の天皇（倭の五王）とは系譜的に遠い傍系の王族出身者と考えられている。継体天皇は、ヤマト王権の支配拠点である屯倉《みやけ》、王権の経済的盤となる名代《なしろ》・子代《こしろ》の設置、部民制《べみんせい》・国造制《こくぞうせい》という新たな統治システムを導入した画期的な人物とされている。その一方で、継体天皇は新たな王系の交替という点を除けば、「倭の五王」と同じく、軍事指導者として朝鮮半島からの鉄資源・先進文物を安定的に供給する「外向き」の支配体制を運営したのである（仁藤2009）。後述するように、継体天皇を擁立・支持した各地の新興勢力は、王権の経済的・軍事的基盤を担い、倭国の内政と外政に関与したものと推測される。

2. 継体天皇の擁立・支持勢力

文献・古代史、考古学の先行研究によれば、継体天皇の擁立・支持勢力は、『記紀』に記された継体天皇の祖先系譜・出自・婚姻関係・宮等の継体関連地である北陸・近江・摂津・山背・東海（尾張）に集中していることが指摘されている。【図1】は6世紀前半における、①今城塚型前方後円墳（相似墳、あるいはその可能性が高い前方後円墳）、②周堤帯もしくは盾形周濠（註1）を有する前方後円墳（以下、周堤帯前方後円墳と略す）、③畿内系右片袖式横穴式石室墳、④継体威信財（広帯二山式冠《ひろおびふたやましきかんむり》・捩《ねじ》り環頭大刀《かんとうたち》・三葉文《さんようもん》楕《だ》円形《えんがた》杏葉《ぎょうよう》）（高松2007）、の4つの指標から、列島各地における継体天皇の擁立・支持勢力の分布を概念化したものである。

まず、真の継体天皇陵と評価されている今城塚古墳の相似墳（以下、今城塚型前方後円墳）が、畿内を中心に各地で存在することが指摘されてきた（大下

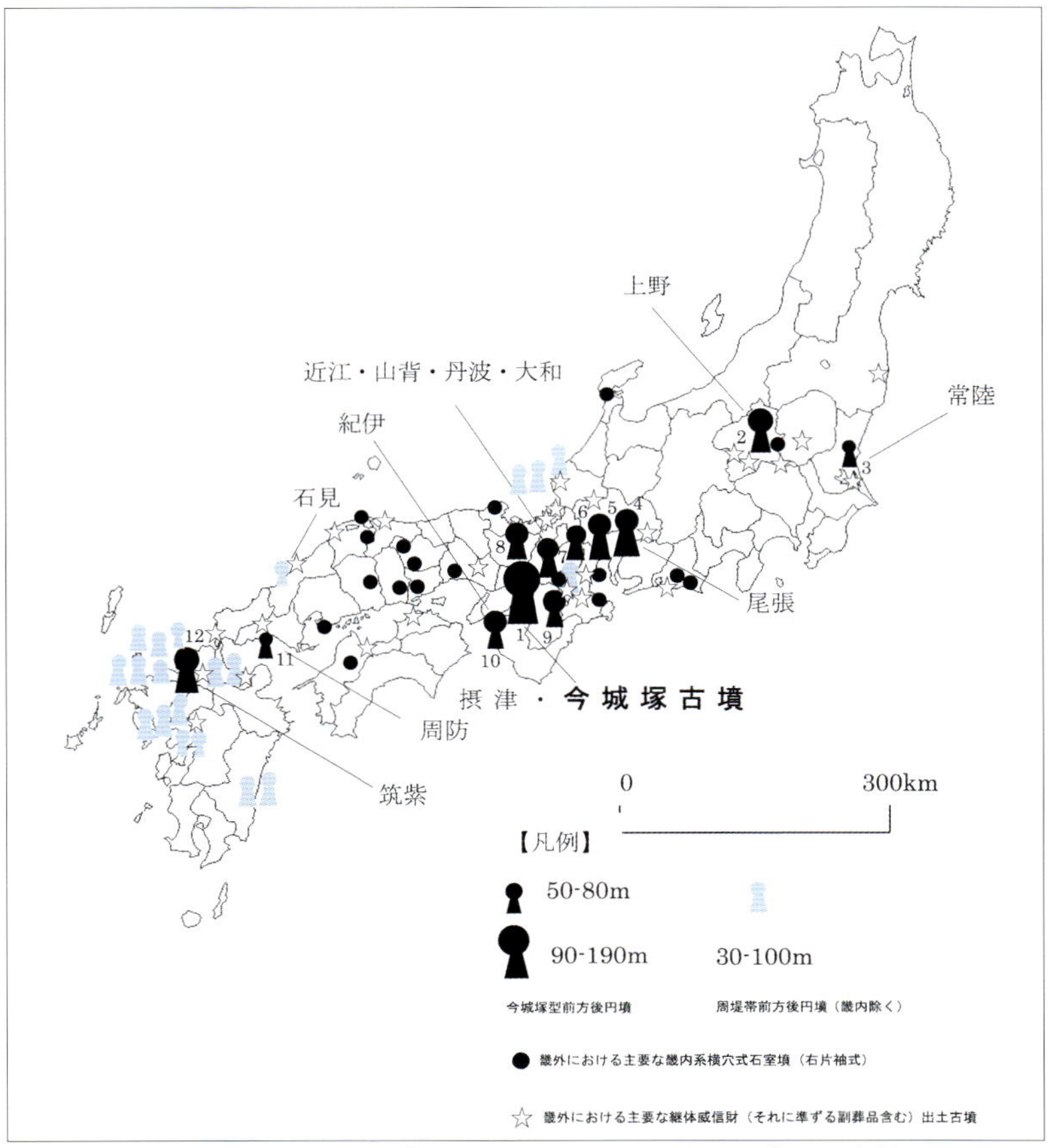

【図1】6世紀前半における「今城塚型前方後円墳」と「周堤帯前方後円墳」

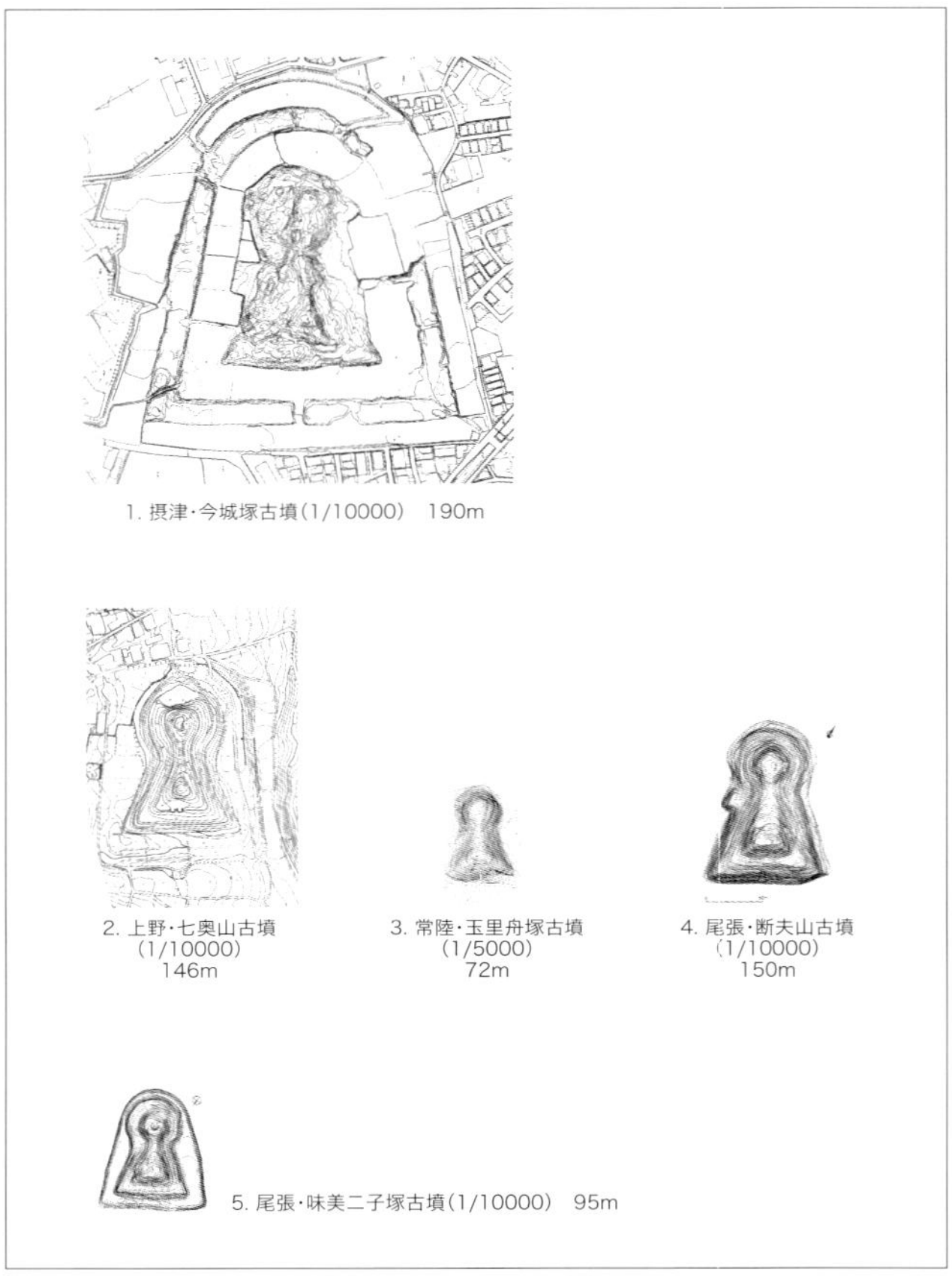

【図２】今城塚型前方後円墳の諸例（１）

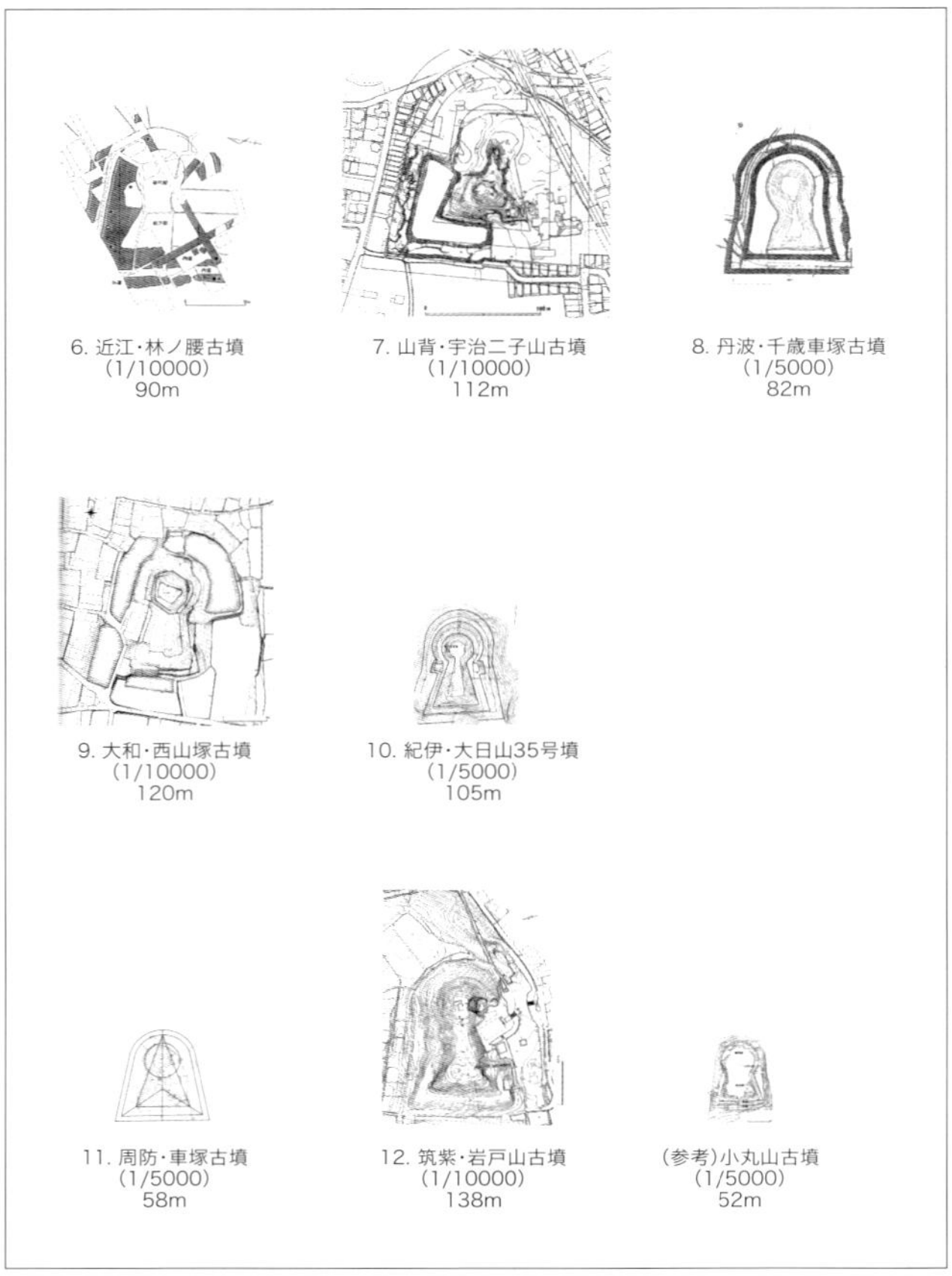

【図３】今城塚型前方後円墳の諸例（２）

2000・小澤2009など）。

ここでは、今城塚型前方後円墳と6世紀前半においては畿外においいて極めて数少ない周堤帯前方後円墳に注目してみたい。前者は、墳丘企画の類似性のほか、今城塚古墳出土埴輪群との形態的関係性が指摘される埴輪（高槻市新池埴輪窯産含む）、あるいは尾張型埴輪が出土している例が散見され、その被葬者像には、『記紀』に記される継体天皇の后妃やその父祖、君臣等の説も唱えられている【図2・3】（表1参照）。このことから、今城塚型前方後円墳の被葬者には、継体天皇と相当にゆかりの深い人物が想定できる。

ところで、今城塚型前方後円墳が畿内に集中する一方で、東国と西国の周縁部に分布することは注目される。東は「武蔵国造の乱」で王権に加担した毛野君小熊を被葬者に擬せられている七輿山古墳（若狭1999）、西は5世紀中頃から形成され、6世紀前半にピークを迎えた「有明首長連合」の盟主墳である「筑紫君磐井」の墓と目される岩戸山古墳である（柳沢1995）。これは継体天皇が自らの勢力基盤から遠い列島周縁の有力首長を直臣層として取り込んだことを意味する（註2）。

一方、後者は今城塚古墳や、それ以外の王族墳や畿内有力豪族墳の墳丘企画の影響を受けた可能性が考えられるものであり、継体朝期に王権に深く関係した被葬者が、葬られている可能性が考えられる。注目すべきは、6世紀前半に

旧国	古墳名	規模	被葬者像	被葬者像に関する依拠文献
摂津	今城塚古墳	190m	継体天皇	木村1913他
上野	七興山古墳	146m	「武蔵国造乱」毛野君小熊	若狭1995
常陸	玉里舟塚古墳	72m	－	（相似墳説：新井2000）
尾張	断夫山古墳	150m	尾張連草香（継体元妃・目子媛の父）等の尾張連氏	赤塚1989
尾張	味美二子塚古墳	95m	同上、あるいは目子媛	赤塚1989
近江	林ノ腰古墳	90m	近江毛野臣	辻川2010
山背	宇治二子山古墳	112m	1．継体妃・荑媛（和珥臣河内の娘）、あるいは和珥臣河内 2．秦氏	1. 和田1995 2. 水谷2013
丹波	千歳車塚古墳	82m	仲哀天皇五世孫・倭彦王	和田1995
大和	西山塚古墳	120m	継体正妃・手白香皇女	白石1985
紀伊	大日山35号墳	105m	紀氏（紀直・紀朝臣）	本コラム（参考：栄原2004）
周防	車塚古墳	58m	沙婆県主後裔	本コラム
筑紫	岩戸山古墳	138m	筑紫君磐井	矢野1926、森1976

【表１】今城塚型前方後円墳の被葬者像

旧国	古墳名	規模	周堤(周濠)の形状	備考
若狭	十膳ノ森古墳	68m	盾形周濠	上中古墳群・膳臣氏
若狭	白鬚神社古墳	58m	盾形周濠	上中古墳群・膳臣氏
若狭	上船塚古墳	77m	盾形周濠	上中古墳群・膳臣氏
山背	天塚古墳	71m	盾形周濠	太秦古墳群・秦氏
山背	片平大塚古墳	65m	盾形	太秦古墳群・秦氏
山背	物集女車塚古墳	48m	盾形周濠	継体威信財・秦氏、土師氏、六人部、物集女氏
山背	塚本古墳	32m	盾形	今城塚古墳出土形象埴輪との形態的関連性
河内	野中ボケ山古墳	122m	盾形	伝仁賢天皇陵古墳
河内	峯ケ塚古墳	96m	盾形	被葬者像(仁賢天皇説)・継体威信財
河内	白髪山古墳	115m	盾形	伝清寧天皇陵古墳
河内	高屋築山古墳	122m	盾形	伝安閑天皇陵古墳
摂津	園田大塚山古墳	44m	盾形周濠	継体威信財出土
大和	鳥屋ミサンザイ古墳	138m	盾形周濠	伝宣化天皇陵古墳
大和	額田狐塚古墳	50m	盾形周濠	尾張系埴輪・額田部氏
大和	市尾墓山古墳	66m	盾形	被葬者像(巨勢男人説)・巨勢氏本拠地
大和	河合城山古墳	109m	盾形周濠	—
大和	狐井城山古墳	140m	盾形	被葬者像(顕宗天皇説)
大和	北花内大塚古墳	90m	盾形	伝飯豊皇女陵古墳・忍海評
大和	二塚古墳	60m	盾形周濠	上記の後継墳・忍海評
大和	石上大塚古墳	107m	盾形	石上古墳群・物部氏本拠地
大和	別所大塚古墳	125m	盾形	同上
大和	御墓山古墳	74.3m	盾形周濠	同上
大和	小墓古墳	85m	盾形周濠	杣之内古墳群・物部氏本拠地・形象埴輪多数(円柱を伴う高床式家形埴輪)
伊賀	西ノ野王塚墳	63m	盾形	西ノ野古墳群、近傍に保子里古墳群(継体威信財副葬)、東海道
石見	小丸山古墳	52m	盾形	継体威信財・表土置換土盛工法採用・「三宅」地名
豊前	荒神森古墳	68m	墳形状	大抜屯倉・「大貫」地名・豊前企救郡(筑紫聞物部)
豊前	八雷古墳	74m	盾形	「鳥井原」地名・豊前企救郡(筑紫聞物部)
豊前	扇八幡古墳	59m	盾形	「箕《み》田《だ》」地名・豊前企救郡(筑紫聞物部)
筑前	寺山古墳	68m	盾形周濠	川島古墳群・嘉穂型埴輪・穂波屯倉・鎌屯倉・馬見物部
筑前	桂川王塚古墳(寿命王塚古墳)	80m	墳形状	継体威信財・穂波屯倉・鎌屯倉・馬見物部
筑前	桂川天神山古墳	67m	墳形状	穂波屯倉・鎌屯倉・馬見物部
筑前	東光寺剣塚古墳	75m	墳形状	那津官家・「三宅」地名
筑前	今宿大塚古墳	64m	盾形	肥後南部型埴輪(筑紫火君一族の進出)
肥前	剣塚古墳	83m	盾形周濠	柚比古墳群・「田代」地名・筑紫火君
肥前	岡寺古墳	65m	盾形周濠	柚比古墳群・「田代」地名・筑紫火君
肥前	庚申堂塚古墳	60m	盾形周濠	柚比古墳群・「田代」地名・筑紫火君
筑後	姫ノ城古墳	86m	盾形	野津古墳群・筑紫火君
筑後	中ノ城古墳	102m	盾形	同上
日向	新田原59号墳	71m	盾形	新田原古墳群(祇園原古墳群)　周堤上に形象埴輪列・百足塚古墳に先行
日向	百足塚古墳		盾形	新田原古墳群(祇園原古墳群)　今城塚古墳形象埴輪との関係性が指摘

【表2】6世紀前半（MT15～TK10）における周堤帯（盾形周溝）前方後円墳

おける周堤帯前方後円墳が、継体天皇の擁立・支持基盤地域の畿内とその周辺、そして「有明首長連合」の中心地（筑紫君磐井の乱後による屯倉の設置地域・筑紫火君進出地）となる九州中・北部に集中している点である（表2参照）。

真の継体天皇陵とされる今城塚古墳が築造される6世紀前半は、河内・大和にも墳長100mを超える周堤帯前方後円墳が複数築造されている。これらの古墳に葬られた人物については、大王に準じた王侯であった可能性も指摘されている（松木2011）。これらの天皇陵古墳に比定される100m級の周庭堤前方後円墳を除けば、50m～80m級の周堤帯前方後円が集中するのが、畿内では大和盆地と継体天皇の擁立・支持基盤の一つである山背にある。とくに、大和盆地では物部氏・巨勢氏・額田部氏の本拠地と目される各所で、その築造が認められる。

畿外における周堤帯前方後円墳の被葬者は、今城塚古墳や、それ以外の王族墳や畿内有力豪族墳の墳丘企画の影響を受けた可能性が考えられるものであり、継体威信財の副葬や墳丘構築技法の類似性が確認できる事例も加味すれば、王権と格別なる関係性を有した存在であったと考えられる（註3）。想像をたくましくすれば、今城塚型前方後円墳の被葬者より階層や実力は劣るであろうが、例えば、継体朝期における軍事行動や、「屯倉」の管掌者などの実務的な活躍をした被葬者であった可能性も考えられる。

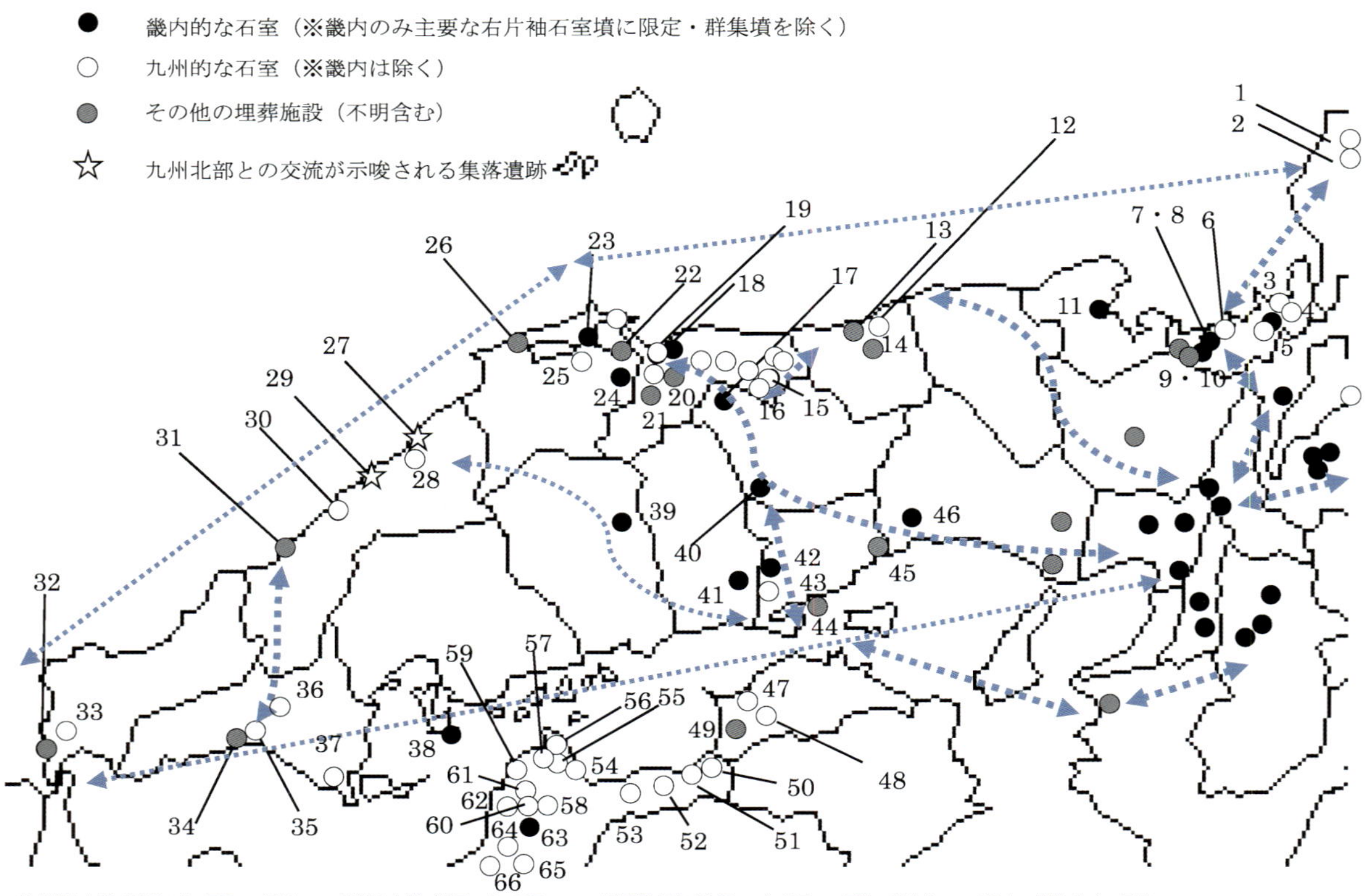

1.神奈備山古墳（前円 60）・TK10・馬具　2.椀貸山古墳（前円 45）・MT15　3.獅子塚古墳（前円 32.5）MT15・馬具・鍛冶具　4.二子山 3 号墳（－）・馬具

5.きよしの 3 号墳（円 13）TK10・馬具（内湾楕円形鏡板付轡）・4 号墳（円 16）TK10・馬具　6.十善ノ森古墳（前円 67）TK47 - MT15・馬具（雄略系）・三段築成

7.大谷古墳（円 27.5）TK10・馬具（継体系）　8.丸山塚古墳（円 50）・TK10・馬具（継体系）　9.上船塚古墳（前円 77 前後）TK10・三段築成　10.下船塚古墳（前円 85）TK10・三段築成

11.崩谷 3 号墳（円 -）TK10　12.六部山 80 号墳（円 -）TK10・馬具（継体系）　13.開地谷 23 号墳（円 -）MT15・馬具（内湾楕円形鏡板付轡）

14.　面影山 35 号墳北裾土壙・TK10 以降　15.大宮古墳（前円）TK10・馬具・肥後北部系石室　16.家ノ後口 1 号墳（円 15）TK10 新相・馬具・肥後北部系石室

17.四つ塚 1 号墳（円 27）・13 号墳（円 20）TK10・馬具　18.長者ヶ平古墳（前円 48）TK10・継体威信財　19.宗像 21 号墳（前円 10）MT15・馬具

20.百塚 49 号墳（円 10・周溝北側埋土）馬具（内湾楕円形鏡板付轡）　21.丸山 2 号墳（不明）TK10・馬具　22.仏山古墳（方方 41）TK10・馬具（継体系）　23.薄井原古墳（方方 50）TK10・馬具・摂津山背系鉄鏃　24.座王 7 号墳（円 13）TK10・摂津山背系鉄鏃　25.林 43 号墳（前円 16）TK10・山陰東部・九州北部系鉄鏃　26.上島古墳（円 21）TK10・馬具・継体威信財

27.平ノ前遺跡（MT15 - TK43）28.行恒古墳（円 25）・TK10　29.高津遺跡（MT15 - TK43）　30.めんぐろ古墳（円 -）MT15・馬具　31.小丸山古墳（前円 52）MT15・周堤帯前方後円墳・馬具・継体威信財　32.上ノ山古墳（前円 108？説・180 説）MT15・馬具　33.大門古墳（前円 35）TK10・馬具　34.桑山塔ノ尾古墳（前円？）TK10・継体威信財

35.車塚古墳（前円 58）TK10・今城塚型前方後円墳　36.馬塚古墳（前円 19 もしくは円 10）MT15・馬具　37.納蔵原 1 号墳（前円 30）・TK10・馬具　38.岩屋古墳（円 11）・TK10・馬具

39.犬塚 1 号墳（円 15）・TK10・摂津山背系鉄鏃　40.中宮 1 号墳（前円 23）・TK10・馬具　41.二万大塚古墳（前円 38）・TK10・馬具　42.緑山 6 号墳（円 15.6）・TK10・馬具

43.三輪山 6 号墳（円 15）・MT15・馬具　44.西郷面古墳（前円？・規模不明）・TK47-MT15・馬具（雄略系）　45.船山古墳（前円 60）・後期型の前方後円墳

46.西宮古墳（前円 35）・TK10・馬具　47.菊塚古墳（前円 63）・TK10・馬具・盾形周溝　48.王墓山古墳（前円 46）・TK10・継体威信財　49.瓢簞山古墳（前円 44）・TK10・新池埴輪窯産埴輪・盾形周溝　50.東宮山古墳（前円 14）・TK10・継体威信財 51.経ケ岡古墳（前円 30）・TK10・馬具

52.四ツ手山古墳（円 15）・TK10・馬具　53.正光山 1 号墳（円 15）・TK10・馬具　54.旦 13 号墳（不明）・MT15・馬具　55.治平谷 2 号墳（不明）・MT15・馬具

56.高橋仏師 1 号墳（前円 21）MT15・馬具　57.高橋岡寺 1 号墳（円 12）・TK10・馬具　58.龍徳寺山 1 号墳（円 25）・MT15・馬具　59.溝辺 1 号墳（円 12）・TK10・馬具

60.播磨塚天神山古墳（前円 32）・MT15・馬具　61.葉佐池古墳 2 号石室（長円 41）・TK10・馬具　62.東山鳶ケ森 2 号墳（円 13）・MT15・馬具・継体威信財

63.三島神社古墳（前円 45）・MT15・馬具　64.長田 2 号墳 1 号石室（円 12）・TK10・馬具 65.大下田 1 号墳（円 25）・TK10・馬具　66.水満田西 2 号墳（円 17）・TK10・馬具

【図４】　継体朝期における山陰・瀬戸内沿岸の新興勢力と外征ルート（６世紀前半代：MT15 ～ TK10 型式併行期）

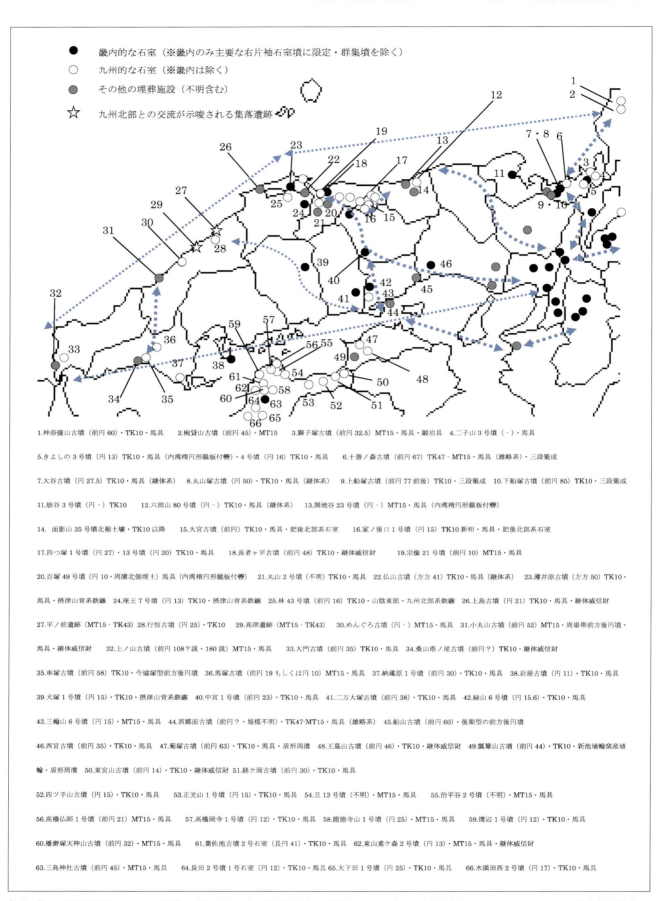

3. 山陰・山陽における新興勢力

【図4】は、【図1】と同じく、①古墳の「墳形」・「規模」は王権内における被葬者の政治的・社会的位置を表す。それに規定されつつ、②副葬品は被葬者の性別や生業・職掌を含む生前の活躍などを、③棺「埋葬施設」や「棺」は、被葬者の血縁・婚姻関係などの同族的関係を色濃く反映しているという3つの理解（和田1998）から、考古学的にヤマト王権、あるいは継体天皇との関係性が観取できると判断した本州西部の新興勢力を最大限抽出した分布図である。

まず、九州系石室の分布が目立つことが留意されるが、単純に畿内勢力と九州勢力の対立構造を示すものとは考えない。和田晴吾氏や中司照世氏が説くように（和田1995・中司2000）、畿内・日本海沿岸における九州北部・中部系の石室や石棺の分布状況から、筑紫君磐井に代表される九州勢力「有明首長連合」と同様に、九州勢力との通交を有した各地の新興勢力も、継体天皇の擁立・支持に参画したとみておきたい。興味深い点は、畿内系石室の分布である。後述するように、畿内系石室が分布する地域は、ヤマト王権の直轄地であり外征の拠点ともいえる「屯倉」設置との関係性が考えられる。一方、被葬者の生前の活躍ぶりを推測させる副葬品に注目すれば、これらの古墳の多くからは、ヤマト王権との関係が示唆される青銅製品（鈴鏡・鈴釧）や馬具（馬鐸・鈴杏葉等の青銅製品含む）、あるいは継体天皇の擁立・支持勢力に配布されたと考えられている継体威信財（高松前掲）が出土している。

このような日本海沿岸と瀬戸内海沿岸に数多くみられる新興勢力の勃興は、何を物語るのであろうか？文献・古代史研究によれば、継体天皇の時代は、倭国の対外的交渉と権益の窓口ともいうべき朝鮮半島の伽耶南部に、新羅・百済が進出を開始する。すなわち、百済・新羅への軍事的対決路線を採った継体天皇は（仁藤2009）、兵站経路が要求される外征を西日本の諸勢力を新たに糾合する必要が生じたのであろう。それを傍証するかのように、新興勢力の多くは日本海・瀬戸内海沿岸の交通ルートの要衝である港湾的拠点、山陰と山陽の陸上交通路の要衝に数多く分布している。

4. 新興勢力の被葬者像

本州西部における新興勢力の勃興は、雄略朝にも顕著である。それは、5世紀末葉に、横矧板鋲留短甲に代表される新式の短甲（滝沢1994）、80㎝を超える鉄刀（仁木2015）、多鋲などの付加装飾の馬具（片山2018）等が、西日本各地の中小規模墳（古式群集墳を多く含む）から出土していることからも窺い知れる。継体朝における新興勢力の中には、雄略朝から百済救援などの対外的な派兵に継続的に関係した王権の直参的な人物やその子孫、あるいは彼を支えた後裔集団も含まれていた可能性を指摘しておく（註4）。すなわち、これらの古墳被葬者は、雄略朝から活躍した人物（集団）や、継体朝にヤマト王権との通交関係を新たに構築し得た新興勢力が主体と考えるのが自然である。また、多様な埋葬施設を持ちながら分不相応ともいうべき継体威信財を副葬する中小の古墳、あるいは複数の埋葬施設が設けられた前方後円墳、そして、その首長系譜が継がれるべき古墳を築造し得ない一代限りの新興勢力が少なからず存在する。そのことは、彼らの多様な出自や生前の活躍事績と共に、安定性を欠いた新興的地位を反映しているものと考えられる。なお、各地の新興勢力は軍役負担の見返りとして、ヤマト王権から先進文物の分配を求めたが、軍役負担の増加や、兵站の後方支援策としても設置されたヤマト王権の直轄領である「屯倉」からの収奪に対して、不満がなかったわけではないと考えられており、その一つの表れが、筑紫君磐井の乱であるとする説がある（仁藤前掲）。山陰沿岸の新興勢力の中にも、筑紫君磐井の乱に巻き込まれた集団がいた可能性も示唆されている（コラム42頁参照）。

5. 新興勢力の分布から想定される継体天皇の外征ルート

新興勢力の分布から想定される海運ルート、陰陽を結ぶ陸上・河川ルートは、継体・欽明朝における兵站確保や気候変動等に対処する目的で設置された「屯倉」（交通の要衝・開発拠点）とも密接に関係するものと推察する（コラム22頁参照）。

【写真1】小丸山古墳前方部（写真下半の黒色土層が表土積換盛土工法の土塊）

例えば、【図4】から浮かび上がる「播磨・備前―美作―伯耆―出雲ルート（龍野・児島―津山―蒜山―倉吉・伯耆・出雲東部）」、そして、「石見（益田）の高津川水系と周防（防府）の佐波川水系のルート（陰陽の分水嶺ルート）」を掲げることができる。前者のルート上には、「屯倉」の設置と関連すると説かれている導入期の畿内系石室墳（山崎2003）が築造されている。とくに、蒜山の四ツ塚古墳群（畿内系石室や、特殊な馬具・鍛冶具が多数副葬された6世紀代の古墳群）は、近世美作街道に面しており、近傍に屯倉遺称地と推測できる「美田野」・「田部」・「社田」の地名が残ることも示唆的である(註5)。後者の石見(益田)には、継体朝期としては山陰で唯一の周堤帯を有した前方後円墳の小丸山古墳（52ｍ）が築造される。小丸山古墳は今城塚古墳や岩戸山古墳の墳丘企画に総じて類似することが指摘されており、ヤマト王権との密接な関係を有した被葬者の存在が説かれてきた（渡邊1988）。残念ながら調査前に墳丘上半部が破壊されており、埋葬施設や副葬品をはじめとする情報はごく断片的であった。しかし、残された考古資料の中に継体威信財の捩り環頭大刀が含まれていたことが、今回新たに判明した【図5】。そして、今一つ注目すべきは、今城塚古墳の墳丘盛土工法が採用されている点である。すなわち、土塊状に掘削した旧表土（黒色土層）を天地返しで積み上げる特殊な工法「表土置換盛土工法の土塊」（高島2014）が認められる【写真1】(註6)。以上3点の考古学的知見から、小丸山古墳は、石見における継体天皇の擁立・支持勢力の奥津城とみて大過ない。近傍に「屯倉」の遺称地名が示唆される「三宅町」（中世益田氏の拠点「三宅御土居」所在地）が存在することも、興味深い(註7)。

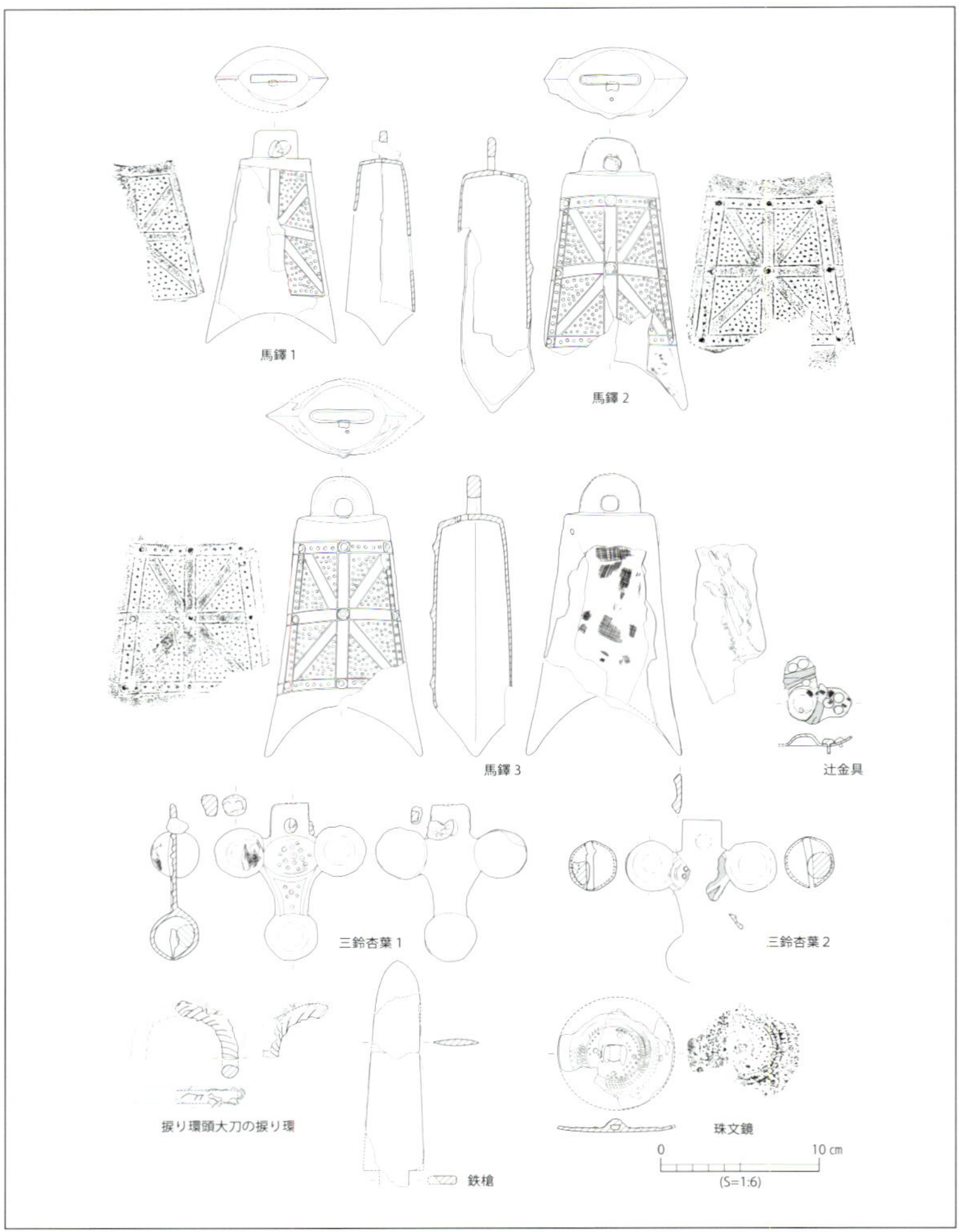

【図5】石見・小丸山古墳出土遺物

同様に、周防の佐波川河口の台地上には、墳形・規模不詳の桑山塔ノ尾古墳、前方後円墳の車塚古墳が築造される。桑山塔ノ尾古墳は江戸時代に発見され、出土品等に関する記録が残されており、広帯二山式冠などの継体威信財の副葬が確認できる。一方、車塚古墳は副葬品が不明であるものの、くびれ部で版築工法の盛土が確認され、複室構造を有する九州系の横穴式石室が前方部と後円部にそれぞれ一基ずつ構築されている。先学の墳丘企画論（桑原1982）を参照すれば、車塚古墳は周堤帯を有した今城塚型前方後円墳の可能性を指摘することができ(註8)、所在地「三田尻」の地名も「屯倉」遺称地として示唆的である。この高津川水系と佐波川水系の陰陽ルートの重要性は、6世紀後半の欽明朝にも継続したことがうかがえる。益田では小丸山古墳の築造後、広域首長墳の築造は断絶する。しかし、これに代わって有力家長層の台頭が示唆される群集墳が出現する。それが前方後円墳を含む群集墳・鵜の鼻古墳群である。臨海性の群集墳で、近傍に紀氏との関係性も示唆される「木部」地名が注目されている（中司2011）。また、防府では、車塚古墳以後も7世紀代まで石室墳が複数築造され、7世紀第3四半期には切り石を用いた畿内系石室に、竜山石製の畿内系刳抜式家形石棺を内包した大日古墳（終末期前方後円墳か）が築造される。そして、両水系の分水嶺的中間地点である山口県阿東町徳佐盆地（現・山口市）に孤立的に築造された狐塚古墳の存在が注目される。狐塚古墳は、前方部端は墓地による改変を受けているが、「見瀬丸山型前方後円墳」の要素の一つである前方部が極端に低平な前方後円墳（墳長35m）の可能性もあり、埋葬施設は両袖の畿内型横穴式石室の影響を受けたもので、近隣の在地系石室墳とは一線を画する。また、石室前庭部から出雲以西では2例にすぎない出雲型子持壺が出土している。このことから、被葬者は本州西端部における陰陽交通ルートを抑える意図を持つヤマト王権とのパイプを有し、かつ出雲とも通交関係にあった新興勢力とみることができよう。

おわりに―欽明朝以後について―

山陰沿岸において、継体朝期の新興勢力が担った交通ルートやその拠点が、欽明朝から推古朝（6世紀後半〜7世紀初頭）にかけても引き継がれた地域では、東西出雲のように地域的階層構造が顕著な地域、鵜の鼻古墳群のような有力家長層の群集墳、あるいは、部民制による軍事的動員、手工業生産、屯倉の管理・運営等によって、新たな地位や富を獲得した新興階層の奥津城となった群集墳・横穴墓群が形成される。一方で、孤立的な国造クラスの巨石墳が築造される地域（石見における、浜田市の片山古墳・大田市の仁摩明神古墳・邑南町の野伏原古墳など）、海上交通や港津の存在を示唆する臨海性の前方後円墳が孤立的に築造される地域（伯耆東部の八橋狐塚古墳62m）（註9）、同じく内陸交通の要衝に孤立的に前方後円墳が築かれる地域（周防徳佐盆地の狐塚古墳35m）もみられる。

これら地域的階層構造が顕著な地域をはじめ、孤立的巨石墳（前方後円墳や拠点的群集墳・横穴墓群の築造地域は、継体朝から続く外征という王権の軍事戦略、あるいは気候変動への対応、それに連動する開発や「屯倉」の設置が背景となって成立した可能性が考えられる。すなわち、港津をはじめとする物資集積地（兵員集結地）、あるいは開発拠点として機能した地域であろうことは想像に難くない（コラム22頁参照）。この地域的な機能は、少なくとも推古〜斉明朝における大規模な対外遠征の時期まで継続していくものと推測される。出雲西部に特徴的な横穴墓が、7世紀代まで能登半島の珠洲に分布する考古学的事象から、対蝦夷という軍事行動に出雲が関与していることも想定されていることは（田嶋2004）、この問題を考えるうえでも示唆に富む。

【註】

註1）ここでは、水を湛えるか否かの区別なく、「周濠」と表記する。

註2）畿内中枢とその周辺を除く今城塚古墳の相似墳分布は、雄略朝における、倭王「武」（ワカタケル大王）への直接的仕奉関係・「人制」の存在を示す銘文刀剣を副葬した東国の埼玉稲荷山古墳、西国の江田船山古墳のあり方と類似している。列島の東西に二極分布する両者のあり方は、奇しくも雄略・継体朝（5世紀後葉〜6世紀前葉）における、王権による直接的支配の限界的拠点域を暗示しているのかもしれない。

註3）6世紀前半の周堤帯前方後円墳の多くが、後円部径と前方部幅の比が、1：1・3〜1：2・0を上限としている前方後円墳（中司1997）の範疇に含まれていることも興味深い。中司照世氏は、文献史学の研究成果に依拠しながら、その被葬者像として、天理市周辺の古墳は「物部連」、牛窓湾に面する古墳は「吉備海部直」、筑紫野市を中心とする古墳は初期の「筑紫君」、鳥栖市を中心とする古墳は「筑紫火君」を擬しており、畿内で典型をなすこの種の前方後円墳の被葬者は、大王やその一族以外であっても、『記紀』にその動静が記されるような、きわめて有力な豪族層が含まれることを想定している。

註4）このことは、継体天皇が雄略天皇の政治戦略を継承していることを暗示する。考古資料的には、継体威信財とされる捩り環頭大刀や広帯二山式冠、三葉文楕円形杏葉のほか、金銅製の履、青銅製鈴付製品（馬具・鏡）、付加装飾の馬具、変形剣菱形杏葉等の馬具類、金銅製・水晶製三輪玉など、雄略朝期（TK23—47型式期）を画期として副葬が開始されている。継体朝における威信財生産・配布戦略の連続性（デザインや素材転換のマイナーチェンジ）が示唆される。このような雄略朝から継体朝への威信財の連続性については、高橋克壽氏が指摘している（高橋2012）。

註5）蒜山地域の考古資料や屯倉遺称地は、欽明朝における「白猪屯倉」（555年）・「児島屯倉」（556年）の設置記事と関連する問題として検討する必要がある。ただし、6世紀前半における四ツ塚1号墳の畿内系石室と四ツ塚13号墳に副葬された特殊な馬具と鍛冶具の存在や、伯耆との国境に近い伯太の座王7号墳（畿内系石室と薄井原古墳出土鉄鏃と同形式の鉄鏃を副葬）、四ツ塚13号墳に類似する幅広の木棺の影響が伯耆・出雲に及んでいる現象を考えれば（継体系威信財を副葬する安来市仏山古墳の石棺もその一例）、継体朝には、児島屯倉と白猪屯倉の前進となる王権の拠点や交通ルートが形成されていた可能性が示唆される。なお、白猪屯倉の設置範囲「吉備五郡」については、「美作・備前・備中」に及ぶとする文献史学の説（狩野2005）から、考古学的にそれを補強する説が提示されている（亀田2006）。

註6）調査担当者であった益田市教育委員会文化財課の木原光氏に、当時の調査記録と記憶を確認していただいたところ、今城塚古墳例のように、黒色土層の土塊は単一の色調ではなく下部から上部にかけて色調が淡くなるグラデーション状にあったとのご教示をいただいた。

註7）小丸山古墳とほぼ同時期に築造された浜田市のめんぐろ古墳も「三宅」地名に所在し、副葬されている馬鐸の文は、小丸山古墳のそれときわめて類似している。

註8）ただし、防府市教育委員会による古墳周辺の開発に伴う立会調査によれば、少なくとも墳丘西側には地山を掘りこんだ周濠の痕跡は未見である（山口県2011）。

註9）八橋狐塚古墳は表採された須恵器からTK43型式併行期に築造されたことが明らかにされている（東方2014）。臨海性の前方後円墳であることから、海上交通（外征）に携わった被葬者像が想定できる一方で、MT10型式併行期以降に集落形成が本格化する八橋第8・9遺跡が近在していることから、欽明朝期の地域開発を担った首長墳とも考えられる。この古墳は推定古代山陰道ルートの近傍に位置し、八橋郡家推定値の大高野遺跡と白鳳寺院の斉尾廃寺に最も

近い東伯耆最後の大型前方後方墳であることも示唆的である。

【付記】

本コラムは、仁木2018の一部にテーマ研究「国家形成期の首長権と地域社会」の成果を加筆して再構成したものである。

小丸山古墳出土資料の再調査は2018年5月～6月に行った。その成果の一部を本コラム・企画展示で公表するものである。資料公表の便宜を図っていただいた益田市教育委員会文化財課の木原光氏に、厚く御礼申し上げます。

【参考・引用文献】

古墳・遺跡引用文献は紙幅の都合上、省略した。御寛恕を請いたい。

赤塚次郎 1989「断夫山古墳をめぐる諸問題」『断夫山古墳とその時代』第6回東海埋蔵文化財研究会

新井 悟 2000「茨城県玉里村舟塚古墳の再測量調査報告―霞ヶ浦沿岸の前方後円墳における今城塚型の築造規格の受容形態の検討―」『駿台史学』第109号 駿台史学

井上義成 2004「「断続ナデ技法」円筒埴輪をもつ古墳の性格―福岡県粕屋町所在の真覚寺古墳と「槽屋屯倉」を中心に―」『福岡大学考古学論集―小田富士雄先生―退職記念―』

岩本次郎 1960「古代吉備氏に関する一考察」『ヒストリア』第26号

宇野愼敏 2003『九州古墳時代の研究』学生社

大下 武 2000「今城塚古墳の築造規格」森浩一・門脇禎二編『継体王朝―日本古代史の謎に挑む』大巧社

大船孝弘 1989「埴輪と古墳の築造集団について」『大阪の埴輪窯』財団法人大阪文化財センター

小澤太郎 2003「岩戸山と今城塚―二つの前方後円墳における平面形態の比較試論―」『史紋』第1号

片山健太郎 2018「1．馬具からみた倭文6号墳」（高田健一編2018『倭文6号墳出土遺物の研究』（鳥取市文化財調査報告第25集））

門脇禎二 1992『吉備の古代史』NHKブックス［648］

狩野 久 2005「白猪屯倉と蘇我氏」門脇禎二・狩野久・葛原克人編『古代を考える 吉備』吉川弘文館

亀田修一 2006「四 久世に白猪屯倉はあったのか」『旭川を科学するPart2（シリーズ『岡山学』4）』岡山理科大学『岡山学』研究会

木村一郎 1913「継体天皇三島藍野陵に就いて」『歴史地理』第21巻2号

桑原邦彦 1982「防長古墳文化論考―文献資料による車塚・大塚両古墳の復元―」『古文化談叢』第10集

桑原邦彦 1988「山口県防府市桑山塔ノ尾古墳―その史・資料集成と再検討」『古文化談叢』第20集

小島 篤 2008「九州古墳時代後期の埴輪生産」『後期古墳の再検討』（第11回九州前方後円墳研究会発表要旨・資料集）

高橋克壽 2012「鴨稲荷山古墳と継体大王」・「討論会（38頁の発言内容）」『「継体天皇 1500年の謎～継体の生誕地・高島から探る～」（高島古代史フォーラム4記録集）高島市教育委員会

栄原永遠男 2004『紀伊古代史研究』思文閣出版

白石太一郎 1985「手白香皇女陵の問題」『古墳の起源と天皇陵』帝塚山考古学研究所

高島 徹 2014「土塊考」『大阪府立狭山池博物館 研究報告』8 大阪府立狭山池博物館

高松雅文 2007「古墳時代後期の政治変動に関する考古学的研究」『研究集会 近畿の横穴式石室』横穴式石室研究会

滝沢 誠 1994「甲冑出土古墳からみた古墳時代前・中期の軍事編成」『日本と世界の考古学』（岩崎卓也先生退官記念論文集）

田嶋明人 2004「珠洲の王墓」『珠洲市制五十周年記念 珠洲の歴史』珠洲のれきし編さん委員会

辻川哲郎 2010「近江・林ノ腰古墳の再検討」『同志社大学考古学研究会50周年記念論集』

仁木 聡 2015「出雲の豪族とその序列―古墳副葬の鉄製武器について―」『前方後方墳と東西出雲の成立に関する研究』（島根県古代文化センター研究論集第14集）

仁木 聡 2018「継体・欽明朝における出雲とヤマト王権―日本海沿岸における新興勢力について―」『つどい』第366号 豊中歴史同好会

仁藤敦史 2009「継体天皇 その系譜と歴史的位置」『古代の人物①日出づる国の誕生』鎌田元一編 清文堂

中司照世 1997「第4章 まとめ」『若狭地方 主要前方後円墳総合調査報告書』福井県教育委員会

中司照世 2011「古墳の比較検討から見た古代イズモの特質」『古代出雲の多面的交流の研究』島根県古代文化センター

花熊祐基 2015「製作技術からみた埴輪製作集団の考察―北部九州の事例を中心に―」『龍谷大学大学院文学研究科紀要』37号

東方仁史 2014「「八橋前方後円墳」採集須恵器について」『鳥取県立博物館研究報告』第51号

松浦宇哲 2014「「筑豊」のミヤケと渡来文化」『6世紀の九州島 ミヤケと渡来人』（堀ったバイ筑豊2012 古代シンポジウム記録集）嘉麻市教育委員会

水谷千秋 2013『継体天皇と朝鮮半島の謎』文春新書

桃崎祐輔 2010「九州の屯倉研究入門」『還暦、還暦?、還暦!』―武末純一先生還暦記念事業会

森貞次郎 1956「筑後国風土記逸文に見える筑紫君磐井の墳墓」『考古学雑誌』41巻第3号

柳沢一男 1995「岩戸山古墳と磐井の乱」『継体王朝の謎 うばわれた王権』宇治市教育委員会（編）河出書房新社

矢野一貞 1926『筑後國史―筑後将士軍談』筑後遺籍刊行会（1972年名著出版再版）

山口県 2011『山口県史 資料編 考古1』山口県

山崎信二 2003『古代瓦と横穴式石室の研究』同成社（初出1985）

吉田 晶 1973「第三章 吉備地方における国造制の成立」『日本古代国家成立史論―国造制を中心として―』東京大学出版会

若狭 徹 1995「上野西部における五世紀後半の首長系列」『群馬考古手帳』5

和田 萃 1995「古代史からみた継体大王」『継体王朝の謎 うばわれた王権』宇治市教育委員会（編）河出書房新社

和田 萃 1995「第3章第4節 丹波と倭王権」『新修 亀岡市史 本文編第1巻』亀岡市史編さん委員会

渡邊貞幸 1988「小丸山古墳とその時代」『島根考古学会誌』第5集 島根考古学会

和田晴吾 1995「越前・近江からみた継体大王」『継体王朝の謎 うばわれた王権』宇治市教育委員会（編）河出書房新社

和田晴吾 1998「埋葬施設と被葬者像」『季刊 考古学』第65号

和田晴吾 2008「今城塚古墳と九州勢力」『継体天皇の時代』高槻市教育委員会編

【図の出典】

【図1・4・5】筆者作成

【図2・3】各古墳文献から転載

【写真1】益田市教育委員会文化財課提供

※図・表の典拠は、紙幅の都合上省略した。御寛恕を請いたい。

コラム

継体天皇と出雲の新興勢力

仁木　聡

1. 出雲の新興勢力と交通ルート

継体朝に日本海沿岸や瀬戸内沿岸の西国に広く勃興《ぼっこう》した新興勢力は、渡海を伴う倭国の軍事行動に参加するだけでなく、ヤマト王権の直轄的支配拠点「屯倉《みやけ》」の経営を担った可能性も考えられる。出雲には継体天皇を支えた新興勢力の存在を物語る古墳がいくつか確認できる。仏山《ほとけやま》古墳（安来市・中海南岸・前方後方墳47m）、薄井原《うすいばら》古墳（松江市・島根半島東部・前方後方墳50m）、上島《あげしま》古墳（出雲市・島根半島西部・円墳21m）、座王《ざわ》7号墳（安来市伯太町・伯耆国境・円墳13m）などが代表例である。

まず、これらの古墳は、中海・宍道湖と出雲東西（島根半島側）における古代交通路の要衝《ようしょう》（陸・海上ルートの接続点）、あるいは出雲山間部や伯耆《ほうき》・美作《みまさか》に通じる陸上ルートの要衝に位置している点でも注目される。継体天皇は、朝鮮半島諸国への外交ルートを確保するために、この地の地域首長と政治的な関係を結んだのであろうか【図1】。

2. 継体天皇を支えた被葬者たち

考古学的にみれば、中海を眼下に望む丘陵上に築造された仏山古墳には、双《そう》葉文剣菱形杏葉《ようもんけんびしがたぎょうよう》や獅噛環頭大刀《しがみかんとうたち》などの特殊な副葬品が目立つ。このことから、その被葬者は生前にヤマト王権と通交関係を有し、対外交渉の中で活躍した人物と考えられる。同じく、薄井原古墳や座王7号墳の被葬者は継体天皇の勢力基盤である摂津《せっつ》・山背《やましろ》と、上島古墳の被葬者は継体天皇を支えた奈良盆地南部の有力氏族とそれぞれ密接な関係にあったとみてよい。

薄井原古墳に設けられた二つの畿内系石室と内包される石棺は、継体擁立・

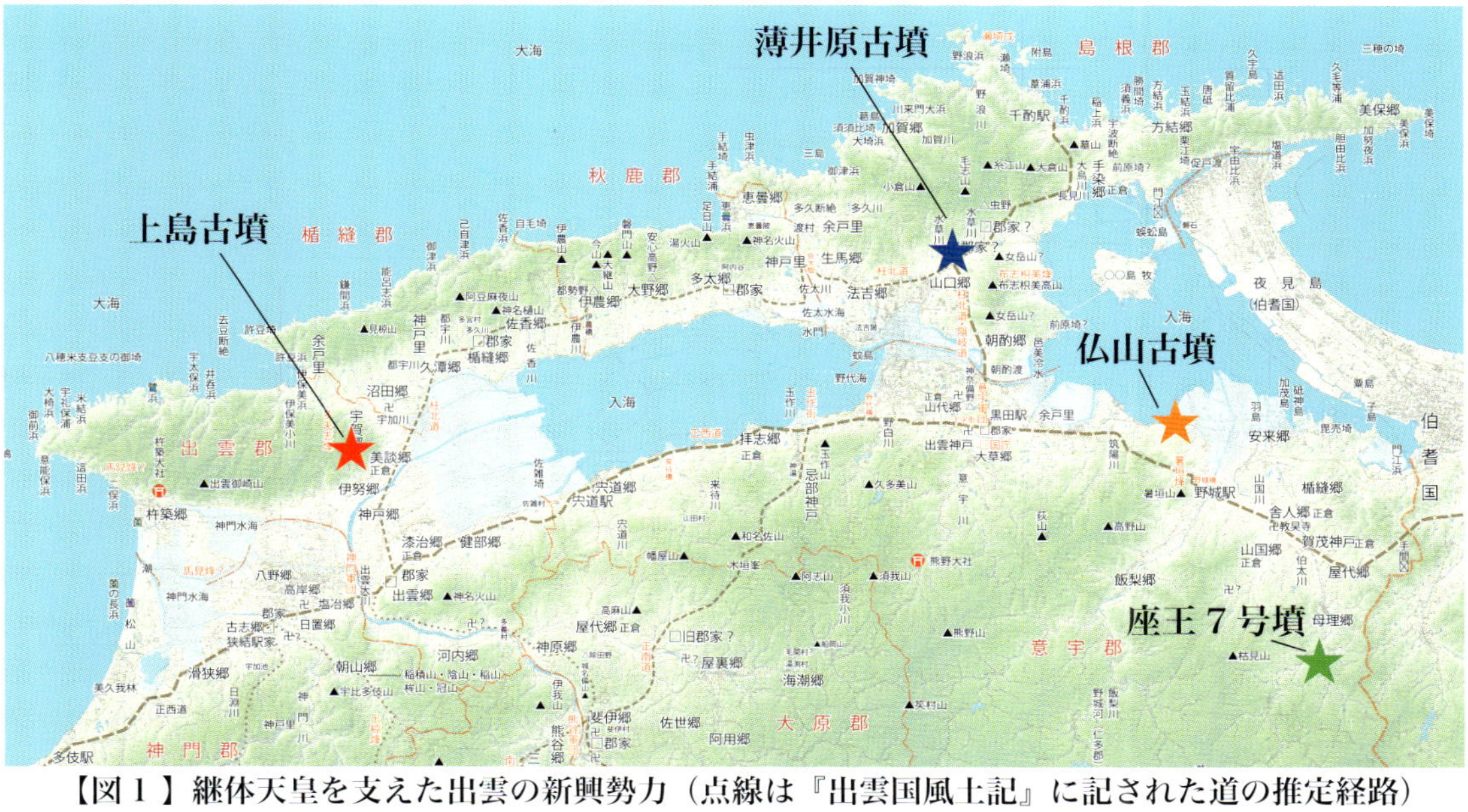

【図１】継体天皇を支えた出雲の新興勢力（点線は『出雲国風土記』に記された道の推定経路）

支持勢力に与えられたと評価される摂津・山背に分布する「南塚・勝福寺類型」の石室規格、組合式石棺に酷似する。また、副葬された鉄鏃《てつぞく》形式は、「南塚・勝福寺類型」の石室墳に副葬された鉄鏃形式とセット関係も含めて類似する【図2】。このことから、薄井原古墳に副葬された鉄鏃は石室・石棺規格の情報と共に、摂津・山背から出雲にもたらされた広域流通品、あるいはそれをモデルとして出雲で在地生産された製品である可能性が高いも

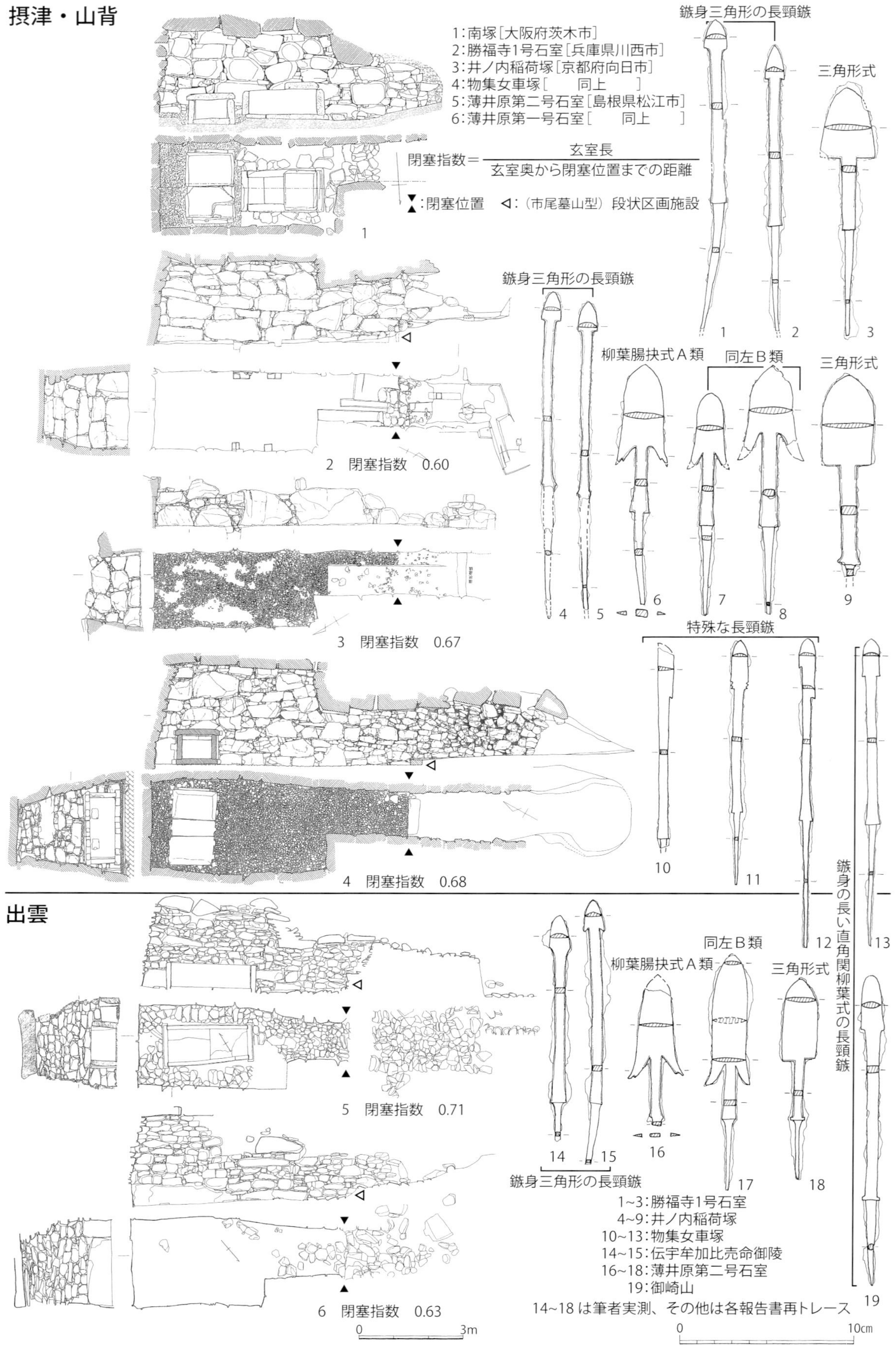

【図２】継体天皇擁立・支持勢力（摂津・山背）と薄井原古墳（出雲東部）の石室・石棺・鉄鏃の類似性（縮尺任意・同縮尺）

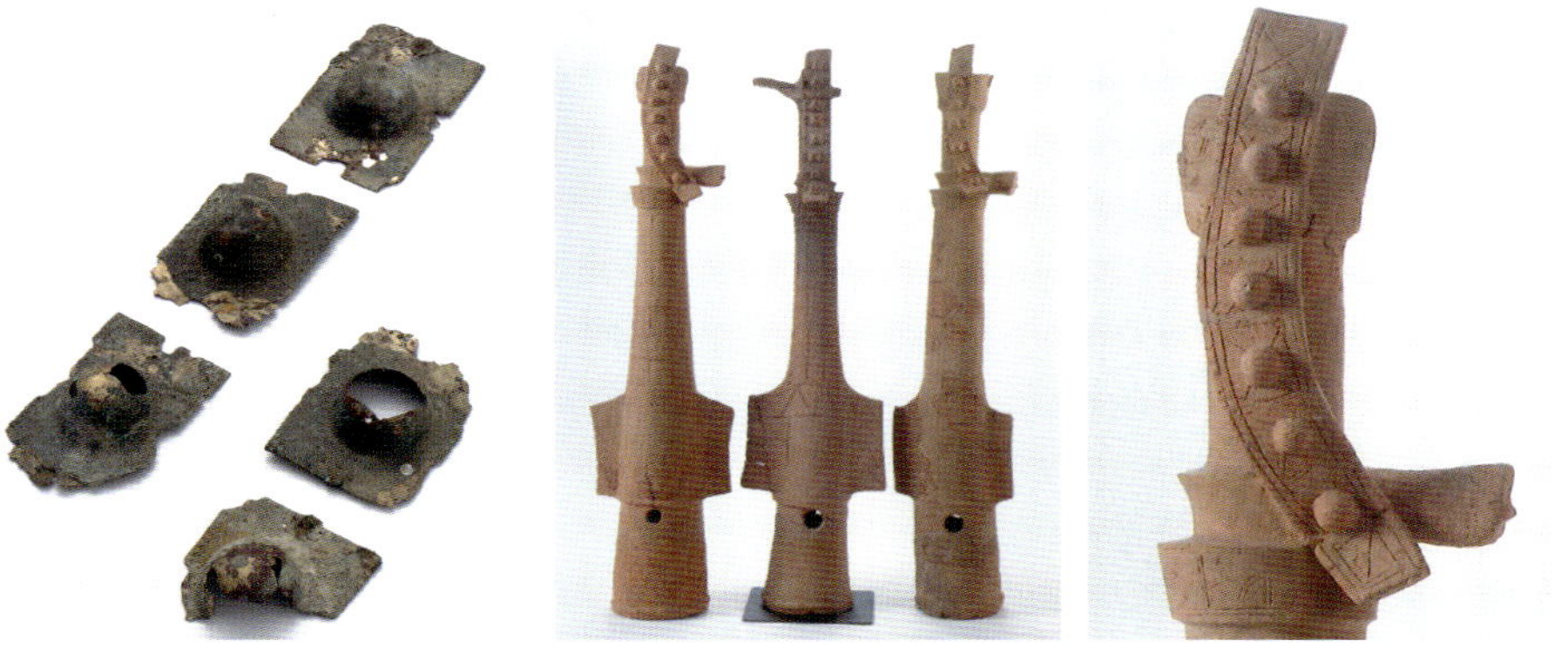

【図3】上島古墳の護拳帯金具と今城塚古墳出土の太刀形埴輪装飾造形の類似性

のと考えられる。同じく、座王7号墳も畿内の影響を受けた右片袖《みぎかたそで》の横穴式石室墳で、薄井原古墳例に類似した鉄鏃や、畿内系の鏃身が長い柳葉の長頸鏃が副葬されていることを考えれば、その被葬者はヤマト王権と直接的な通交関係（摂津・山背地域）にあったとみて良い。なお、薄井原古墳は、出雲東部の政治的一体性を表徴する前方後方墳を採用している一方で、埋葬施設には畿内系の石室と石棺を用いている。このことは地域社会における政治的枠組の中にありながらも、被葬者は独自にヤマト王権と密接な通交関係を有していたことを雄弁に物語る。

一方、上島古墳は、被葬者の埋葬施設に「南大和型」刳抜《くりぬき》0・2型式の家形石棺を模倣した石棺が採用されていること、副葬品に山陰で唯一の鈴鏡や当時最新の馬具一式、今城塚古墳出土の大刀形埴輪にみられる装飾造形に極めて類似した護拳帯金具《ごけんたいかなぐ》（全国的に類例が乏しく、新沢千塚《にいざわせんづか》262号墳・直径22ｍの円墳から捩り環頭大刀《ねじかんとうたち》と共伴する類似の金銅製品があるに過ぎない）が出土していることが注目される【図3】。この今城塚古墳出土の大刀形埴輪に類似した埴輪が、継体天皇の勢力基盤である山背・摂津の淀川流域や、紀《き》氏の本拠地である紀ノ川河口部周辺に分布することも示唆的である（表1参照）。

以上のことから、とくに薄井原古墳と上島古墳の被葬者は、継体天皇の擁立・支持勢力、あるいは継体天皇との君臣的関係を有した可能性が高いものと判断される。さらに、文献・古代史研究を参照すれば、薄井原古墳の被葬者は島根半島の有力氏族である社部《こそべ》（臣《おみ》）氏の祖で、島根郡・秋鹿郡における池溝開発の主体者であった可能性もあり（コラム22頁参照）、社部氏が出雲と継体天皇の勢力基盤である摂津三島地域にのみ分布している点も注目される。一方、ヤマト王権の直轄地である「屯田」や「県」の存在が、『出雲国風土記』出雲郡美談郷《みだみのさと》の記載に求められている。その出雲郡美談郷に所在する上島古墳は、この地域における安定的な首長系譜（6世紀～7世紀）の嚆矢《こうし》となることから、ヤマト王権による島根半島西部の新たな地域開発にも関与した可能性が浮上するのである（コラム22頁参照）。

最後に、継体朝における出雲の新興勢力の奥津城が海上ルートや陸上ルートの要衝に築造されていることは、興味深い。想像を逞しくすれば、生前は若き継体天皇と共に朝鮮半島に渡海するなど、王権の膝下で活躍した人物たちが、葬られていたのかもしれない（コラム65頁参照）。

旧国	古墳名	墳形	規模
山背	塚本古墳	前方後円墳	32 m
摂津	今城塚古墳	前方後円墳	190 m
摂津	新免第３号墳	円墳	18 m
摂津	勝福寺古墳	前方後円墳	41 m
紀伊	大日山35号墳	前方後円墳	105 m
紀伊	天神山古墳	円墳	30 m

【表１】上島古墳出土護拳帯金具に類似する装飾を施した大刀形埴輪出土古墳一覧

【付記】

本コラムは、仁木２０１６の一部に、テーマ研究「国家形成期の首長権と地域社会」の成果を加筆して再構成したものである。

仁木　聡２０１６「継体・欽明朝における出雲の池溝開発について―東西出雲成立の史的画期―」『塚口義信博士古稀記念日本古代学論叢』同刊行会　和泉書院

参考・引用文献・遺跡引用文献の表記は、最小限にとどめている。御寛恕を請いたい。

【図の出典】

【図1】島根県古代文化センター編２０１４『解説　出雲国風土記』を改変して作成
【図2】筆者作成
【図3】『出雲市埋蔵文化財発掘調査報告書』第17集・高槻市立しろあと歴史館２００８『摂津三島の遺宝』から転載

コラム

ミヤケの広がりと地域開発

平石　充

「昔天皇等の立てたてたまえる子代《こしろ》の民、處々《ところどころ》の屯倉《みやけ》、及び、別には臣《おみ》・連《むらじ》・伴造《とものみやつこ》・国造《くにのみやつこ》・村首《むらのおびと》の所有《たもて》る部曲《かき》の民、處々の田荘《たどころ》を罷《や》めよ」。これは大化2年（646）年正月一日に出されたとされる、いわゆる大化改新《たいかのかいしん》詔の冒頭部分である。このとき本当にこのような詔が出されたのか、あるいは大化改新と呼ばれる政治改革が行われたかについては諸説がある。しかし、屯倉《みやけ》が七世紀前半以前、大和王権のあった近畿地方以外の列島各地に存在し、―ここでは、克服されるべき過去の体制として認識されているが―重要な役割を担っていたことは間違いがない。

では、屯倉とは何なのか。『日本書紀』で屯倉は「弥夜気《みやけ》」と読むと書かれているので、ミヤケと発音した。このうちミは御とも書かれ、神や大王（天皇）に関わることを示し、ヤケは宅とも書かれ、拠点的施設をさす語であるので、ミヤケとは大王の関与するヤケ、ということになる。また、実際のミヤケには、交通や軍事・祭祀の拠点など様々な拠点があったと思われるが（舘野和己1978）、『日本書紀』では稲を収めた倉だと理解している点も重要である。

『日本書紀』を見ると、屯倉の語は垂仁天皇の時に初めて登場するが、垂仁天皇自体の実在にも問題があり、また王権中枢にあたる近畿地方の大和国の事例なので、除外する。近畿地方以外の屯倉の設置として、詳細な記述を持ち、また史実を反映していると思われるのが、博多湾岸に置かれた屯倉である。その来歴の概略を記すと、反乱を起こした筑紫君磐井《ちくしのきみいわい》の子葛子《くずこ》が父と同罪とされぬよう、糟屋《かすや》屯倉を継体大王に献上したというものである。つづいて宣化天皇元年5月条に、諸国の屯倉から稲を回送し、官家《みやけ》を那津《なのつ》に設置したとする（那津官家）。この前後、『日本書紀』では継体天皇～宣化天皇の記事には多くの屯倉設置記事がみえる。史実とは思われない説話的な内容のものもあるが、屯倉設置の1つの定点が継体～安閑・宣化天皇の頃、6世紀前半頃である可能性は高い。

さて、この磐井の乱後に設置された糟屋屯倉については、まず、設置に関わった筑紫君の本拠地から離れていることが特徴として指摘できる。すなわち、反乱を起こした筑紫君磐井はその墓とされる岩戸山古墳の位置や、戦場が筑後国御井郡だったことから（No.32・33）、筑後の八女地域の首長だったと考えられるからである（第1図）。また、那津官家の中心に位置する東光寺剣塚古墳では石屋形を持つ横穴式石室が存在し、糟屋屯倉の比定地の一つ九州大学原町農場に隣接する鶴見塚古墳にも同様の石屋形があったと推測され、これらの石室については筑紫君の本拠地八女地域の古墳との関係が指摘されている（岩永省三　2012。なお埴輪からは屯倉と大和王権中枢との関係についても指摘がある。No.44）。

第１図　博多湾沿岸の屯倉

このような遠隔地への屯倉設置という特徴は、同じく『日本書紀』安閑天皇元年閏12月にみえる、武蔵国造笠原直《かさはらのあたい》使主《おみ》が献じた四屯倉にも共通する。すなわち、ここに登場する笠原直は、埼玉県北部の行田市笠原付近を本拠地とする首長と考えられるが、献上したとされる横渟《よこぬ》・橘花《たちばな》・多氷《おおひ》・倉樔《くらす》屯倉は南の東京湾岸にあったとされるからである。

もう一つ、ミヤケを取り巻く状況とその性格が分かる事例として、播磨国飾《しか》磨《まの》御宅《みやけ》を挙げておきたい（No.70。高橋明裕２０１５）。この御宅がいつ作られたのかは明記されていないが、御宅の中心付近に尾張連《おわりのむらじ》の祖、長日子《ながひこ》とその馬や婢の墓があったとされ（『播磨国風土記』飾磨郡馬墓条）、付近には火明《ほあかり》命（尾張連の祖先とされる神）の伝承もある。尾張連は継体朝に活躍した氏族であり、その前後に飾磨御宅が機能していた可能性は高く、博多湾の屯倉や武蔵の屯倉と同時代とみてよい。そして『播磨国風土記』の飾磨御宅条をみると、億伎《おき》・出雲・因幡・伯耆・但馬の五国造が田を営み、その稲を収めたのが飾磨御宅である、とされている。第2図に示したように、飾磨御宅の中心には他に播磨国宍禾郡の首長、伊和君《いわのきみ》が移住した伊和（貽和《いわ》）郷や漢人《あやひと》（渡来人）が居住した漢部《あやべ》郷もあり、『播磨国風土記』には「漢人は手で稲を苅った」との伝承があるので、彼らが営む水田もあった。しかし、ここでは遠隔地の国造が営んだ水田の稲だけが御宅の起源とされている。このことから、6世紀前半の最初の屯倉には、遠隔地から動員された人々が営んだ水田があったことは間違いないとおもわれる。

では、なぜ遠隔の首長の水田の倉が屯倉となったかというと、最初に陳べた、屯倉が単なるヤケではなく大王のヤケであることと深く関係する。たとえば、ある地域の首長が大王に服属して、その土地にある自分のヤケを差し出しても、実際はそのヤケは引き続き地元の首長が経営しているため（この時代に大和王権が、地域首長の協力なく全く独自に地方に拠点を運営できた可能性はきわめて低い）、そのヤケの何が大王に関係するのかはよく分からない。ところが、その地域の首長とは異なる遠隔地の首長が水田を営んだ場合、地元の水田の稲を収める倉とは異なる倉が設置されることになる（仮に別倉とする）。また、地域首長が自分の影響力の範囲外に出張して水田を営むことは、全ての地域首長の上に位置する大和の大王の権威に依存することで初めて可能になる。したがって、別倉の運営は、地域首長の編成した労働力を基盤としているが、同時に大王への帰属が強く意識されると推測される。このようにして、地方社会に、近畿地方の大王と深く関係する別倉が誕生し、それが大王の地域拠点＝屯倉として理解されたのであろう。

また、文化人類学からの指摘があるように、遠隔地に動員されたり移住した人々は、それらを率いる首長にも深く依存する存在となる（アッサム地方南部の事例では、首長と彼が率いる移住者集団は擬制的な親子関係となるとされる。中林伸浩１９６９）。したがって、ミヤケ経営に関与した地域首長の権威も高まると考えられる。

以上のように考えると、遠隔地に地域の人々が動員されて水田を営んだことは、その地域社会内部では開発不能であった場所が、外部の権力や技術によって開発可能となるという側面もあるが、同時にそれを主導した大王＝王権の権威や、地域首長の権威も高め、結果として、社会統合を推進させる作用があったと考えられる。菱田哲郎氏が、地域における墓域の設定や集落の動向から、人々の移住やミヤケの設置を類推した兵庫県多可町の事例（播磨国多珂郡三宅郷）はまさにそのような事例にあたる（No.67-5・68・69。菱田哲郎２０１３）。

6世紀から7世紀にかけて、王権と地域社会が接点をもつことによって、地域社会内部に変化が起き、それが最終的には中央集権的な日本古代国家形成に向かっていったわけであるが、その過程でミヤケが果たした役割については、あらためて検討する必要があるだろう。

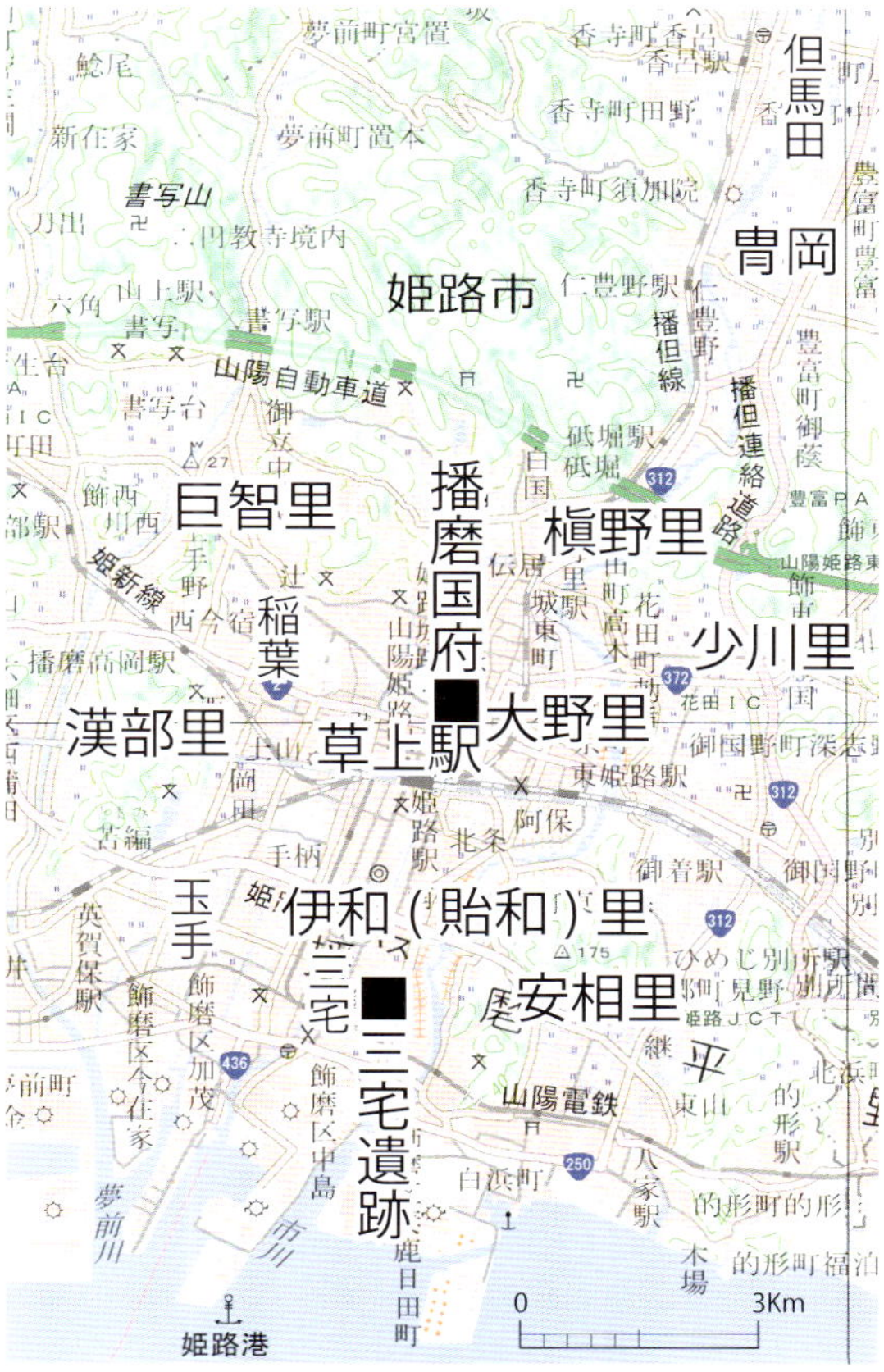

第２図　飾磨御宅位置図
横書きは風土記の記載比定地
縦書きは現在の地名・遺跡名

【参考文献】
岩永省三　２０１２「糟屋屯倉中核施設所在地の可能性」『日本考古学協会　２０１２年度　福岡大会研究発表資料集』
高橋明裕　２０１５「『播磨国風土記』にみる６―７世紀、播磨の地域社会構造」『歴史科学』２２０・２２１
舘野和己　１９７８「屯倉制の成立」『日本史研究』１９０
中林伸宏　１９６９「東アジア首長制の構造」『思想』３５３
菱田哲郎　２０１３「七世紀における地域社会の変容」『国立歴史民俗博物館研究報告』１７９

コラム

古墳時代「地域開発」の実態

松尾　充晶

一、利水を主導した首長層

古墳時代に各地で進められた「地域開発」とは新たな水田の開拓が基軸であり、それによる生産力拡大を契機に、居住域の変化や人工増加をもたらした。それまで水を引くことができなかった広大な平地が古墳時代に新たに開発されたが、そのためには大規模な灌漑水路の開削が不可欠であった。労働力の結集には大規模な入植や共同体の再編が必要で、それは首長層の主導ではじめて可能になったとみられる。彼らは利水を主導して新たな水田の経営をおこなう一方で、安定した実りが得られるよう、共同体を代表して祭祀儀礼をおこなう役割も担っていた。首長の優れた力量は、現実の水を制御すること（治水・利水）と、自然界の現象を支配する神と民衆との間を取り持つこと、その両方に発揮が期待されたのである。

二、石見東部（旧安濃郡域）の開発画期

古墳時代の地域開発を考えるうえで、典型的ともいえる石見東部（旧安濃郡域・静間川流域）のありかたを例にとってみよう。現在の大田市中心部に相当するこの地域（図1）は、主要河川に沿って低位段丘が広がり、現在は広大な水田地帯となっている。しかし、この地域は平成のごく近年になって治水事業が完了するまで、歴史上しばしば大洪水にみまわれる不安定な土地であった。それは、三瓶山西麓から流れ出る静間川にいくつかの川が合流し、最終的に一箇所の河口に全ての流れが集中する地形に原因があろう。ほぼ安濃郡全域を流域とする水が一箇所に集中する訳で、元禄年間に開削されるまで河口の水滞留は深刻であった。

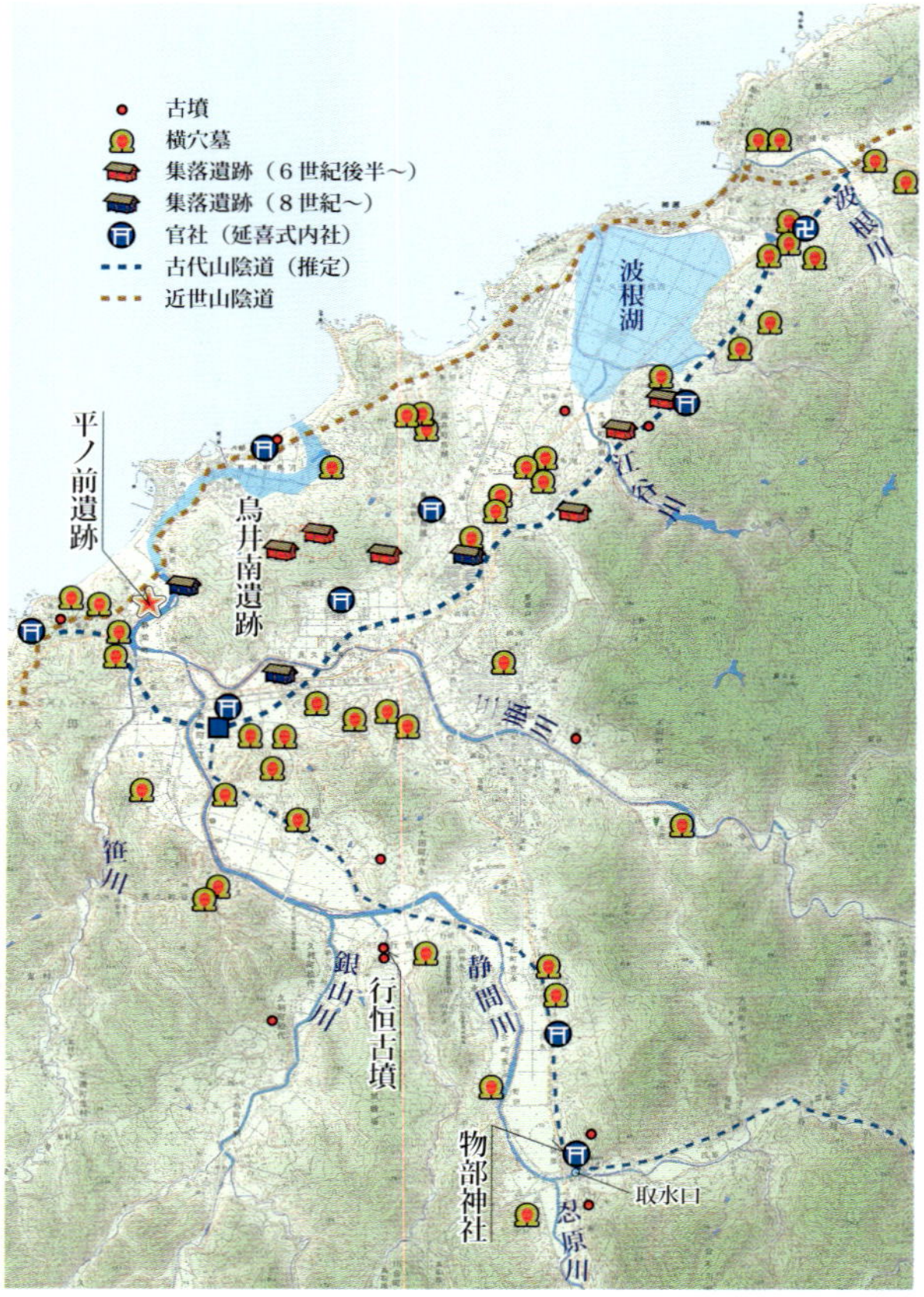

図1　静間川流域の河川と遺跡の位置

増水時には荒れる川でありながら、平時は河床が低いため水田に水を利用することができない。段丘上の平地に水を引くには、かなり上流部から取水し、灌漑水路によって水位を保ったまま遠くまで運ぶ必要があった。そのため、河川沿いの広大な平地の開発着手はかなり遅れており、この地域で拠点的な集落は最初、海に近い鳥井丘陵上に展開した（鳥井南遺跡）。ここでは弥生時代中期に居住が始まり、古墳時代後期初頭までは付近で唯一の拠点的集落となる。この時期の耕地は非常に小規模で、谷水を水源とする水田が丘陵裾部に点在していた程度と推定される。主要河川沿いの平野中心部は未開発で、遺跡が空白のままなのである。

こうした状況が一転するのが古墳時代後期中頃で、端的な出来事が長さ10メートルもの横穴式石室を備えた行恒古墳の出現である。静間川と銀山川の合流地を見

下ろす丘陵裾に突如あらわれたこの古墳の主たる首長が、眼前に広がる平地の開発を主導したのであろう。これを契機にこの地域では急激な人口増加と居住地の変化が起こる。それまで遺跡の無かった丘陵頂部～傾斜地に集落が急激に出現し、新たなムラが形成され始めるのだ。彼らは住居内に竈を造り付けるという、出雲や石見臨海地域には見られない独特の生活様式をもった集団だった。山間部など他地域から入植してきたのだろうか。そしてこれと同調するように、岩盤に穿った横穴墓への埋葬が爆発的に増加する。旧波根湖の南岸丘陵は集団墓地の様相を呈し、有力な家父長層とみられる被葬者階層の人口が急増したことを示している。これは地域にとって大変革であり、新しく拠点となった場所が、交通路（後の山陰道）や神社（官社）の立地につながっていく。

三、利水拠点と祭祀

このように、静間川流域では六世紀中頃から大規模な開発が進められたことが見て取れる。実際に広い段丘上を水田化するには、上流部に取水口を設け、山裾をはわせるように灌漑水路を引く必要がある。この点から地形を見た場合、重要なのが物部神社の地点である。今日、物部神社の眼前を流れる静間川に堰と取水口が設けられており、水源地となっていることからも読み取れるように、物部神社の鎮座地は平地の最奥部にあたる。この奥には古墳・横穴墓も築かれない。したがって静間川を利水し流域の平地を灌漑するにあたって、その起点となるのが水口にあたる物部神社の地点なのである。取水口における稲作儀礼は古墳時代に普遍的に見られるが、特に首長が主宰、関わったと想定される事例が多い。物部神社には「景行天皇の時代に物部竹子連が石見国造としてこの地に至り、その子孫が安濃郡領となって物部神社祭祀の職を兼ねた」との伝承があり、神社後背の山には神蹟地「御神墓」とされる墳丘（八百山古墳群）がある。こうした有力な首長氏族がおこなう、始祖墓と開発拠点における祭祀が根源にあって、後の石見国一宮という広域を対象とした信仰圏・神格の形成につながったとみて良いだろう。

四、灌漑を主導した首長の祭祀

静間川の河口近くにある平ノ前遺跡で平成28年におこなわれた発掘調査では、直線的に掘られた古墳時代後期の溝跡が見つかった。この溝は静間川から取水した灌漑水路とみられ、静間川沿いの平地を耕地化するためのものであろう。この水路脇では稲作儀礼が繰り返され、捧げられた多量の土器や玉類が出土した。注目されるのは金銅製の歩揺付空玉で、これは朝鮮半島由来の技術で製作された出土例の少ない稀少品である。祭祀を主宰した首長は極めて有力な人物で、出雲や北部九州、さらには日本海沿岸を介して朝鮮半島ともつながる広域のネットワークを掌握していたことを物語る。首長にとって、灌漑水路の開削と、そこで祭祀を継続しておこなうことは、共同体を安定的に運営するために共に重要な営みであった。こうした平ノ前遺跡での祭祀も、前述の平野全体の開発の進展と人口増加、首長権の伸展などと一体的な動きといえる。このように、古墳時代の「地域開発」とは社会のあり方を大きく変化させるできごとだったのだ。

図2　空から見た平ノ前遺跡

図3　金銅製空玉の着装状況復元（モデル：安来市鷺の湯病院跡横穴墓）

コラム

欽明・推古朝における出雲平野の水利開発

池淵　俊一

1.「新墾の地」、出雲

日本書紀「顕宗天皇即位前紀」には、顕宗天皇が「出雲は新墾」と語ったとするくだりがある。無論、これは史実として認められるものではないが、日本書紀の編纂者にとって、当時の出雲が「新墾の地」と認識されていたことは間違いない。では、この出雲の新墾の地とは具体的には出雲のどの地域を指すのか。筆者は出雲平野こそが、この新墾の地ではなかったかと、秘かに推測している。

弥生時代の出雲平野は、西谷墳墓群のような全国的にも著名な遺跡が集中する地域であるが、5世紀になると集落は急激に衰退し、6世紀前半には集落や古墳がほとんど見られなくなってしまう。それが大きく変化するのが欽明・推古朝期である6世紀後葉～7世紀初頭である。この時期に出雲平野では出雲最大の規模を誇る大念寺古墳が突如として出現し、それを契機として上塩冶築山古墳などの大規模な石室を有する首長墓が相次いで築かれるようになる。そして、5世紀には激減していた集落も、6世紀末には劇的なV字回復をはたし、大きな画期となっていることが、集落遺跡からの土器出土量の変化から明瞭に読み取れる【図1】。

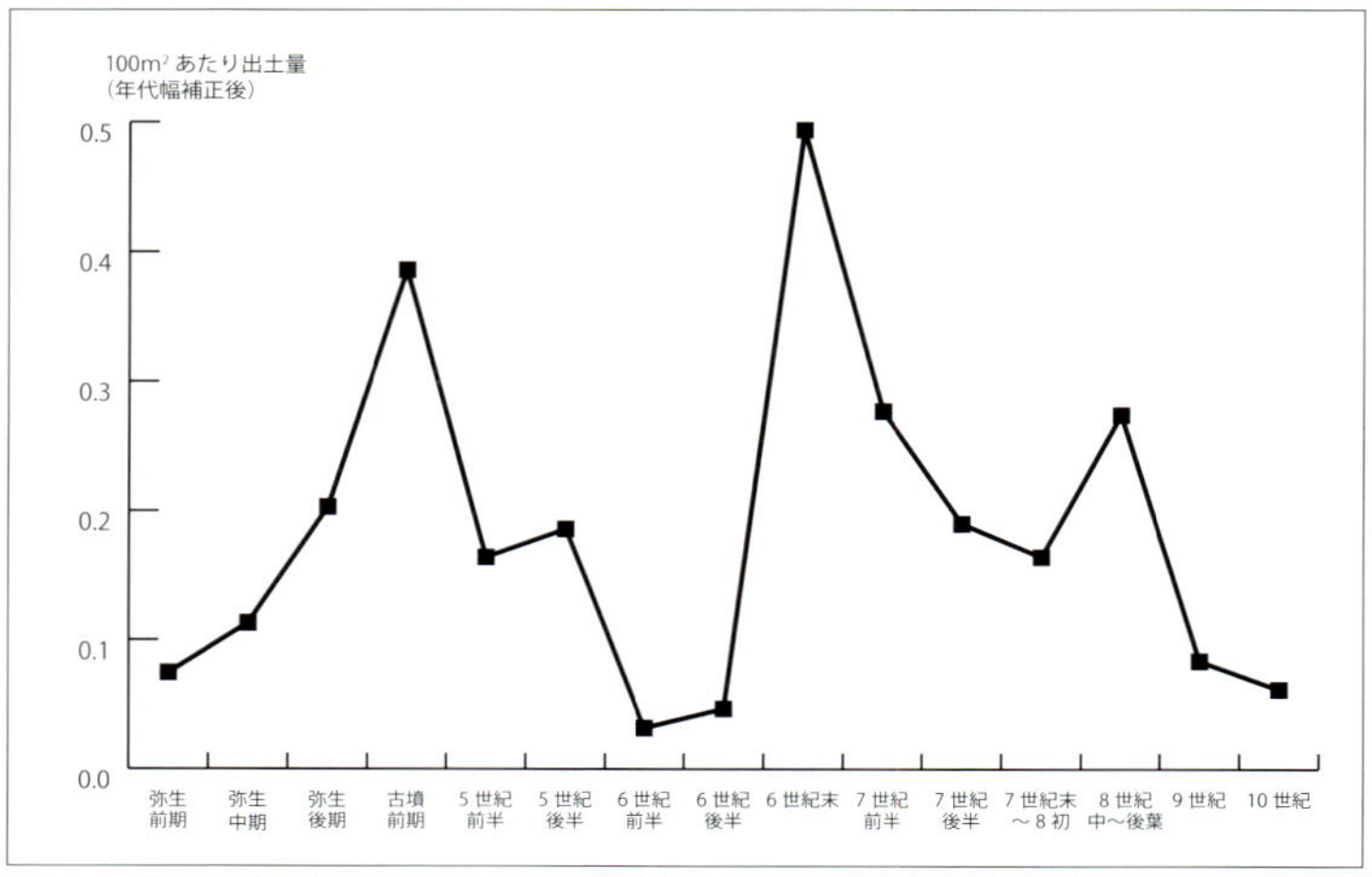

【図1】出雲平野（神門郡）における遺物出土量の変化

このような点からみて、日本書紀編纂者の心象には、約100年前という比較的近い過去にあった出雲平野の再開発のイメージがあり、それが「出雲は新墾」という国讃めの詞として記されたのではないだろうか。

2. 首長墓の立地と用水路

6・7世紀の出雲東部は、松江市南部の意宇平野周辺に最高首長の墓域である大庭・山代古墳群をはじめとする多くの首長墓が集中的に築造されており、これらの首長墓が主要交通路沿いに立地していることが指摘されている（丹羽

【図2】　神戸川北岸における首長墓の立地と基幹用水路

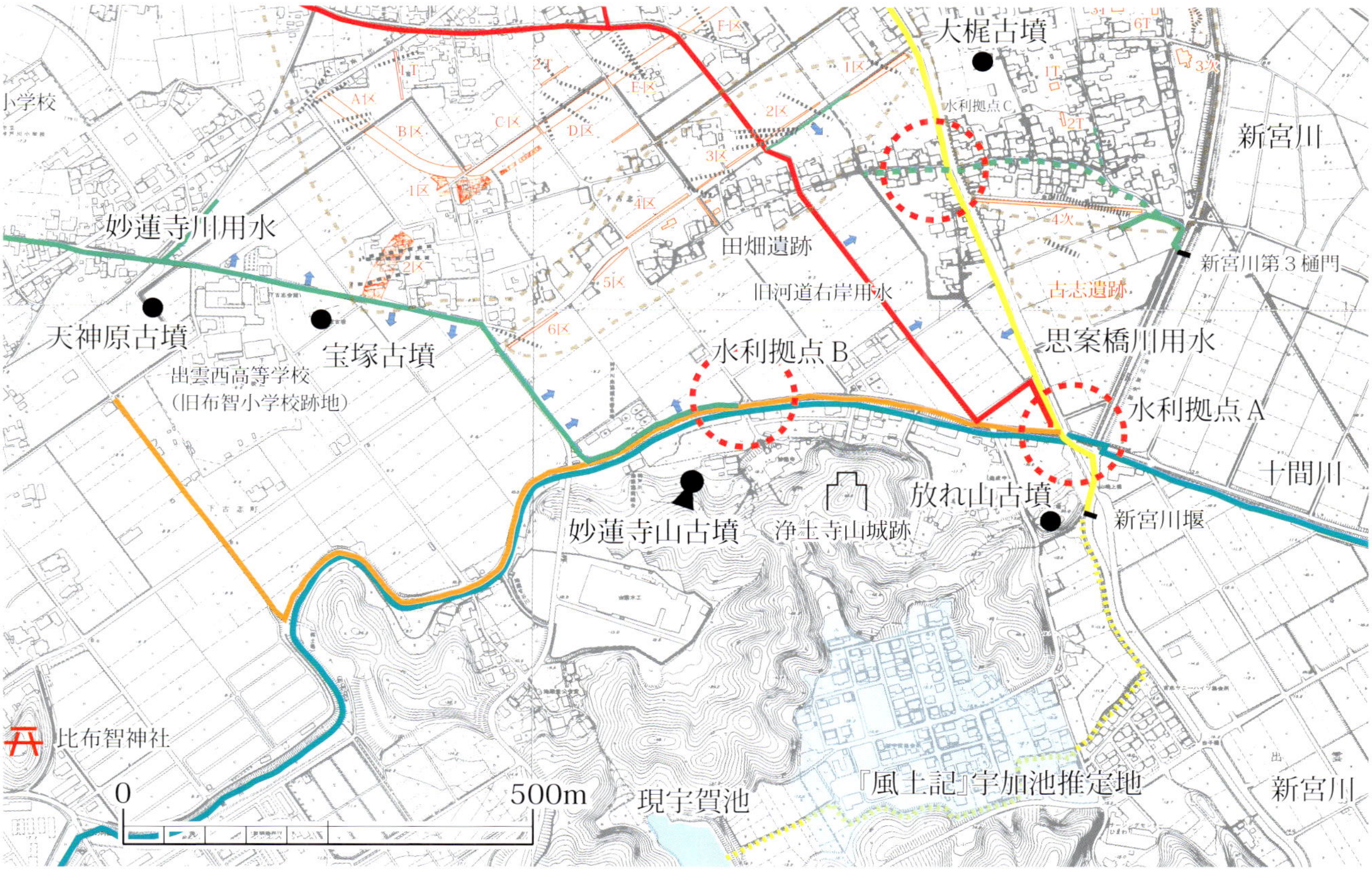

【図３】 神戸川南岸における首長墓の立地と基幹用水路

野２００９）。これに対し、出雲平野における6・7世紀の首長墓は、出雲平野南部の約３㎞四方の広い範囲に点在していて、出雲東部のような交通路との関係がうかがえる古墳は上塩冶築山古墳以外にはなく、出雲東部における首長墓の立地とは明らかな違いがある。

では、当該期の出雲平野の首長墓の立地は何を意味しているのか？ 改めてその立地に着目すると、これらの首長墓が現在の基幹用水路沿いに立地している点が注目される【図２】。例えば、大念寺古墳は現在の今市・塩冶地区の基幹用水路である妙仙寺川沿いに立地し、上塩冶築山古墳、上塩冶地蔵山古墳、半分古墳は、いずれも塩冶地区の基幹用水である間府川沿いに立地している。そして、これらはいずれも用水の分岐点や取水点などの用水拠点に隣接しているのである。さらに、神戸川南岸の古志古墳群では、放れ山古墳、大梶古墳は古志地区の基幹水路である思案橋川用水沿いに立地し、妙蓮寺山古墳、宝塚古墳、天神原古墳は妙蓮寺川用水沿いの水利拠点に立地している【図３】。

このように、現在のところ古墳時代後期の出雲平野の首長墓は例外なく現在の基幹用水沿いに立地しており、単なる偶然の一致とは考えにくい。

３．出雲平野の水利体系のルーツ

では、これら現在の水利体系はどこまで遡るだろうか？ ここでは一例として、神戸川北岸の塩冶地区を取り上げてみる【図４】。現在の塩冶地区最大の基幹水路である間府川のうち、築山樋以南の水路は北から南へと流れているが、これは18世紀の只谷間府（トンネル）の掘削によって斐伊川から取水するようになってからであり、本来は地形に沿って南から北へ流れていたと考えられ、新たな取水源が開発された際に、既存の灌漑水路網が再利用されたものと理解できる。築山遺跡や角田遺跡では、この只谷間府開削以前の間府川（プレ間府川）のルーツとなる大溝が調査されており、その上限は遅くとも8世紀初頭まで遡る。

さらに注目される点は、このプレ間府川が上塩冶築山古墳を盟主とする築山古墳群の西と北の区画溝となっている点である。特に北限は古代山陰道推定地に平行して走っており、古墳群と用水・古代道路との緊密な関係を読み取ることができる【図４】。また築山古墳群の東限は大井谷川によって区画されているが、この大井谷川も6世紀末から8世紀までの間に谷部から段丘上に付け替えられている。このように、プレ間府川や大井谷川など当地の基幹水路は築山古墳群と密接な地理的位置関係にあり、そのルーツは築山古墳が築造された6世紀末まで遡る可能性が高い。

さらにこの間府川の水源付近まで遡ると、官衙関連遺跡として著名な三田谷Ⅰ遺跡が所在する【図２】。当遺跡では、7世紀前半までにそれまで谷を流れていた流路が段丘上に付け替えられ、農業用水に関わる水源地祭祀が行われていた状況が調査で明らかにされている。このように、塩冶地区の開発は6世紀末の築山古墳群の築造を契機として、墓域や道路・灌漑水路、祭祀場などが一体的かつ計画的に整備された可能性が高い。

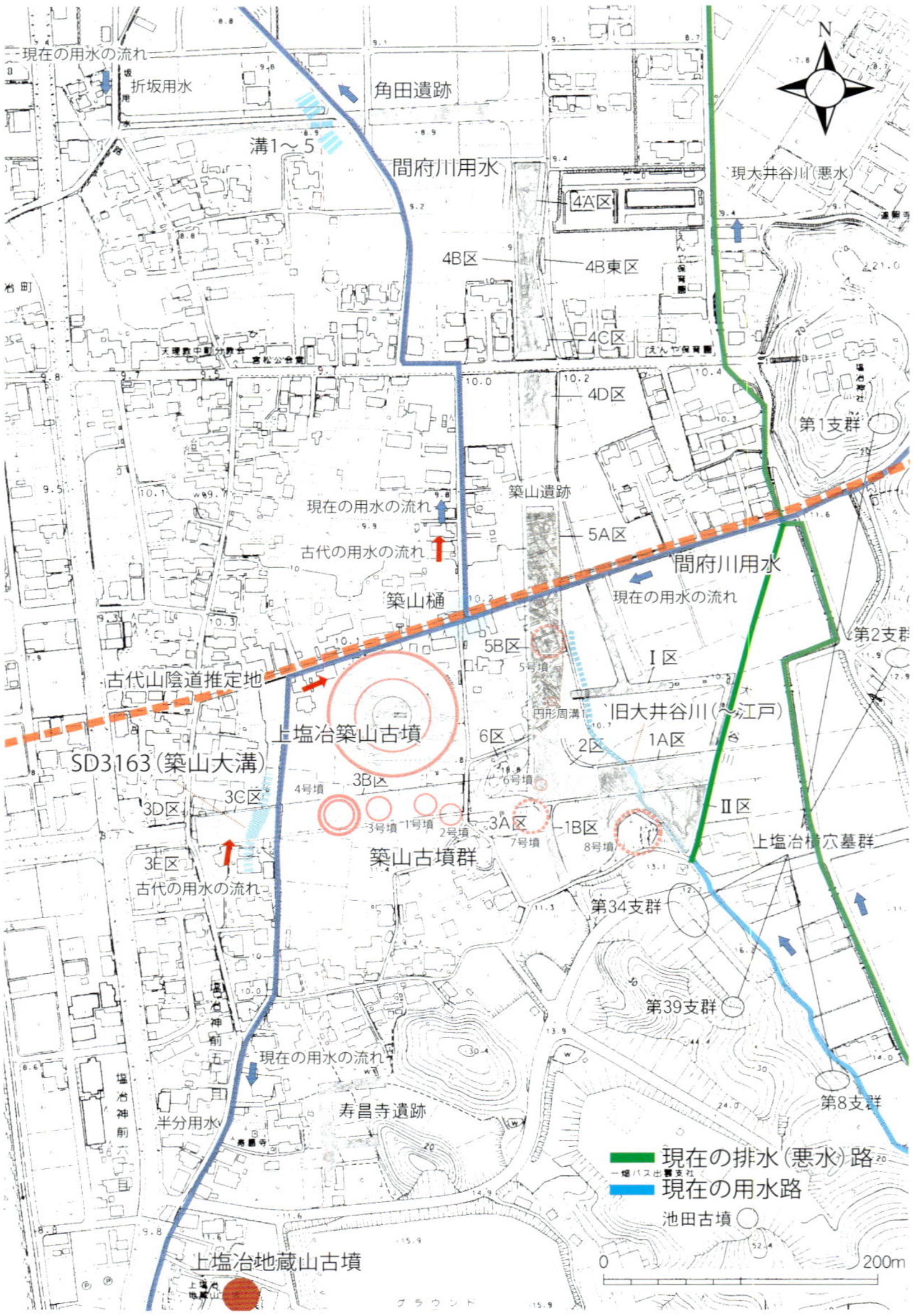

【図４】 築山古墳と用水路・古代山陰道推定地との関係

一方、神戸川南岸の古志地区では、現在の基幹水路の原型が弥生時代まで遡ることが発掘調査の結果で明らかになっている。また大念寺古墳に隣接する妙仙寺川については、直接的な調査データはないものの、歴史地理的観点からみて、そのルーツは大念寺古墳築造時まで遡及する可能性が高い。

このように、当地の基幹用水路の多くは古墳時代まで遡ることから、以上のような首長墓が基幹用水路に隣接する現象は単なる偶然によるものではなく、明らかに当時の水利開発を意識した立地であると考えられるのである。

4. 出雲平野における6・7世紀の水利開発の特質

現在の塩冶地区は『出雲国風土記』の日置郷にほぼ相当する。「風土記」には日置郷は欽明朝に「日置伴部らが遣わされ宿停りまりて政為し所」と記されており、この記述から館野和己氏はこの日置郷を国の使者が常駐する屯倉が設置された場所と想定している（舘野１９７８）。三田谷Ⅰ遺跡から「三田」「□宅」と記された墨書土器が出土していることからみても、当地区に屯倉が設置されていた可能性はかなり高いとみてよいだろう。とすれば、先に述べた当地区におけるパッケージ的な地域開発のあり方は、地方における屯倉的開発の具体像を示す貴重な事例として注目される。このように、6・7世紀の出雲平野における大規模な開発の背景には、屯倉制など当時の倭王権による強い関与が想定されるのである。

先述のとおり、5世紀においては出雲平野は人口が稀薄な状況であり、6世紀末の急激な集落増加の背景には、大規模な移住があった可能性が高い。出雲

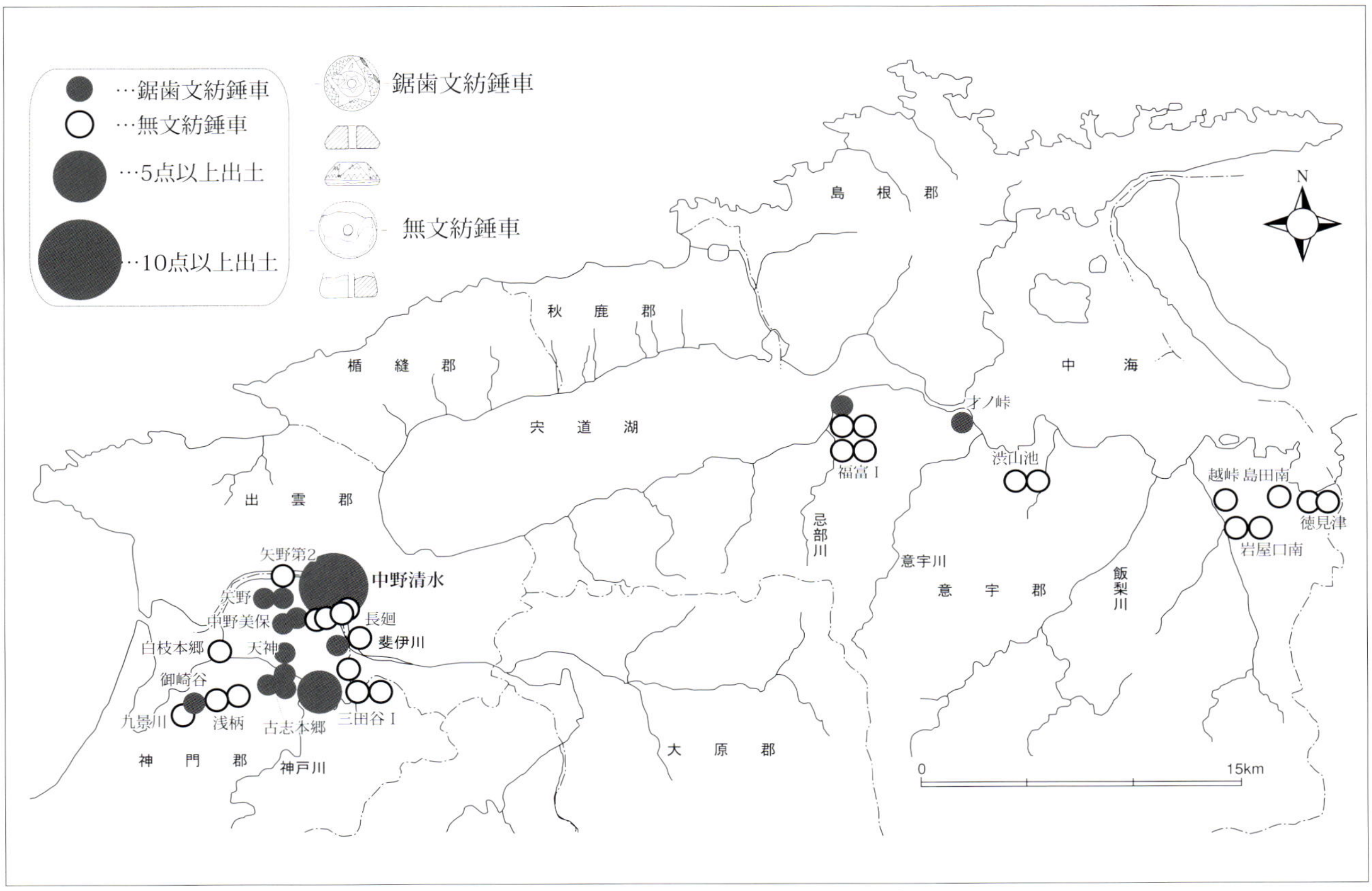

【図５】 出雲における石製紡錘車の分布

平野の6・7世紀の遺物のなかには、それまでの出雲の在地社会からは全く系譜のたどれない遺物が幾つか知られている（須恵器模倣土師器・鋸歯文紡錘車：図5）。これらがどの地域に由来する遺物であるかは現状では明らかにできないが、外部からの移入者がもたらした文物である可能性は極めて高い。このような大規模かつ広域的な移住が自然発生的に生じたとは考えにくく、その背景には、やはり倭王権の一定の関与があったと考えた方が自然であろう。

このように、出雲西部は地域社会の形成が比較的早かった出雲東部とは、かなり異なった歴史的過程を経て地域社会が形成されたことが、考古・文献資料の両側面からうかがえる。しかしその一方では、埴輪や須恵器の特徴など幾つかの考古資料から、東西出雲を包摂した広域的なまとまりが、既にこの段階に形成されつつあったことが指摘できる（97頁）。このような広域的なまとまりは、律令期の出雲国の領域の基盤となっていったのである。

【参考文献】
舘野和己１９７８「屯倉制の成立―その本質と時期―」『日本史研究』１９０号　日本史研究会
丹羽野裕２００９「八雲立つ風土記の丘地内の大型古墳と古代の道」『出雲国府周辺の復元研究』島根県古代文化センター

トピック

大田市旧波根湖沿岸の横穴墓群と鋸歯文入石製紡錘車

石見東部の旧波根湖周辺は6世紀まではほとんど遺跡が存在しなかった地域であるが、6世紀末になると突然大西大師山横穴墓群などの横穴墓が多数つくられるようになる。これらの横穴墓は、大半がアーチ型と呼ばれる玄室形式で、出雲平野の横穴墓によく似ている。

さらに注目されるのは、これらの横穴墓からは、鋸歯文で装飾された石製紡錘車（糸を紡ぐ時に撚りをかける道具）が副葬される事例が多数存在する点である【図】。これは、この時期に石製紡錘車を副葬するという共通の葬送儀礼を行う集団（部民）が、旧波根湖沿岸各地に散在して居住していたことを示唆する。石見では、このような石製紡錘車を副葬する古墳や横穴墓はここ以外では全く知られておらず、また先行する遺跡がほとんど存在しない点からみて、これらの横穴墓群を営んだ集団は、6世紀末に他地域から移入してきた集団であった可能性が高い。

同じような鋸歯文入石製紡錘車は、現状では出雲平野から集中して出土している（83頁）。また大西大師山17号穴からは須恵器を模倣した土師器高坏が出土している【図】。同様な資料は出雲平野から多数出土しているが、それ以外の出雲・石見では見られない。このような特異な遺物の様相や、先程述べた横穴墓形態の類似性などを勘案すれば、旧波根湖沿岸の横穴墓を営んだ集団は出雲平野からの移住者であった可能性も考えられる。

しかし、ここには大きな問題がある。というのは、80頁で述べているとおり、出雲平野で遺跡が激増するのは旧波根湖沿岸と同じく6世紀末以降からであり、鋸歯文入紡錘車や須恵器模倣土師器はそれ以前の出雲平野には存在しない。つまり、旧波根湖沿岸集団の本貫地と想定される出雲平野の集団そのものが、この時期になって外部からやってきた移住者が多数を占めていたと考えられるのである。

6世紀末の推古朝の時代は、倭王権によって列島各地に水田や鉄などの開発を目的とした屯倉が盛んに設置された時代であった。こうした屯倉設置に伴い、倭王権が関与して政策的に広域的な移住が行われた可能性も考えられる。この時期における旧波根湖沿岸や出雲平野での横穴墓群の突発的な出現の背景についても、こうした汎列島的な動向から今後見直していく必要があるだろう。

（池淵）

【図】旧波根湖周辺の横穴墓群・分布図

第4章

古代出雲誕生

東西勢力に分かれていた出雲は、やがて同じ文化を共有するようになります。ヤマト王権との繋がりや列島各地の豪族との交流の中で、後の時代へとつづく「出雲」という地域的まとまりが生まれたのです。それは来たるべき新たな時代、律令《りつりょう》国家における「出雲国」の礎となるものでした。

部民の広がりとプレ出雲国の成立

84-1　「額田部臣」銀象嵌円頭大刀 ／ 重要文化財
岡田山1号墳　古墳時代後期　六所神社

84-2　三葉環頭大刀・内行花文鏡・馬具類・武器類・須恵器(参考品含む) ／ 重要文化財
岡田山1号墳　古墳時代後期　六所神社

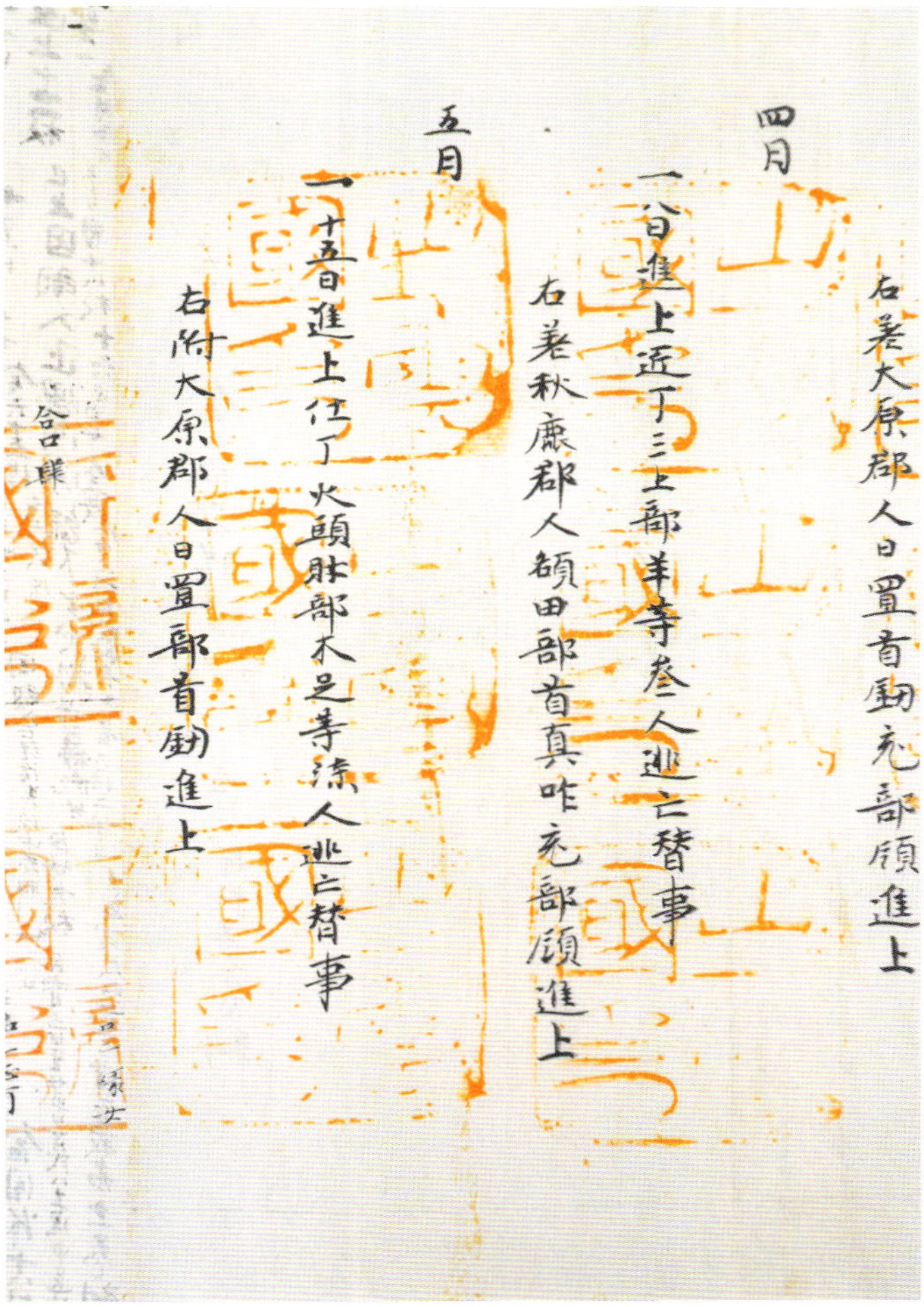

右差大原郡人日置首勳充部領進上
四月
一八日進上逓丁三上部羊等参人逃亡替事
右差秋鹿郡人額田部首真咋充部領進上
五月
一十五日進上仕丁大領狭部木足等漆人逃亡替事
右附大原郡人日置部首勳進上

85　天平六年出雲国計会帳(複製、解民部省解文部分)
現代(原品は奈良時代　天平6年〈734〉)]
島根県教育委員会・原品:宮内庁正倉院事務所

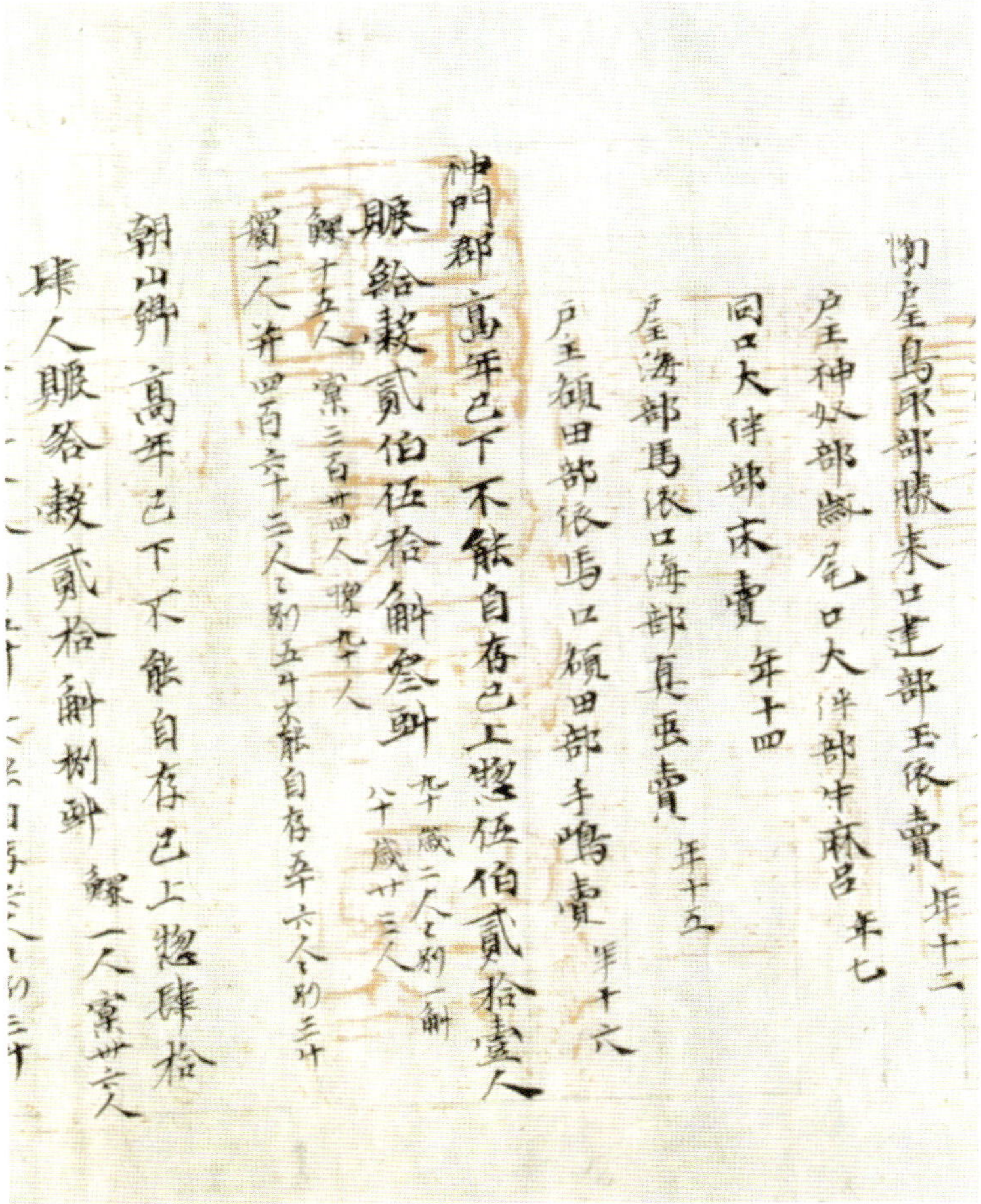

戸主神奴部嶋足口大伴部中麻呂 年七
同口大伴部床賣 年十四
戸主海部馬依口海部真玉賣 年十五
戸主額田部依馬口額田部手嶋賣 年十六
神門郡 高年已下不能自存已上惣伍伯弐拾壱人
賑給穀弐伯伍拾斛参斗
朝山郷 高年已下不能自存已上惣肆拾
肆人賑給穀弐拾斛捌斗

86　天平十一年出雲国大税賑給歴名帳(正集三二)
(複製、出雲郡神戸郷部分)
現代(原品は奈良時代　天平11年〈739〉)
島根県教育委員会・原品:宮内庁正倉院事務所

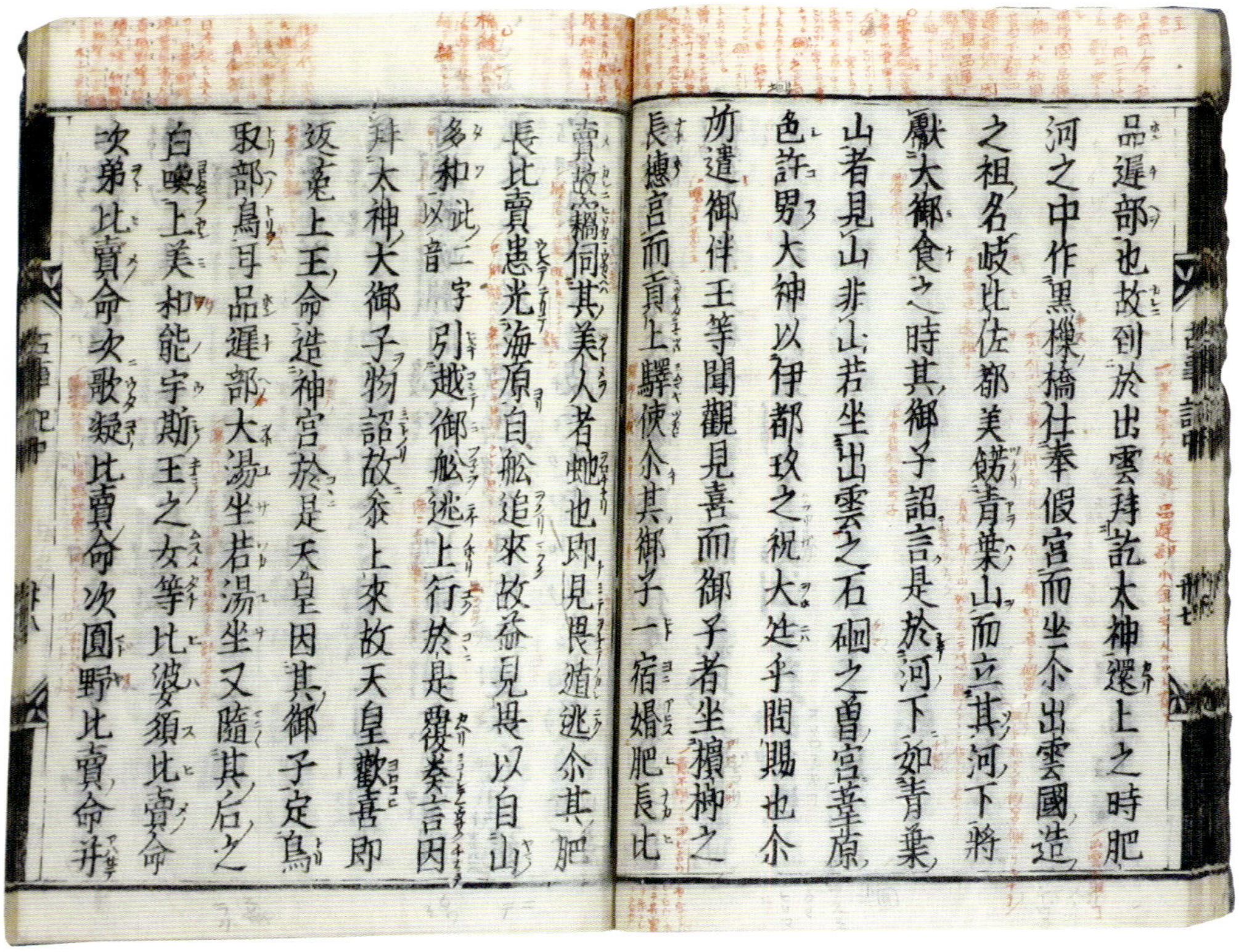
品遅部也故到於出雲拜訖大神還上之時肥
河之中作黒樔橋仕奉假宮而坐尓出雲國造
之祖名岐比佐都美餝青葉山而立其河下將
獻大御食之時其御子詔言是於河下如青葉
山者見山非山若坐出雲之石硐之曽宮葦原
色許男大神以伊都玖之祝大廷乎問賜也尓
所遣御伴王等聞歡見喜而御子者坐檳榔之
長穂宮而貢上驛使尓其御子一宿婚肥長比
賣故竊伺其美人者蛇也即見畏遁逃尓其肥
長比賣患光海原自船追來故益見畏以自山
多和此二字以音引越御船逃上行於是覆奏言因
拜大神大御子物詔故參上來故天皇歡喜即
返菟上王令造神宮於是天皇因其御子定鳥
取部鳥甘部品遅部大湯坐若湯坐又随其后之
白喚上美和能宇斯王之女等比婆須比賣命
次弟比賣命次歌凝比賣命次圓野比賣命并

87　古事記　中巻　（寛永21年版本）（垂仁天皇段）
江戸時代（寛永21年〈1644〉）　島根県教育委員会

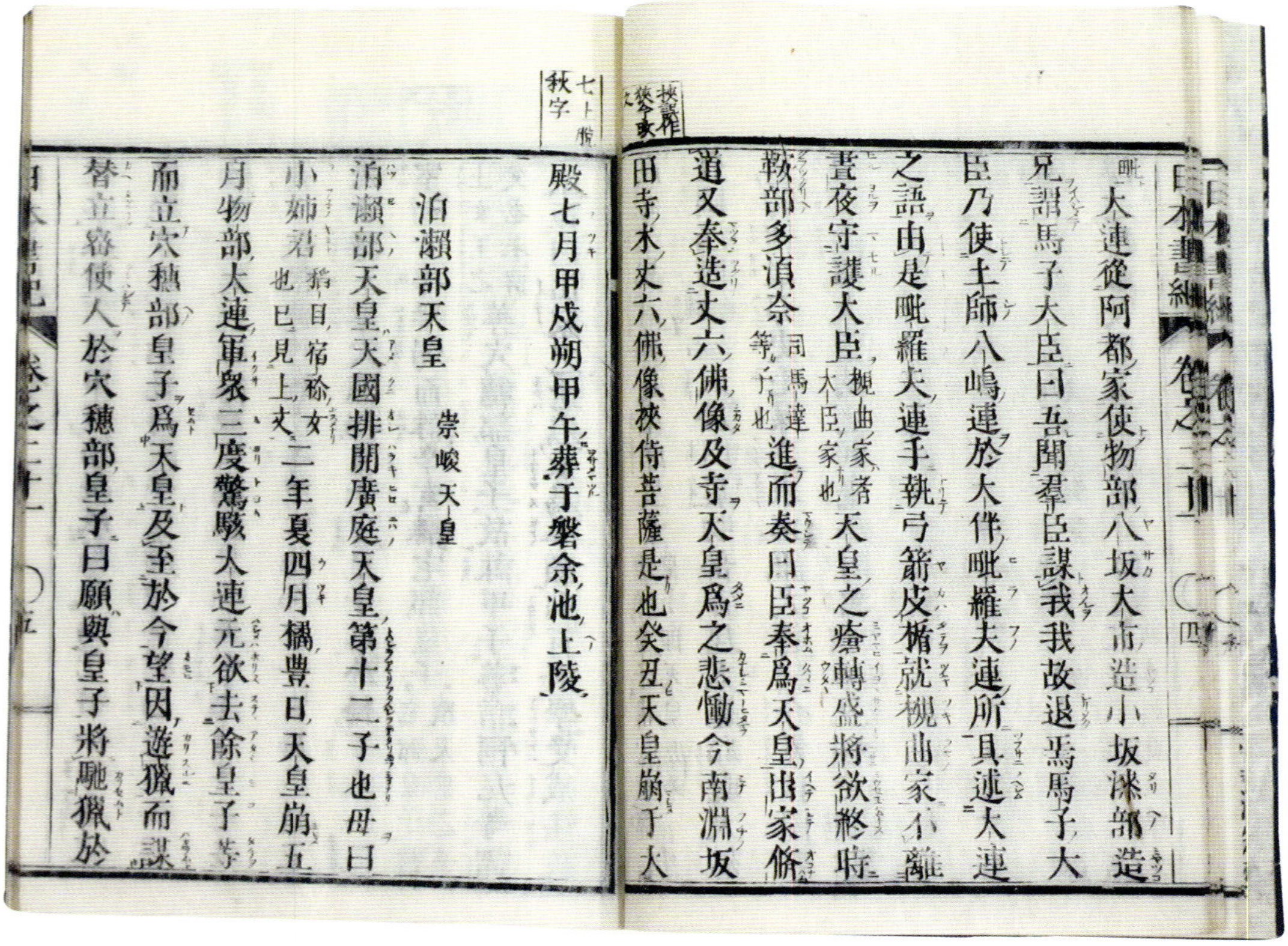
挾誤作狹今改
七卜脱秋字
毗大連從阿都家使物部八坂大市造小坂漆部造
兄謂馬子大臣曰吾聞羣臣謀我我故退焉馬子大
臣乃使土師八嶋連於大伴毗羅夫連所具述大連
之語由是毗羅夫連手執弓箭皮楯就槻曲家不離
晝夜守護大臣槻曲家者大臣家也天皇之瘡轉盛將欲終時
鞍部多須奈司馬達等子也進而奏曰臣奉爲天皇出家脩
道又奉造丈六佛像及寺天皇爲之悲慟今南淵坂
田寺木丈六佛像挾侍菩薩是也癸丑天皇崩于大
殿七月甲戌朔甲午葬于磐余池上陵
泊瀬部天皇　崇峻天皇
泊瀬部天皇天國排開廣庭天皇第十二子也母曰
小姉君稻目宿禰女也已見上文二年夏四月橘豊日天皇崩五
月物部大連軍衆三度驚駭大連元欲去餘皇子等
而立穴穗部皇子爲天皇及至於今望因遊獵而謀
替立密使人於穴穗部皇子曰願與皇子將馳獵於

88　日本書紀　巻二十一（崇峻天皇即位前紀）
江戸時代（寛政5年〈1793〉）　島根県教育委員会

89　『守屋大連』

安田靫彦画　明治時代（明治41年〈1908〉）　愛媛県美術館

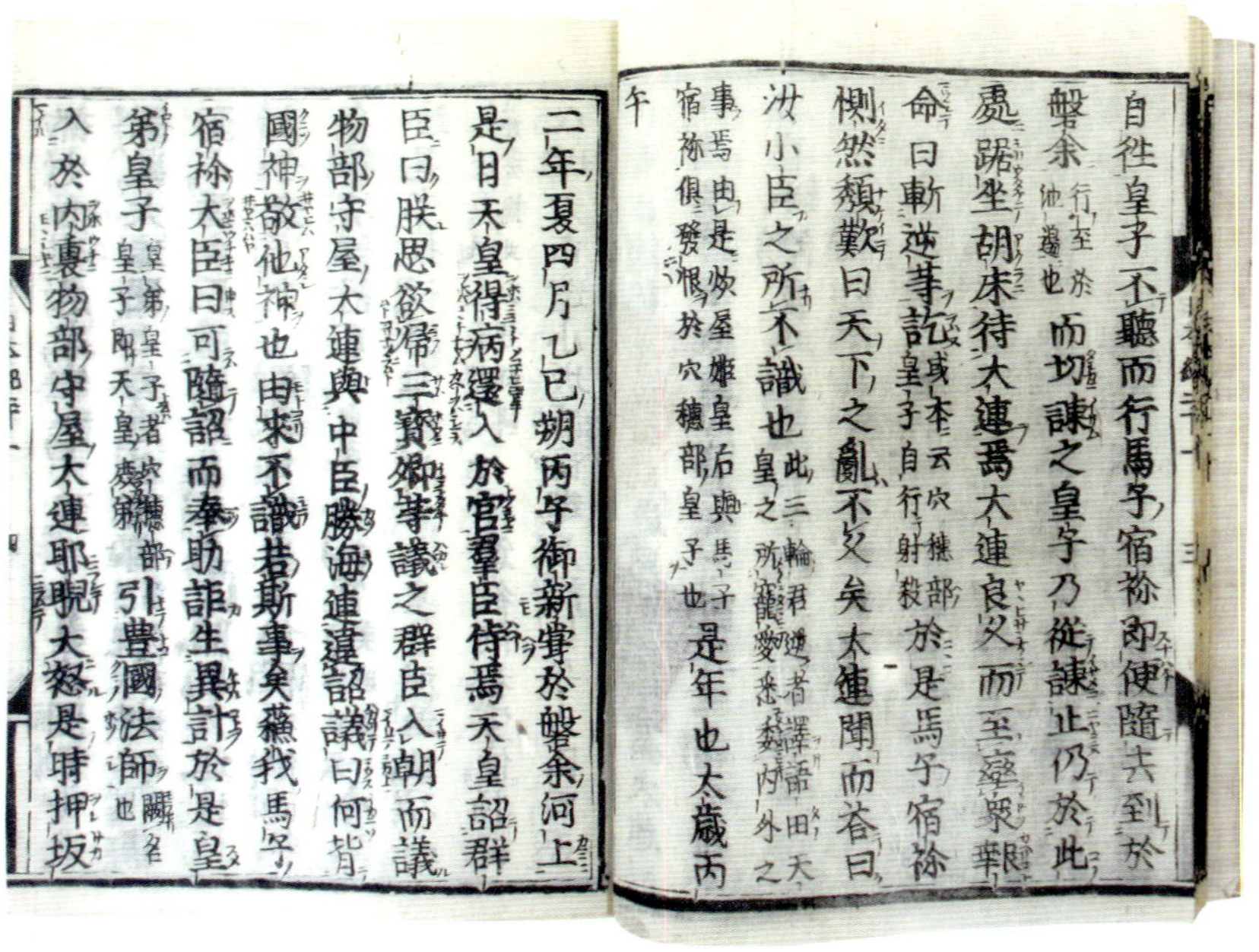
自徃皇子不聽而行馬子宿禰即便隨去到於磐余行至於池邊也而切諫之皇子乃從諫止仍於此處踞坐胡床待大連焉大連良久而至率衆報命曰斬逆等訖或本云穴穗部皇子自行射殺於是馬子宿禰惻然頹歎曰天下之亂不久矣大連聞而荅曰汝小臣之所不識也此三輪君逆者譯語田天皇之所寵愛悉委內外之事焉由是炊屋姫皇后與馬子宿禰俱發恨於穴穗部皇子也是年也太歲丙午

二年夏四月乙巳朔丙午御新嘗於磐余河上是日天皇得病還入於宮群臣侍焉天皇詔群臣曰朕思欲歸三寶卿等議之群臣入朝而議物部守屋大連與中臣勝海連違詔議曰何背國神敬他神也由來不識若斯事矣蘇我馬子宿禰大臣曰可隨詔而奉助詎生異計於是皇弟皇子皇弟皇子者穴穗部皇子即天皇庶弟引豐國法師闕名也入於內裏物部守屋大連耶睨大怒是時押坂

90　**日本書紀　巻二十一(用明天皇二年四月丙午条)**
江戸時代(寛文9年〈1669〉)　島根県教育委員会

92　**須恵器類**
向山1号墳　古墳時代後期　松江市教育委員会

91　**子持壺**
山代方墳　古墳時代後期　島根県教育委員会

92　**武具類・馬具類(参考品含む)**
向山１号墳　古墳時代後期　松江市教育委員会

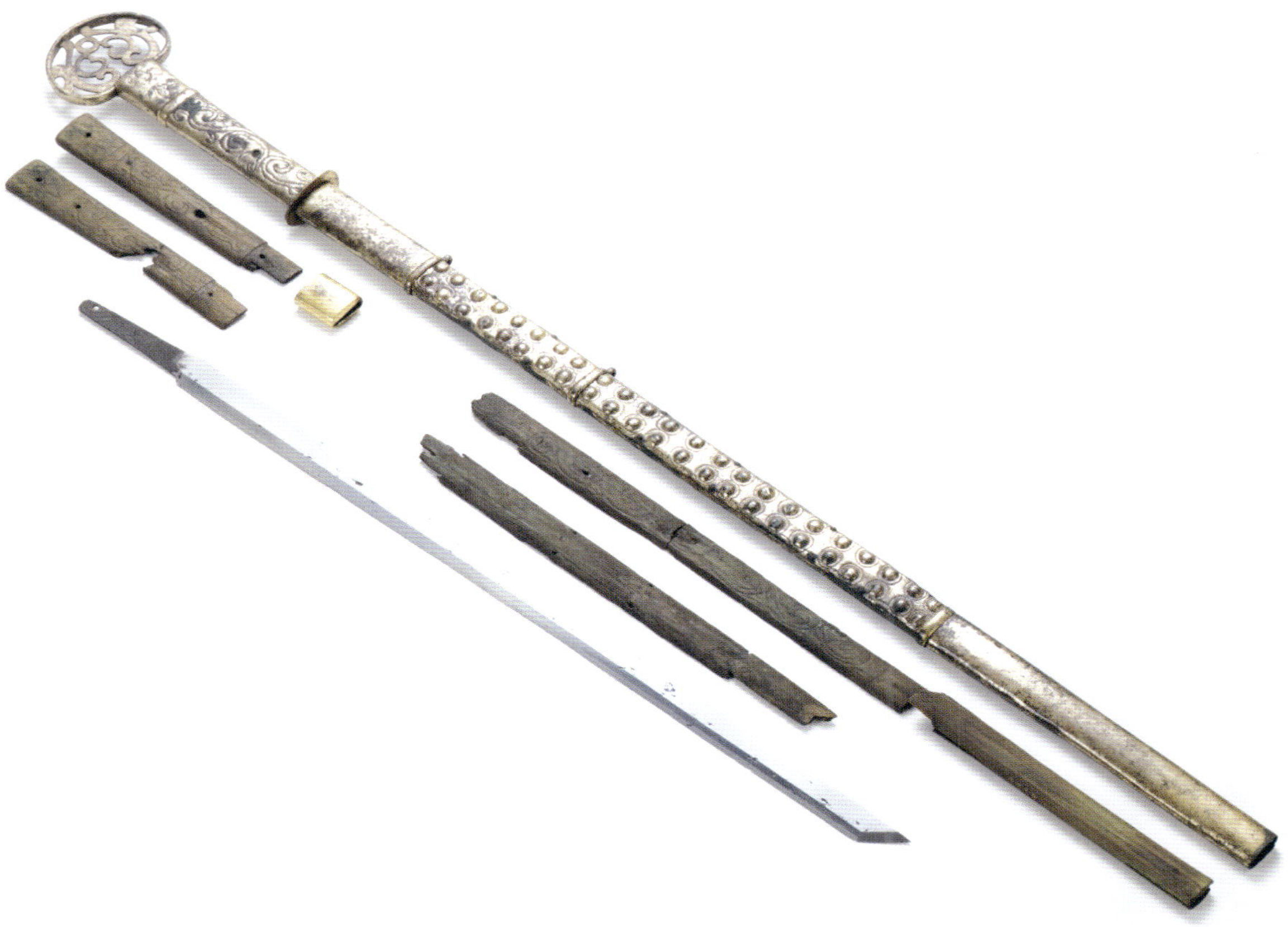

93　双龍環頭大刀／重要文化財
かわらけ谷横穴墓群　古墳時代後期　島根県教育委員会

94　金銅装大刀
上塩冶横穴墓群第33支群　古墳時代後期　出雲市

94　須恵器類
上塩冶横穴墓群第33支群　古墳時代後期　出雲市

94　石棺
上塩冶横穴墓群第33支群6号墓　古墳時代後期　出雲市

95　馬具類
原田古墳　古墳時代後期　島根県教育委員会

95　双龍環頭大刀
原田古墳　古墳時代後期　島根県教育委員会

96　圭頭大刀
放れ山古墳　古墳時代後期　個人

96　須恵器類
放れ山古墳　古墳時代後期　個人

97　須恵器類
安部谷横穴墓群　古墳時代後期　島根大学法文学部考古学研究室

97　須恵器類
安部谷横穴墓群　古墳時代後期　島根大学法文学部考古学研究室

98　「各」ヘラ書き土器
上塩冶横穴墓群第15支群　古墳時代終末期　島根県教育委員会

円筒埴輪にみる出雲の統合

中海系埴輪

99　円筒埴輪・朝顔形埴輪
古曽志大谷1号墳　古墳時代中期末〜後期　島根県教育委員会

淀江系埴輪

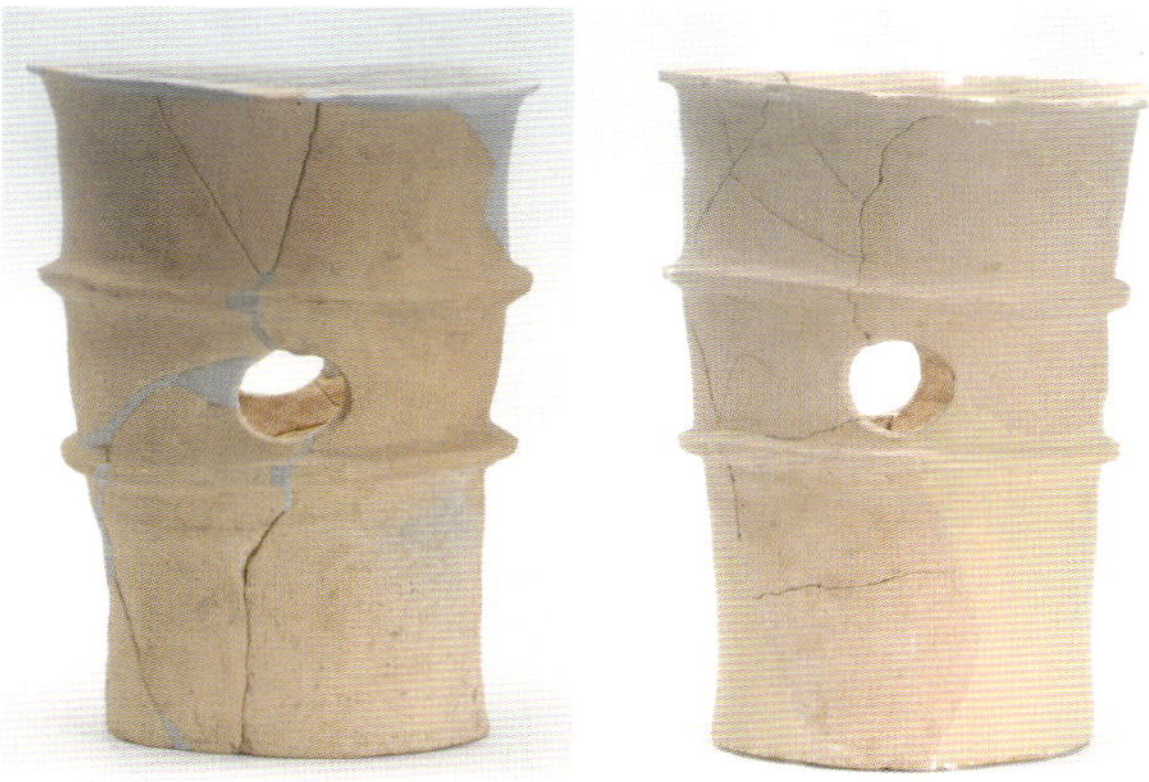

101　円筒埴輪／県指定文化財
井手挟3号墳　古墳時代後期　米子市教育委員会

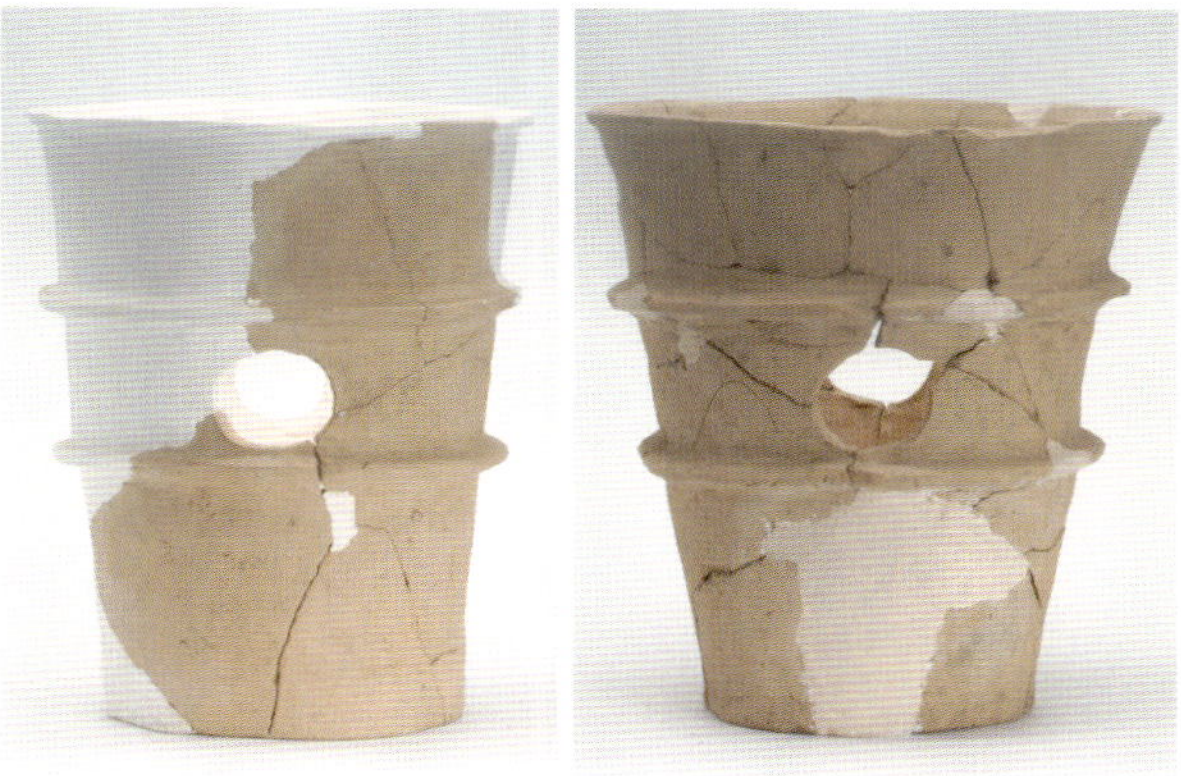

100　円筒埴輪
向山3号墳　古墳時代後期　米子市教育委員会

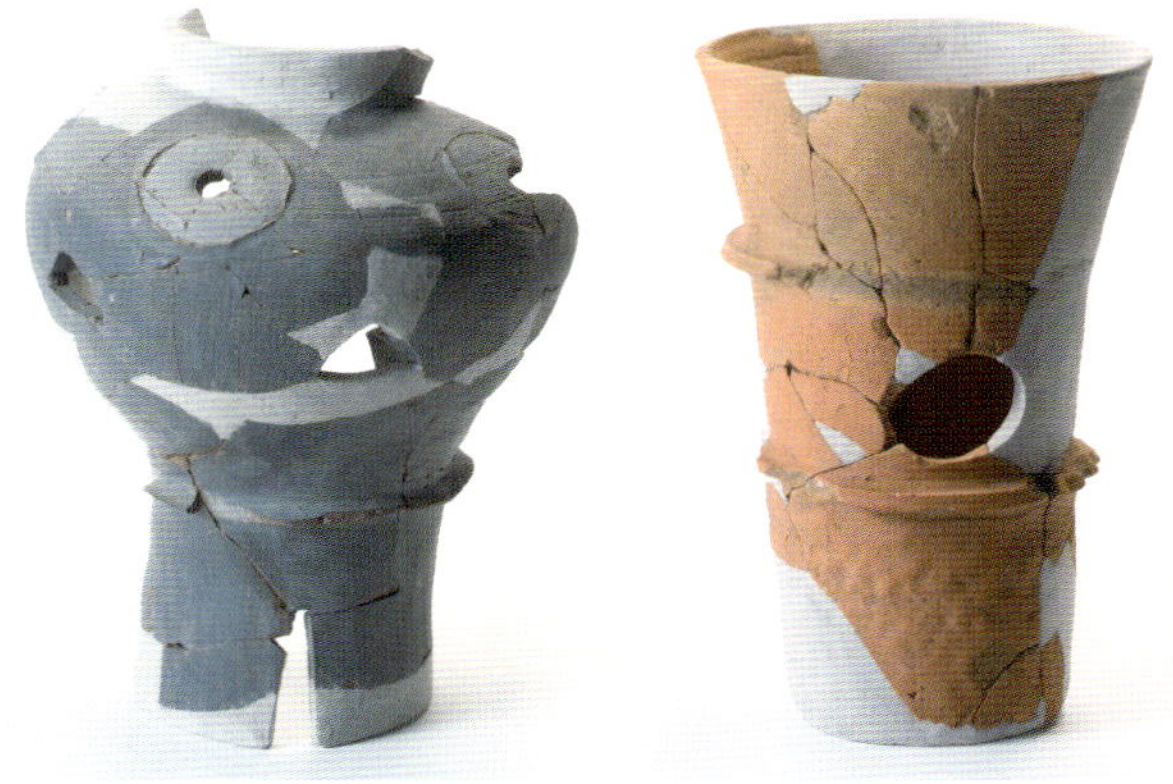

104　円筒埴輪・子持壺
東淵寺古墳　古墳時代後期　島根県教育委員会

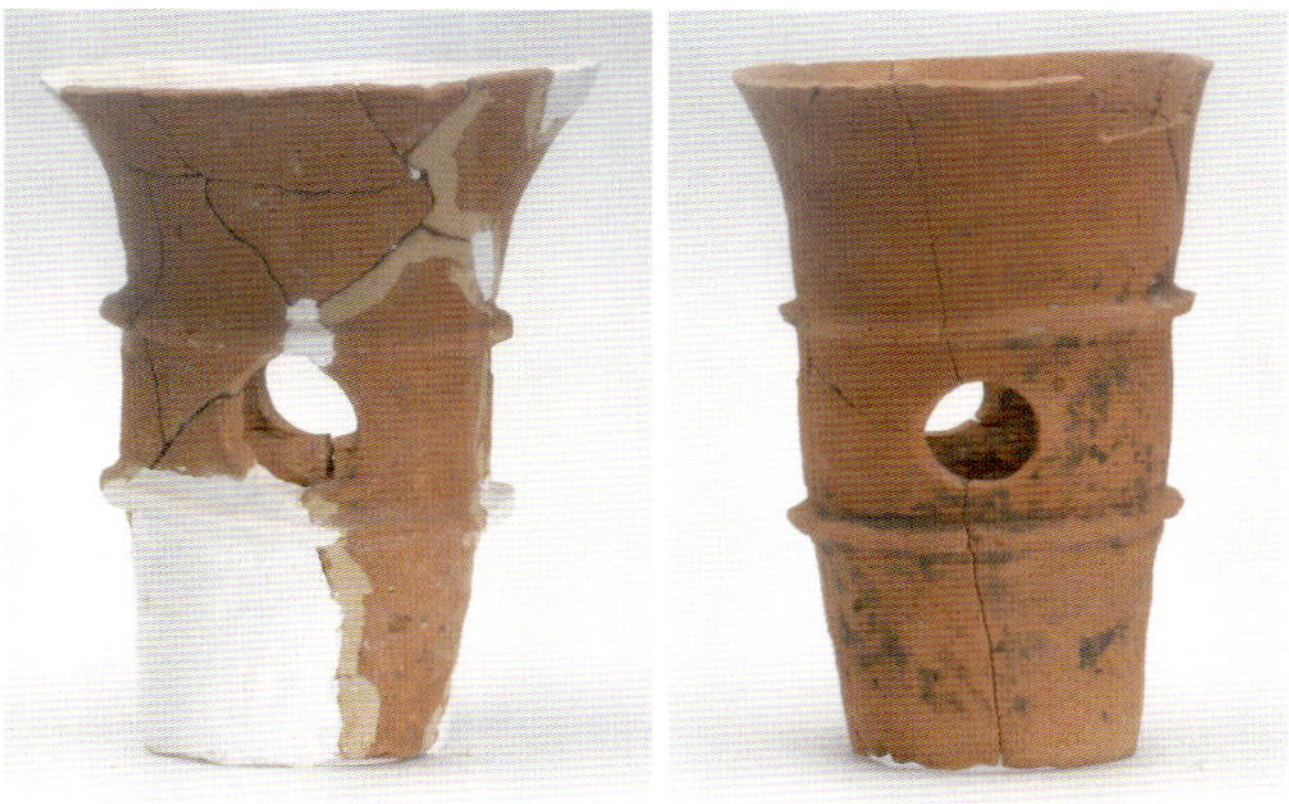

103　円筒埴輪
石馬谷古墳　古墳時代後期　米子市教育委員会

雲伯系埴輪

102・105　円筒埴輪・子持壺(参考品含む)／重要文化財
上塩冶築山古墳　古墳時代後期　出雲市

101　人物埴輪／県指定文化財
井手挟3号墳　古墳時代中期末～後期　米子市教育委員会

101　水鳥形埴輪／県指定文化財
井手挟3号墳　古墳時代中期末～後期　米子市教育委員会

101　鹿形埴輪(参考品含む)／県指定文化財
井手挟3号墳　古墳時代中期末～後期　米子市教育委員会

プレ出雲国の成立 —東西出雲の統合—

東西出雲の成立とその背景

6世紀後半になると、同じ出雲地域においても東の松江市・安来市区域と西の出雲市区域とでは、特に墓制上の面で際だった違いをみせるようになる。例えば首長墓の墳形についてみてみると、出雲東部は前方後方墳・方墳が主体であるのに対し、出雲西部では前方後円墳・円墳がほとんどである。また埋葬施設は、東部が石棺式石室が中心であるのに対し、西部は大念寺型石室と呼ばれる横穴式石室が主体となっており、両者の間には明らかな地域差が認められるようになるのである。

これまでの研究においては、このような墓制上における東西出雲の地域性を積極的に評価し、6世紀後半の出雲には東西に異なる政治勢力が並立し、出雲東部勢力の背景には蘇我氏、出雲西部勢力の背景に物部氏といった倭王権中枢内でも異なる結び付きを想定する見方が有力である（大谷１９９７ほか）。

しかし、こうした東西出雲という異なる政治的領域の成立という動きとは相反するように、この時期には既に東西出雲の緩やかな一体化を指向する動向があったことが幾つかの考古資料からみてとれる。ここではその代表例として埴輪を取り上げ、この時期の東西出雲を越えた広域的な領域の成立について考えてみたい。

出雲における埴輪の変遷

出雲における埴輪は4世紀後半に出現し、5世紀の大型首長墓に

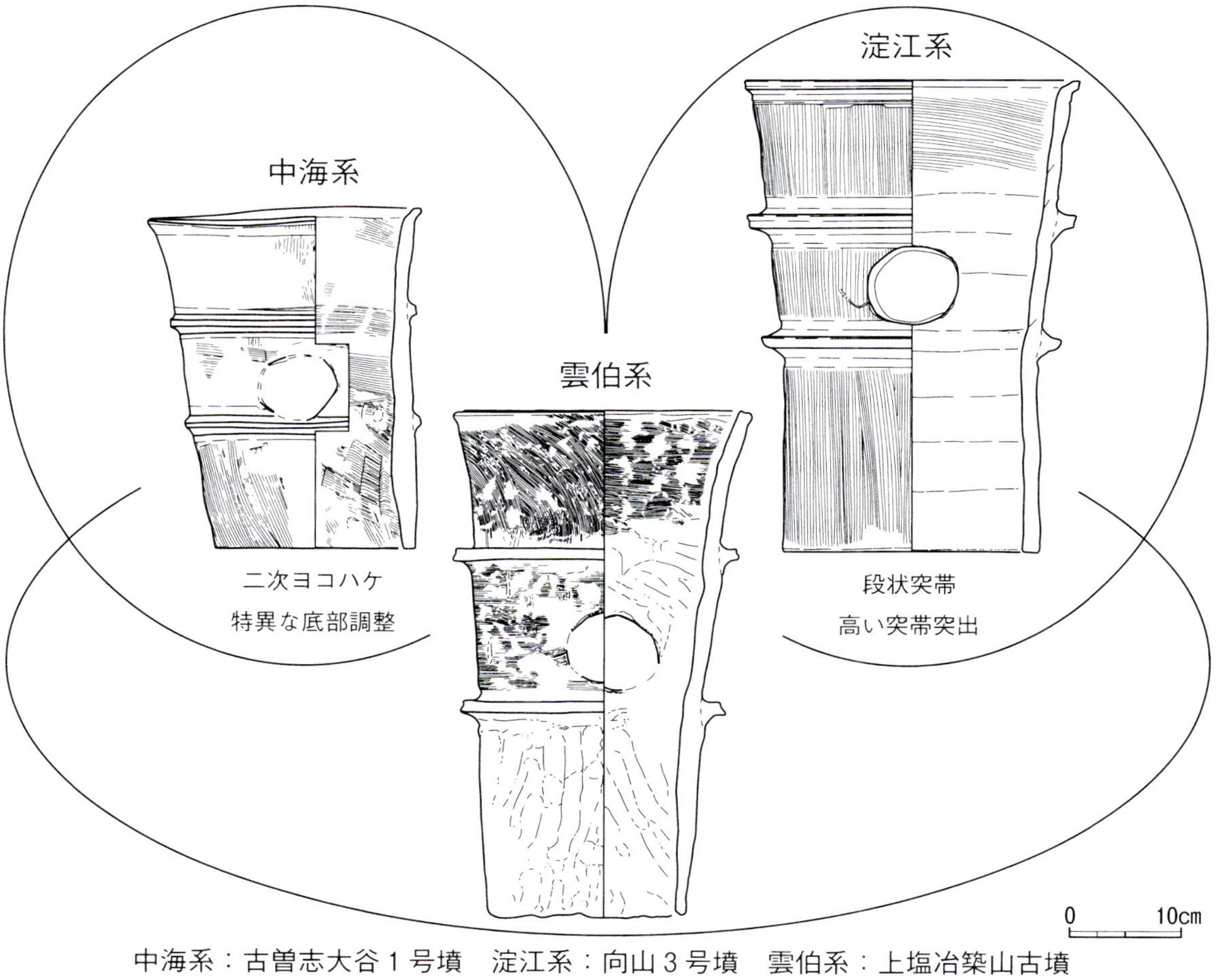

中海系：古曽志大谷１号墳　淀江系：向山３号墳　雲伯系：上塩冶築山古墳

【図1】中海系埴輪・淀江系埴輪・雲伯系埴輪（田中 2017）

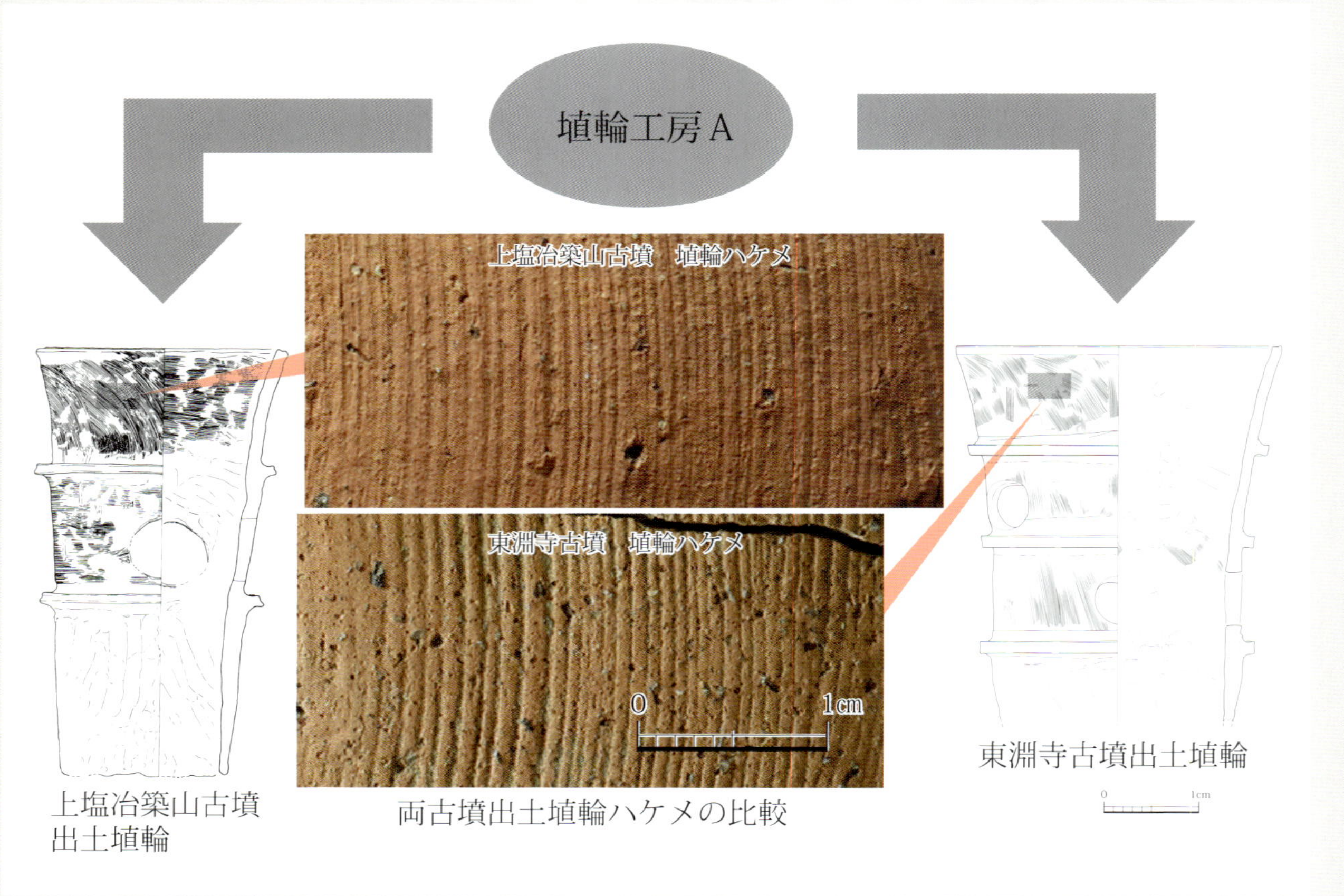

【図2】東淵寺古墳・上塩冶築山古墳の埴輪

はほぼ例外なく埴輪が並べられるようになる。５世紀の出雲の埴輪は、多少の違いはあれ、倭王権中枢の大阪府古市・百舌鳥古墳群から出土する王陵系埴輪の影響を強く受けたものであった（田中２０１４）。

それが大きく変化するのが、雄略朝直後の５世紀末の段階である。この時期には、従来どおり倭王権の直接的影響を受けた埴輪のほかに、山陰各地で独自の在地的な埴輪が複数成立する。その代表例が中海沿岸に分布する中海系埴輪と、鳥取県淀江周辺に分布する淀江系埴輪である【図１】。前者は 基底部を独特な手法で調整する埴輪であり、後者は突帯が非常に高くて底部調整を行わないなど、他の地域でみられない特徴を備えており、それぞれが排他的に分布するようになる（田中２０１７）。これはこの時期に埴輪を樹立階層が群集墳まで拡大したのに伴い、在地での埴輪生産が活発化したことを反映するものと考えられる。

次の画期は、出雲市大念寺古墳と松江市山代二子塚古墳という、東西出雲の大首長墓が忽然と出現する6世紀後葉である。この両古墳には、雲伯系埴輪と呼ばれる新たな型式の埴輪が樹立されるようになる。この埴輪は突帯が非常に高くて基底部を独特な技法で仕上げる特徴を持っており、前者の特徴は淀江系埴輪、後者は中海系埴輪の特徴を引き継いでいる。つまり、雲伯系埴輪を製作した埴輪工人集団は、それ以前の中海系・淀江系埴輪工人がこの時期に新たに統合・再編されて成立したと考えられるのである。

この雲伯系埴輪は、現状では出雲西部から伯耆西部にかけて広域に分布している。つまり、東西出雲の大首長墓が出現して東西出雲の政治領域が顕在化する動きの一方で、出雲西部から伯耆西部にかけて各地の大首長墓が同じ型式の埴輪を樹立するという、広域的なまとまりがこの時期、成立しつつあったのである（田中２０１７）。

埴輪は首長の葬送儀礼に用いられる特殊な器物であり、その分布は単なる製品の商業的な流通範囲を反映するのではなく、それらの埴輪を樹立した首長間の政治的関係を反映している可能性が高い。つまり、この時期には東西出雲や淀江地域でそれぞれ独自の政治的勢力が顕在化する一方で、これらの個別地域

【図3】古代山陰道と東淵寺古墳・上塩冶築山古墳

の政治圏を包括する広域的な首長間ネットワークが成立していたと想定されるのである。

東淵寺古墳と上塩冶築山古墳

以上、埴輪生産の様相から、6世紀後葉には出雲全域にわたる首長間の広域的連携が成立していたことを述べてきたが、これをより具体的に示す資料が、6世紀末における東西出雲を代表する首長墓である、出雲市上塩冶築山古墳と松江市東淵寺古墳出土の埴輪である。

埴輪の表面には、ハケメと呼ばれる木の板の小口で撫でた時に生じる擦痕が存在するが、東淵寺古墳と上塩冶築山古墳の埴輪のハケメを比較したところ、同じ板で撫でつけられた擦痕パターンが6種類確認できた。その他にも、突帯の形状や突帯を貼り付ける際の技法が酷似する個体が存在することから、この二つの古墳の埴輪の一部には、同じ埴輪工房で製作された製品が供給されていた可能性が高い【図2】。

　このようなハケメ原体の同定などから、同じ埴輪工人が製作した製品が複数の古墳から発見される事例は過去に幾つか報告例があるが、本例のように直線距離で35㎞以上離れた遠隔地の埴輪が同じ工房（工人）の製品であることが判明した事例は全国的にも極めて稀で、当時の埴輪の生産と流通を考える上で非常に貴重な事例である（池淵 2017）。

　さらに、この二つの古墳の立地をみてみると、両者とも古代山陰道推定地に隣接している点が注目される【図3】。特に上塩冶築山古墳の被葬者像については、副葬品に含まれる銅鈴を古代の駅鈴の原型と見なし、推古朝のプレ駅家の駅長的な首長と想定する見方も示されている（桃崎 2017）。いずれにせよ、東淵寺古墳と上塩冶築山古墳が陸上交通を非常に意識した立地をとり、同じ工房で製作された埴輪が供給されているという事実は、両古墳が極めて緊密な関係のもとに成立したことを暗示すると言えるだろう。

　このように、6世紀後葉の出雲においては、出雲東西の地域色が顕在化しつつも、それを包括するプレ出雲国ともいうべき領域が形成されつつあった。ただ、この段階における広域首長連合のなかには伯耆西部の首長層も包括されており、律令制の出雲国の領域が成立するまでは、なお100年近い年月を要したのである。（池淵）

【参考文献】

池淵俊一 2017「松江市東淵寺古墳出土の埴輪について」『古代文化研究』第25号 島根県古代文化センター
大谷晃二 1997「「出雲国」の支配者たち」『古代出雲文化展図録』島根県教育委員会・朝日新聞社
田中 大 2014「出雲における中期の円筒埴輪」『倭の五王と出雲の豪族』島根県立古代出雲歴史博物館
田中 大 2017「出雲・伯耆西部における古墳時代後期後半の異系統円筒埴輪の融合」『考古学研究』第64巻第2号
桃崎祐輔 2017「額田部の馬具 ― 心葉形十字文透馬具と虎頭鈴・多角形鈴をめぐって ―」出雲弥生の森研究会第66回資料

エピローグ

古墳が語りを終えて

7世紀になると、巨大な古墳は姿を消していきます。政治的・社会的な序列を誇示《こじ》し、地域統合のシンボルであった古墳は、その役割を終えたのです。律令《りつりょう》制の浸透によって、列島各地を束ねる豪族にも新たな役割が求められました。『日本書紀』によれば、国家が関わる事業として社が整備され、7世紀終わりには寺院の建立も始まります。「出雲」という地域的まとまりも、明確な領域を持った「出雲国」へと姿を変えていったのです。

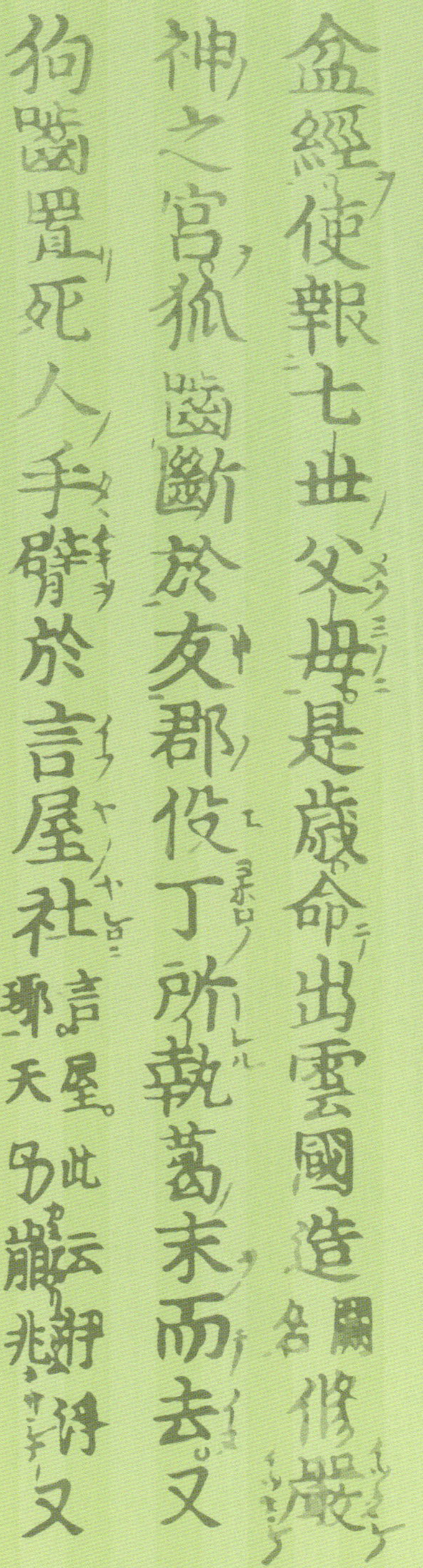

106　須恵器類・土師器類(参考品含む)
出雲大社境内遺跡　古墳時代終末期　出雲大社

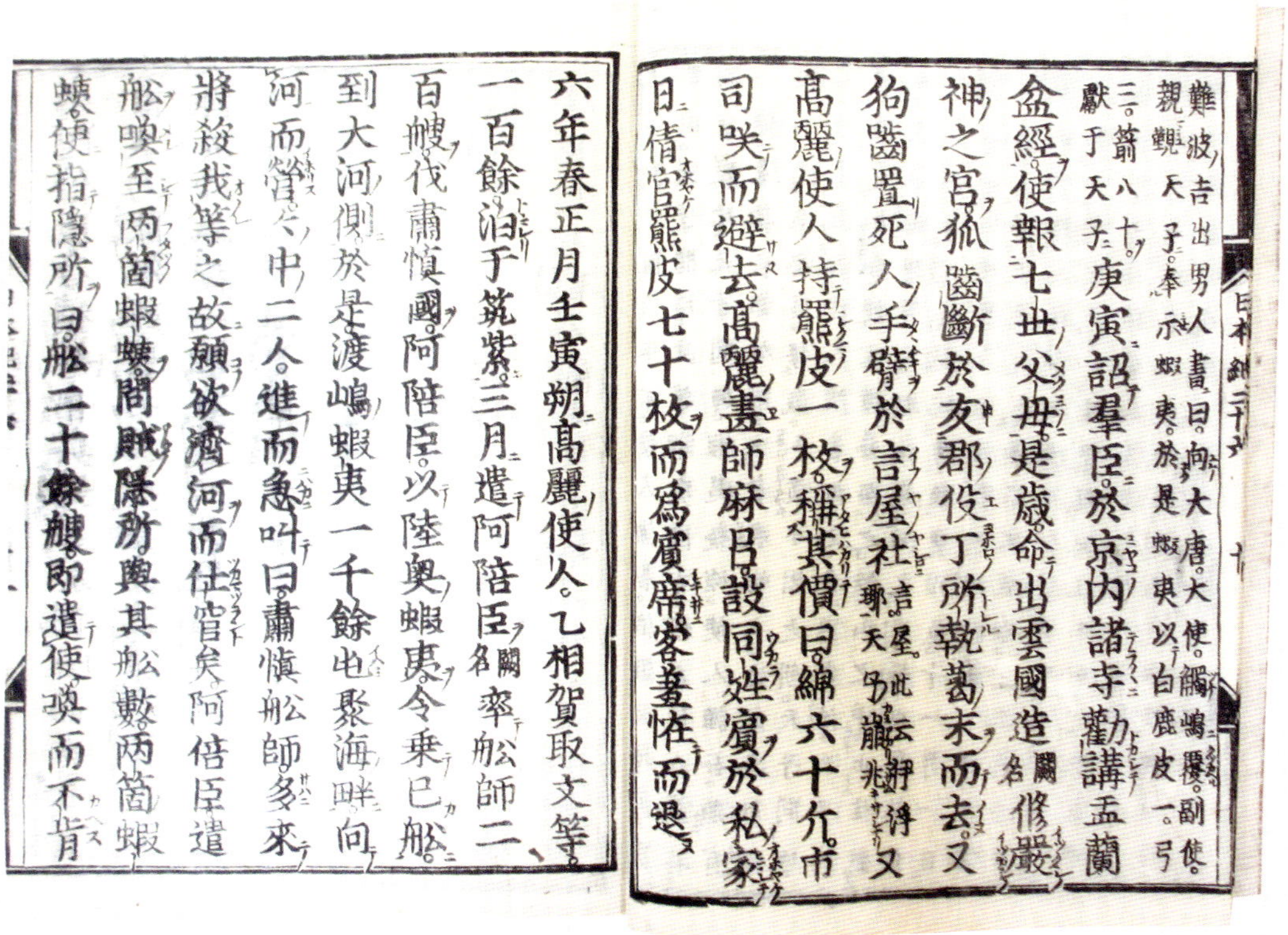

難波吉士男人書曰。向大唐大使。觸嶋覆。副使。親覲天子。奉示蝦夷。於是蝦夷以白鹿皮一。弓三。箭八十。獻于天子。庚寅。詔群臣。於京内諸寺勸講盂蘭盆經。使報七世父母。是歳。命出雲國造 闕名 修嚴神之宮。狐齧斷於友郡役丁所執葛末而去。又狗齧置死人手臂於言屋社。言屋。此云伊浮瑘。天子崩兆。又高麗使人持羆皮一枚。稱其價曰綿六十斤。市司咲而避去。高麗畫師麻呂設同姓賓於私家日借官羆皮七十枚。而爲賓席。客羞怪而退。

六年春正月壬寅朔。高麗使人乙相賀取文等。一百餘泊于筑紫。三月。遣阿倍臣 闕名 率船師二百艘伐肅愼國。阿倍臣以陸奧蝦夷令乘己船。到大河側。於是渡嶋蝦夷一千餘屯聚海畔。向河而營。營中二人。進而急叫曰。肅愼船師多來將殺我等之故。願欲濟河而仕官矣。阿倍臣遣船喚至兩箇蝦夷。問賊隱所與其船數。兩箇蝦夷便指隱所曰。船二十餘艘。即遣使喚。而不肯

107　日本書紀　巻二十六（斉明天皇五年是歳条）
江戸時代（寛文9年〈1669〉）　島根県教育委員会

108　石棺（復元模型）
穴神横穴墓群第1号墓　現代（現品は古墳時代後期～終末期）　島根県教育委員会

109　**壁画・塑像螺髪　／　県指定文化財**
上淀廃寺　奈良時代　米子市教育委員会

109　**軒丸瓦　／　県指定文化財**
上淀廃寺　奈良時代　米子市教育委員会

110　**軒丸瓦・軒平瓦**
教昊寺跡　奈良時代　個人

列品目録

（指定〈●国宝、◎重文、○都道府県市町村指定〉／資料名／時代／所有者／写真提供・撮影者）

プロローグ　古墳が語る「大王」の時代

1　出雲型子持壺　山代二子塚古墳出土／古墳時代後期／島根大学法文学部考古学研究室
2　甲冑形埴輪　今城塚古墳出土／古墳時代後期／高槻市教育委員会
3　◎武装石人　鶴見山古墳出土／古墳時代後期／八女市

第1章　並び立つ東西出雲

4　○増福寺二〇号墳出土品　子持𤭯／古墳時代中期／松江市教育委員会
5　講武向山古墳出土品　出雲型子持壺／古墳時代後期／島根大学法文学部考古学研究室
6　向山一号墳出土品　出雲型子持壺／古墳時代後期／松江市教育委員会
7　◎上塩冶築山古墳出土品　出雲型子持壺／古墳時代後期／出雲市
8　◎野口一号墳出土品　装飾付須恵器／古墳時代後期／倉吉市
9　◎上野遺跡出土品　子持壺／古墳時代後期／文化庁／倉吉市
10　高広遺跡Ⅳ区一号横穴墓出土品　双龍環頭大刀／古墳時代後期／島根県教育委員会
11　鷺の湯病院跡横穴出土品(復元品)　単鳳環頭大刀／現代(原品は古墳時代後期)／島根県教育委員会・原品：東北大学文学研究科考古学研究室
12　御崎山古墳出土品　獅噛環頭大刀・金銅製鈴・金環・銀環・珠文鏡・馬具類／古墳時代後期／島根県教育委員会
13　古代の飾馬(新芦屋古墳馬装復元模型)／現代／吹田市博物館
14　山代二子塚古墳出土品　円筒埴輪・革袋形須恵器／古墳時代後期／島根県教育委員会
15　岩屋後古墳出土品(複製品)　人物埴輪／現代(原品は古墳時代後期)／島根県教育委員会・原品：東京国立博物館
16　手間古墳出土品　子持壺・円筒埴輪／古墳時代後期／島根大学法文学部考古学研究室
17　東淵寺古墳出土品　円筒埴輪・革袋形須恵器／古墳時代後期／島根県教育委員会
18　魚見塚古墳出土品　須恵器類／古墳時代後期／島根県教育委員会
19-1　寺尾窯跡出土品　須恵器類／古墳時代後期／島根県教育委員会
19-2　山津窯跡出土品　須恵器類／古墳時代後期／松江市教育委員会
20　岩屋遺跡五号墳出土品　須恵器類・玉類／古墳時代後期／島根県教育委員会
21　◎平所遺跡出土品　馬形埴輪・家形埴輪／古墳時代後期／島根県教育委員会
22-1　大念寺古墳出土品　円筒埴輪／古墳時代後期／出雲市
22-2　出雲簸川郡今市大念寺古墳発掘遺物図／江戸時代／個人／出雲市
23-1　◎上塩冶築山古墳出土品　金銅製冠・金銀装円頭大刀・馬具類／古墳時代後期／出雲市
23-2　上塩冶築山古墳出土品(復元品)　捩り環頭大刀／現代(原品は古墳時代後期)／島根県教育委員会・原品：出雲市
24　築山遺跡三号墳出土品　捩り環頭大刀／古墳時代後期／出雲市
25　妙蓮寺山古墳出土品　円頭大刀柄頭・馬具類・須恵器類／古墳時代後期／島根県教育委員会
26　国富中村古墳出土品　珠文鏡・金銅製鈴・金環・馬具類・須恵器類／古墳時代後期／出雲市
27　下石橋愛宕塚古墳出土品　須恵器大甕・長胴形大甕・馬具類／古墳時代後期／栃木県立博物館／栃木県教育委員会
28　国分寺愛宕塚古墳出土品　須恵器類／古墳時代後期／下野市教育委員会

第2章　筑紫君磐井の栄華

29　○岩戸山古墳出土品　石馬／古墳時代後期／正福寺
30　石馬谷古墳出土品(複製品)　石馬／現代(原品は古墳時代後期)／米子市教育委員会・現品：天神垣神社
31　『磐井の戦い』／早川和子画／現代／高槻市教育委員会
32　釈日本紀　巻十三(筑後国風土記逸文)／江戸時代／島根県教育委員会
33　日本書紀　巻十七(継体天皇二十二年条)／江戸時代(寛政五年〈一七九三〉)／島根県教育委員会
34　筑後将士軍談　巻之五十一、五十二／江戸時代(嘉永六年〈一八五三〉)／久留米市立中央図書館
35-1　立山山八号墳出土品　金製耳飾・猪形埴輪・猿面埴輪／古墳時代後期／八女市
35-2　立山山一三号墳出土品　鞍に乗る貴人埴輪／古墳時代後期／八女市
36　江田穴観音古墳出土品　馬具類・金環・勾玉／古墳時代後期／京都大学総合博物館／和水町教育委員会
37　国越古墳出土品／鹿角製玉飾・鉄鉾・鏡・捩り環頭金具・勾玉・空玉・ガラス玉・鋤先・金環・須恵器類／古墳時代後期／熊本県教育委員会
38　椿原古墳出土品　須恵器類／古墳時代後期／宇土市教育委員会
39　鹿部田渕遺跡出土品　似非土師須恵器類・須恵器類／古墳時代後期／古賀市教育委員会
40　牛頸窯跡群出土品　須恵器類・「大神部見乃官」銘ヘラ書き甕／古墳時代後期～奈良時代／大野城市教育委員会
41　石人山古墳出土品　形象埴輪類／古墳時代中期／京都大学総合博物館
43　比恵遺跡出土品　須恵器類／古墳時代後期／福岡市教育委員会
44　東光寺剣塚古墳出土品　円筒埴輪・朝顔形埴輪・形象埴輪／古墳時代後期／福岡市教

45 白石原遺跡出土品　土製支脚・移動式竈・甑・甕／古墳時代後期／佐賀市教育委員会
46-1 山陰地域の煮炊具　石田遺跡・平ラⅡ遺跡・三田谷Ⅰ遺跡／古墳時代後期／島根県教育委員会
46-2 高津遺跡出土品　土製支脚／古墳時代後期／江津市教育委員会
47 浦田遺跡出土品　黒色磨研須恵器模倣土師器／古墳時代後期／佐賀県教育委員会
48 高津遺跡出土品　黒色磨研須恵器模倣土師器／古墳時代後期／江津市教育委員会
49 平ノ前遺跡出土品　黒色磨研須恵器模倣土師器／古墳時代後期／島根県教育委員会

第3章　継体・欽明大王の覇権

50-1 今城塚古墳出土品　埴輪（家形・大刀形・巫女形・力士形・鶏形・牛形）／古墳時代後期／高槻市教育委員会
50-2 今城塚古墳出土品　石棺片／古墳時代後期／高槻市教育委員会
51-1 『工房での埴輪作り』／早川和子画／現代／高槻市教育委員会
51-2 『今城塚古墳埴輪祭祀場』／早川和子画／現代／高槻市教育委員会
52 王者の装い（復元模型）／現代／滋賀県立安土城考古博物館
53 鴨稲荷山古墳出土品　馬具類・切子玉／古墳時代後期／京都大学総合博物館／滋賀県立安土城考古博物館
54 ○ 上島古墳出土品　護拳帯金具・馬具類／古墳時代後期／上島古墳奉賛会
55 青木遺跡出土品　「美談」・「縣」墨書土器／奈良～平安時代／島根県教育委員会
56 井ノ内稲荷塚古墳出土品　鉄鏃・金製刀装具・馬具類・須恵器類／古墳時代後期／長岡京市教育委員会／大阪大学考古学研究室
57 伝宇牟加比売命御陵古墳出土品　鉄鏃・須恵器類／古墳時代後期／松江市教育委員会
58 薄井原古墳出土品　鉄鏃・馬具類・直刀・須恵器類／古墳時代後期／島根県教育委員会
59 ○ 物集女車塚古墳出土品　鉄鏃・捩り環頭・馬具類・円筒埴輪／古墳時代後期／向日市教育委員会
60 御崎山古墳出土品　鉄鏃／古墳時代後期／島根県教育委員会
61 元禄十一戊寅年諸陵周垣成就記　第三／江戸時代（宝永六年〈一七〇九〉）／大阪府立中之島図書館
62 五条野丸山古墳出土品　双鸞瑞花文八花鏡／古墳時代後期／京都大学総合博物館
63 五条野丸山古墳出土品　須恵器類／古墳時代後期／宮内庁書陵部／高崎市教育委員会
64 平田梅山古墳出土品　須恵器類／古墳時代後期／宮内庁書陵部／高崎市教育委員会
65-1 出雲国風土記　古代文化センター本（意宇郡舎人郷条）／江戸時代／島根県教育委員会
65-2 出雲国風土記　勧修寺家本（意宇郡舎人郷条）／江戸時代／島根県教育委員会
66 ○ 河内愛宕塚古墳出土品　馬具類・捩り環頭・三輪玉・龍文銀象嵌鞘口金具・ガラス玉・須恵器類・土師器類／古墳時代後期／大阪府教育委員会／八尾市立歴史民俗資料館
42 シシヨツカ古墳出土品　亀甲繋鳳凰文銀象嵌刀装具・雲龍文金象嵌刀装具・勾玉文銀象嵌刀装具・漆塗籠棺・馬具類・金製指輪・須恵器類／古墳時代後期／大阪府教育委員会
67-1 ◉ 備前国「三家郷」木簡　平城宮跡出土／奈良時代／奈良文化財研究所
67-1 備前国「三家郷」木簡（複製）　平城宮跡出土／現代（原品は奈良時代）／島根県教育委員会・原品：奈良文化財研究所
67-2 ◉ 備前国「三家連」木簡　平城宮跡出土／奈良時代／奈良文化財研究所
67-2 備前国「三家連」木簡（複製）　平城宮跡出土／現代（原品は奈良時代）／奈良文化財研究所
67-3 若狭国「三家人」木簡　平城宮跡出土／奈良時代／奈良文化財研究所
67-3 若狭国「三家人」木簡（複製）　平城宮跡出土／現代（原品は奈良時代）／奈良文化財研究所
67-4 尾張国「御宅里」木簡　平城宮跡出土／奈良時代／奈良文化財研究所
67-4 尾張国「御宅里」木簡（複製）　平城宮跡出土／現代（原品は奈良時代）／島根県教育委員会・原品：奈良文化財研究所
67-5 播磨国「三宅里」木簡　二条大路木簡／奈良時代／奈良文化財研究所
67-5 播磨国「三宅里」木簡（複製）　二条大路木簡／現代（原品は奈良時代）／島根県教育委員会・原品：奈良文化財研究所
68 曽我井・澤田遺跡出土品　墨書土器・人形／奈良・平安時代／兵庫県立考古博物館
69 東山古墳群一号墳出土品　鉄刀・鉄鉾・馬具類・耳環・玉類・須恵器類／古墳時代後期／多可町教育委員会
70-1 播磨国風土記（飾磨郡飾磨御宅条）／明治時代（明治一七年〈一八八四〉）／島根県教育委員会
70-2 播磨国風土記（飾磨郡飾磨御宅条）／江戸時代（安政七年〈一八六〇〉）／島根県教育委員会
71 隠岐国「御宅郷」木簡（複製）　二条大路木簡／現代（原品は奈良時代）／島根県教育委員会・原品：奈良文化財研究所
72 隠岐国「御宅郷」木簡（複製）　宮町遺跡出土／現代（原品は奈良時代）／島根県教育委員会・原品：甲賀市教育委員会
73 唯山古墳出土品　大刀・須恵器類・土師器類／古墳時代後期／海士町教育委員会
74 隠岐国「美多郷」木簡（複製）　二条大路木簡／現代（原品は奈良時代）／島根県教育委員会・原品：奈良文化財研究所
75 兵庫遺跡出土品　「三田」線刻土器／奈良時代／西ノ島町教育委員会
76 新撰姓氏録　磯部部分／江戸時代／島根県教育委員会
77 今浦五号横穴墓出土品　「海」線刻土器／古墳時代終末期／海士町教育委員会
78 隠伎国郡稲帳（複製）海部郡司部分／現代（原品は奈良時代）／島根県教育委員会・原品：宮内庁正倉院事務所

79 隠岐国「宗我部」木簡(複製) 二条大路木簡／現代(原品は奈良時代)／島根県教育委員会・原品：奈良文化財研究所

80 小丸山古墳出土品 馬具類・珠文鏡／古墳時代後期／益田市教育委員会

81 北長迫横穴墓群出土品 須恵器類／古墳時代後期／益田市教育委員会

82 平ノ前遺跡出土品 金銅製歩揺付空玉・須恵器類・ミニチュア土器／古墳時代後期／島根県教育委員会

83 諸友大師山横穴墓群出土品 須恵器類・石製紡錘車／古墳時代後期／大田市教育委員会

第4章 古代出雲誕生

84-1 ◎ 岡田山一号墳出土品／「額田部臣」銀象嵌円頭大刀／古墳時代後期／六所神社

84-2 ◎ 岡田山一号墳出土品／三葉環頭大刀・内行花文鏡・馬具類／古墳時代後期／六所神社

85 天平六年出雲国計会帳(複製)解民部省解文部分／現代(原品は奈良時代 天平六年〈七三四〉)／島根県教育委員会・原品：宮内庁正倉院事務所

86 天平十一年出雲国大税賑給歴名帳(正集三二)(複製)出雲郡神戸郷部分／現代(原品は奈良時代 天平一一年〈七三九〉)／島根県教育委員会・原品：宮内庁正倉院事務所

87 古事記 中巻(寛永二一年版本)(垂仁天皇段)／江戸時代(寛永二一年〈一六四四〉)／島根県教育委員会

88 日本書紀 巻二十一(崇峻天皇即位前紀)／江戸時代(寛政五年〈一七九三〉)／島根県教育委員会

89 『守屋大連』／安田靫彦画／明治時代(明治四一年〈一九〇八〉)／愛媛県美術館

90 日本書紀 巻二十一(用明天皇二年四月丙午条)／江戸時代(寛文九年〈一六六九〉)／島根県教育委員会

91 山代方墳出土品 子持壺／古墳時代後期／島根県教育委員会

92 向山1号墳出土品 武具類・馬具類・須恵器類／古墳時代後期／松江市教育委員会

93 ◎ かわらけ谷横穴墓群出土品 双龍環頭大刀／古墳時代後期／島根県教育委員会

94-1 上塩冶横穴墓群第三三支群出土品 金銅装大刀・須恵器類／古墳時代後期／出雲市

94-2 上塩冶横穴墓群第三三支群六号墓出土品 石棺／古墳時代後期／出雲市

95 原田古墳出土品 双龍環頭大刀・馬具類／古墳時代後期／島根県教育委員会

96 放れ山古墳出土品 圭頭大刀・須恵器類／古墳時代後期／個人／島根県教育委員会

97 安部谷横穴墓群出土品 須恵器類／古墳時代後期／島根大学法文学部考古学研究室

98 上塩冶横穴墓群第一五支群出土品 「各」ヘラ書き土器／古墳時代終末期／島根県教育委員会

99 古曽志大谷1号墳出土品 円筒埴輪・朝顔形埴輪・鉄刀・須恵器類／古墳時代中期末～後期／島根県教育委員会

100 向山三号墳出土品 円筒埴輪／古墳時代中期末～後期／米子市教育委員会

101 ○ 井手挟三号墳出土品 円筒埴輪・鹿形埴輪・水鳥形埴輪・人物埴輪／古墳時代中期末～後期／米子市教育委員会

102 ◎ 上塩冶築山古墳出土品 円筒埴輪／古墳時代後期／出雲市

103 石馬谷古墳出土品 円筒埴輪／古墳時代後期／米子市教育委員会

104 東淵寺古墳出土品 円筒埴輪・子持壺／古墳時代後期／島根県教育委員会

105 ◎ 上塩冶築山古墳出土品 子持壺／古墳時代後期／出雲市

エピローグ 古墳が語りを終えて

106 出雲大社境内遺跡出土品 須恵器類・土師器類／古墳時代終末期／出雲大社

107 日本書紀 巻二十六(斉明天皇五年是歳条)／江戸時代(寛文九年〈一六六九〉)／島根県教育委員会

108 穴神横穴墓群第一号墓出土 石棺(復元模型)／現代(現品は古墳時代後期～終末期)／島根県教育委員会・原品：安来市教育委員会

109 ○ 上淀廃寺出土品 壁画・塑像螺髪・軒丸瓦・「寺」刻書土器／奈良時代／米子市教育委員会

110 教昊寺跡出土品 軒丸瓦・軒平瓦／奈良時代／個人／島根県教育委員会

列品解説

プロローグ　古墳が語る「大王」の時代

1　出雲型子持壺　山代二子塚古墳出土品

一点
高六四・〇　直径三三・〇
古墳時代後期(六世紀後半)
島根県松江市　島根大学法文学部考古学研究室

松江市の南郊、山代町から大庭町、大草町、竹矢町にかけては、多くの古墳が集中し、後には、出雲国府や出雲国分寺が置かれる古代出雲の中枢となる場所である。山代二子塚古墳は、全長九四メートル。周堤帯を備える出雲地方最大の前方後方墳である。主体部の発掘調査は行われていないが、電気探査によれば、全長一〇メートル以上の長大な横穴式石室の存在が推定されている。山代二子塚古墳では、三種類の子持壺が知られており、子持壺の変遷を考える上でも重要。

出雲型子持壺と呼ばれる須恵器子持壺は、器台の上に小壺を備えた壺形土器を置いた様子を再現しているが、胴部にもスカシが開けられ、容器としての機能は無い。本例には親壺の底がないが、山代二子塚古墳では親壺の底が残っているものもある。

出雲型と呼ばれる子持壺は、他地域には見られない器種で、特殊な古墳での祭祀が出雲地方東部で創出されたと考えられている。山代二子塚古墳の子持壺は、墳丘の各所から出土しており、円筒埴輪と同様に立て並べて使用された可能性が高い。　　（林）

2　甲冑形埴輪　今城塚古墳出土品

一点
横四〇・〇　縦三五・〇　高八三・〇
古墳時代後期(六世紀前半)
大阪府高槻市　高槻市教育委員会

今城塚古墳は古墳時代後期最大級の前方後円墳として知られ、真の継体陵ともいわれる。墳丘長は一八一メートルあり、周囲に二重の濠と堤をめぐらす。内堤には幅一〇メートル、長六五メートルもの埴輪祭祀場が設けられており、四つに区分けされた区画ごとに、種類や構成の異なる形象埴輪が整然と並べられていた。甲冑形埴輪は、衝角付冑から肩甲、短甲、草摺までを表現したものである。今城塚古墳からは甲冑を纏い、大刀を佩く武人の埴輪が出土しているが、この埴輪は人物を造形せず、脚部も表現されていなかったらしい。甲には帯金式とおぼしき方形板を連ねた表現があるが、実際に比べかなり抽象化されているようである。　　（増田）

3　武装石人　鶴見山古墳出土品(重要文化財)

一点
高一五八・〇
古墳時代後期(六世紀中葉)
福岡県八女市　八女市

鶴見山古墳は八女丘陵東端に位置する、全長八八メートルの前方後円墳である。墳丘には葺石を施し、埴輪と石製表飾を樹立する。近隣の乗場古墳（全長約七〇メートル）や善蔵塚古墳（全長約九〇メートル）とともに、「磐井の乱」後の六世紀中葉に築造された、筑紫君一族の歴代墓の一つと考えられる。

武装石人は周濠内に張り出したテラス状遺構から出土した。阿蘇溶結凝灰岩を加工して製作され、重量は約二五〇キログラムである。いわゆる「倭系」の武具が表現されており、衝角付冑を被り、横矧板を連ねた短甲と草摺を身につけている。脚部は線刻などの表現が一切なく、柱状の座となっている。数ある石製表飾のなかでもとりわけ状態がよく、重要文化財に指定されている。　　（増田）

第1章　並び立つ東西出雲

4　増福寺二〇号墳出土品　子持𤭯(松江市指定文化財)

一点
高二一・〇　口径一五・二
古墳時代中期(五世紀)
島根県松江市　松江市教育委員会

𤭯形をした親壺の肩部に本来は四基の小壺を取り付けた子持𤭯。脚部の表現はなく、出雲型子持壺出現前のもの。

増福寺古墳群は、松江市南郊の八雲町東岩坂の丘陵にあった古墳群。その二〇号墳から𤭯を親壺に、小壺一点を残した状態で発見された。増福寺古墳群の下方、東岩坂川に面した谷には古墳時代中期から後期の祭祀遺跡である前田遺跡が発掘調査されており、そこで出土した小壺が増福寺二〇号墳で出土した子持𤭯と接合した。

前田遺跡は、河道の岸に貼り石を施した常設の祭祀場跡で、祭祀に用いられたと思われる大量の木製品や土器類が出土している。南方四キロメートルには後の『出雲国風土記』記載の熊野大神と考えられる熊野大社があり、北方には三キロメートルには出雲最大級の山代二子塚古墳や後に出雲国府が置かれる意宇平野がある。古代出雲の中枢に近い。　　（林）

5　講武向山古墳出土品　出雲型子持壺

一点
高五六　胴部最大径二八・七
古墳時代後期(六世紀後半)
島根県松江市　島根大学法文学部考古学研究室

講武向山古墳は、松江市北部の鹿島町にあった。古い開墾で墳丘は消滅しているが、近隣は板石が残っており、石室があったことが判る。付近の開墾に際して須恵器子持壺の他、鉄剣が発見され、島根大学に届けられている。また、鹿島町教育委員会が昭和六二年（一九八七）に実施した分布調査で子持壺片や埴輪が発見されている。この時発見された破片とともに子持壺については全形が明らかとなった。

出雲型子持壺としては古い形状と考えられ、親壺と脚部の間に突帯がなく、親壺にスカシが入らないが、親壺の底部はくりぬかれており、容器としての機能は無い。親壺の肩部には小壺六個が付けられているが、当初から底のないものを貼り付けている。親壺の口縁部は蓋を受ける受け部を持っており、当初は蓋が伴った可能性がある。

出雲型子持壺は、脚の高い器台に壺を乗せた形を表現したものと考えられているが、初源的と考えられている講武向山古墳出土子持壺や山代二子塚古墳の子持壺には、脚部との境の突帯がなく器台としての表現に乏しい。その起源や変遷は謎に包まれている。 （林）

6 向山一号墳出土品　出雲型子持壺

一点
高五五・〇　直径三〇・三
古墳時代後期（七世紀初め）
島根県松江市　松江市教育委員会

向山一号墳は出雲地方の首長墳に特徴的に見られる石棺式石室を主体部とする古墳。子持壺は石室に繋がる羨道部の天井石外側から出土している。石室に遺体を納めた後、前庭部で墓前祭祀を行った様子が想定されており、石室全体を埋め戻す以前に行われた特殊な祭祀が考えられている。

向山一号墳出土の子持壺をはじめ、出雲型と呼ばれる子持壺の大多数には親壺に底がなく、容器として何かを入れることはできない。また、𤭯形の小壺も親壺に貼り付けた後、棒状の工具で底を貫通させている。向山一号墳の子持壺は、親壺と脚部の間に鍔上の突帯を巡らせ、親壺の肩部に小壺四個を貼り付ける。親壺には円形のスカシを、脚部には三角形のスカシを入れるものと、長方形のスカシを入れるものの二種類が見られる。 （林）

7 上塩冶築山古墳出土品　出雲型子持壺（重要文化財）

二点
高五五・〇
古墳時代後期（六世紀後半）
島根県出雲市　出雲市

上塩冶築山古墳は、出雲平野の南部に所在する径約四六メートルの円墳。全長が一五メートルを超える、県内屈指の規模を誇る横穴式石室を持ち、家形石棺二基が納められていた。金銅製冠、円頭大刀、捩り環頭大刀、金銅装馬具、玉類などの豊富な副葬品が出土しており、大念寺古墳の被葬者に続き出雲西部をおさえた豪族の墓と考えられる。

子持壺は、墳丘上から円筒埴輪とともに出土した。子壺が上下二段に分かれて付く形態は、他に例を見ない。親壺を刳り抜かないため、子壺の底は抜けていない。親壺の丸みがほとんど表現されず、脚端部が少しすぼまる点も特徴といえる。全体を復元できる個体は四点あるが、展示資料は上下段の他に中段にも子壺を付けるため子壺の数が非常に多い。また脚部の三角形スカシ穴は、頂点を越えてヘラ描き線を伸ばす独特のデザインである。 （増田）

8 野口一号墳出土品　装飾須恵器（重要文化財）

一点
高四九・五
古墳時代後期（六世紀後半）
鳥取県倉吉市　倉吉市

野口一号墳は鳥取県倉吉市にあった全長二九メートルの前方後円墳。その周溝内に掘られた土壙から出土した。多くの装飾が施される壺形土器で、壺を支える器台も一体で作られている。また、器台の坏部外面に遊環が提げられている点も特徴的。

壺の肩部に多くの装飾が施され、中でも相撲をとる人物や、見返りの鹿に狙いを定める狩猟の場面が表現されていることで知られる。相撲をとる人物の横には小壺三個が貼り付けられており、子持壺の形態をとっている。

野口一号墳からは、この装飾須恵器の他、七連坏付き装飾器台二個体などが出土している。 （林）

9 上野遺跡出土品　子持壺（重要文化財）

四点
高四六・〇～四八・〇
古墳時代後期（六世紀末～七世紀初頭）
鳥取県倉吉市　文化庁

上野遺跡は、鳥取県倉吉市で発見された子持壺の集積土壙。昭和五七年（一九八二）に行われた発掘調査で、掘りくぼめられた穴から須恵器子持壺二五点が整然と並べられて出土した。この内五点はスカシの入る𤭯形土器に小壺が付くもので、他の二〇点が長い脚を持つ出雲型子持壺。脚部と親壺の間に鍔が巡り小壺が四個付くものと、親壺と脚部の間に境が無く小壺を三個付けるものが見られる。

製作された子持壺を古墳等へ納入するまでの仮の保管施設との推定もあるが、該当する古墳は判っていない。子持壺が発見された土壙の法面には九本の柱穴の跡があり、覆屋があったと考えられている。なお、平成一六年（二〇〇四）には五メートルほど離れた位置に別の土壙が発見されているが、その土壙には子持壺は入っていなかった。 （林）

10 高広遺跡Ⅳ区一号横穴墓出土品　双龍環頭大刀

一点
復元長約一〇二・〇
古墳時代後期（六世紀後葉）
島根県安来市　島根県教育委員会

高広遺跡Ⅳ区一号横穴墓は、安来平野を望む丘陵上に造られた横穴墓。安来地域では、平野中央部を流れる飯梨川を境として、横穴式石室を持つ古墳は西部に多く、東部には石室墳は少ない。その分横穴墓の分布は濃密で、横断面が三角形を呈す平入構造のものが主体である。なかでも高広遺跡Ⅳ区一号横穴墓は、双龍環頭大刀が出土したことで知られる。大刀は先端部と柄の一部分を欠くが、立体感をもって鋳造された環頭柄頭や、金銅板を用いた鞘の飾金具などが当時の姿を留めている。

双龍環頭大刀は朝鮮半島にそのルーツを持つ、いわゆる「舶載系」の大刀で、六世紀後半にはヤマト王権のもとで国産化が進むとともに、身分表象の一つとして各地の豪族に下賜されたとされている。安来地域では、臼コクリS—二号墓から単龍環頭大刀が、鷺の湯病院跡横穴墓からは単鳳環頭大刀が出土しているように、特定の横穴墓が優品、特に龍鳳系環頭大刀を持つ例が見られる。同じ頃、意宇中枢部に築造された御崎山古墳や岡田山一号墳は、獅噛環頭大刀や三葉環頭大刀などの別系統の環頭大刀を副葬する。こうした墳墓の形態や環頭大刀の系統の差異は、階層化された出雲東部の諸勢力の立場や序列を示すと考えられる。 （増田）

11
鷺の湯病院跡横穴墓出土品　単鳳環頭大刀（復元品）

一点
長八〇・〇
現代（現品は古墳時代後期）
島根県安来市　島根県教育委員会
［原品：東北大学文学研究科考古学研究室］

鷺の湯病院跡横穴墓は、安来平野西端の丘陵上に位置する横穴墓。周辺の丘陵には多数の横穴墓が分布し、詳細は不明ながらかわらけ谷横穴墓出土装飾大刀（重要文化財）も近隣の横穴墓から出土したとされる。本横穴墓は戦前に発見された家形石棺一基と豊富な副葬品で知られる。金銅装冠立飾、珠文鏡、交叉金環銀環、金銅装馬具類など、大首長墓に匹敵する副葬品が出土しており、現在は東北大学博物館で保管されている。

本品は、数ある出土品のうち単鳳環頭大刀を再現したものである。柄頭の鳳凰は一鋳であるが、造形は簡略化が進んでおり、六世紀中葉ころの所産と考えられる。柄と鞘の装飾は金銀を交互に配しており、同横穴墓から出土した交叉金環銀環と同様のスタイルといえる。儀仗として使用された当時を彷彿とさせる、煌びやかな姿を再現したもの。（増田）

12
御崎山古墳出土品　獅噛環頭大刀・金銅製鈴・金環・銀環・珠文鏡・雲珠

一二点
獅噛環頭大刀：長八九・五
金銅製鈴：高三・九
金環：径三・二
銀環：径二・二
珠文鏡：径八・二
雲珠：径一四・〇
古墳時代後期（六世紀後半）
島根県松江市　島根県教育委員会

御崎山古墳は意宇平野南端に位置する全長四〇メートルの前方後方墳である。推定全長九・二メートル、玄室高二・八五メートルの横穴式石室を持ち、横口式の組合式家形石棺二基が納められていた。石室は一時期開口していたとされ、副葬品の一部は失われたようだが、昭和四七年（一九七二）の発掘調査では武器・武具・馬具・珠文鏡・金環・銀環・須恵器類などが出土している。獅噛環頭大刀は一鋳の柄頭を持ち、金銅製の筒状責金具と龍を打ち出した銀板で装飾される。獅が環の下端を噛む構図だが、舌を出している点が特異である。また鉄鏃は平根鏃、長頸鏃あわせて一一〇本以上が出土している。馬具は素環鏡板付轡と雲珠、辻金具、金銅製鈴からなるセットである。珠文鏡は三列の珠文帯を持ち、その外周には波文帯と櫛歯文帯がめぐる。

御崎山古墳は、同じ有古墳群に属する岡田山一号墳と類似点が多い。ともに百済系の舶載（もしくはその模倣）環頭大刀や金銅装馬具類、銅鏡を持ち、出雲東部の大首長を補佐する中堅クラスの首長の墓と想定されている。（増田）

13
古代の飾馬　新芦屋古墳馬装復元模型

一点
高一七四・〇　長二一六・〇
現代
大阪府吹田市　吹田市立博物館

古墳時代後期の金銅装馬具一式で飾った飾馬復元模型。馬具一式は、新芦屋古墳出土品（大阪府指定文化財）を復元しており、楕円形鏡板付轡と三葉文楕円形杏葉の組合せ。新芦屋古墳は七世紀初頭に築造された古墳で、木で構築した埋葬施設に石棺を配した珍しい古墳として知られる。

馬は日下遺跡（大阪府）出土の骨格を基に、都井岬（宮崎県）に生息する在来馬である御崎馬を参考に肉付けされたもので、体高は約一・三メートルである。古墳時代の馬の形質をよくとらえた復元品として知られ、新開一号墳馬装復元模型（安土城考古博物館蔵）や上塩冶築山古墳馬装復元模型（当館蔵）など、同一型を使用した模型が複数存在している。現代人が馬としてイメージするサラブレッドやアラブ馬は、体高がかなり高く、当時の馬はいかにも小振りに見える。しかし、大型動物を見る機会の限られた古墳時代においては、金銀に輝く馬具を纏った飾馬は、さぞ威風堂々として見えたに違いない。（増田）

14
山代二子塚古墳出土品　円筒埴輪・革袋形須恵器

四点
円筒埴輪：高四四・五～四七・七　口径三二・〇
革袋形土器：幅七・〇
古墳時代後期（六世紀後半）
島根県松江市　島根県教育委員会

出雲最大の前方後方墳である山代二子塚古墳は、その内部主体は判明していないが、墳丘や周辺の調査で豊富な遺物が出土している。

山代二子塚古墳では、多くの円筒埴輪片が出土しているが、確認できるものの多くは三段のタガを持ち、二段目と三段目に楕円形のスカシ各二カ所を開けている。須恵質と土師質の両者が見られるが、黒斑の見られるものはない。

革袋形土器は獣革で作られた液体を入れる容器を模して須恵器で作られたもので、復元すると三日月形の体部の中程に壺の口縁部が取り付くような形態となる。体部外面には竹箇を用いた文様が施される。革袋形土器は県内では、東淵寺古墳や岩屋後古墳でも出土している。

これらのほか、四足獣の形象埴輪の足部分なども出土しており、多くの埴輪や須恵器子持壺で墳丘が飾られていた様子がうかがわれる。（林）

15
岩屋後古墳出土品　人物埴輪（複製）

一点
高四四・〇
現代（原品は古墳時代後期）
島根県松江市　島根県教育委員会
［現品　東京国立博物館］

松江市大草町の岩屋後古墳は、出雲東部最大規模の石棺式石室として知られている。明治期に墳丘が削られ、石室上部が露出しているが、この時に、特徴的な人物埴輪四体が発見されている。昭和五二年（一九七七）には発掘調査が行われ、墳裾近くから円筒埴輪や子持壺が出土している。

展示品は両手を挙げタスキを掛けたような衣装に身を包んだ人物で、髪の表現から女性だろうか。前代までに見られた、中央に直結した精巧な造形ではなく、素朴で個性的に表現された人物埴輪は在地でデザインされ生産されたと考えられる。（林）

16 手間古墳出土品　子持壺・円筒埴輪

四点
子持壺：横一〇・六　縦一〇・六、横八・〇　縦五・五　他
円筒埴輪：横二五・八　縦二三・〇
古墳時代後期(六世紀中頃〜後半)
島根県松江市　島根大学法文学部考古学研究室

手間古墳は松江市竹矢町に位置する全長六六メートルの前方後円墳で、後円部に造出を持つ。後円部には横穴式石室が造られていたと考えられるが、破壊され現存しない。

子持壺は墳丘各所から採取されており、完全に復元できるものはないがおおよその形態は把握できる。親壺にスカシを持たず、突帯を持たないなど出雲型子持壺でも古いタイプのものと考えられる。口縁部は外反するが、この形態はむしろ安来・米子地域に出土例が多く、これらの地域で製作された可能性も指摘される。また、石室用材と考えられる「荒島石」(安来市荒島地域で採取される凝灰岩)の屑が多量に残されており、被葬者が安来地域と極めて密接な関係にあったことが想定される。
(増田)

17 東淵寺古墳出土品　円筒埴輪・革袋形須恵器

四点
円筒埴輪：高四三・〇　径三五・〇
革袋形須恵器：縦五・〇　横五・二
古墳時代後期(六世紀後半)
島根県松江市　島根県教育委員会

東淵寺古墳は、松江市東郊の乃木段丘に位置する全長六二メートルの前方後円墳である。比較的規模の大きい前方後円墳として古くから知られていたものの、測量図もなく、墳丘形態の詳細や正確な墳丘規模は長らく不明であった。一九八〇年代以降、測量調査や発掘調査が行われ、周溝を持つ(後円部南側から西側を検出)当該期としては大型の前方後円墳であることが判明した。出土遺物には、出雲型子持壺をはじめとする須恵器類、円筒埴輪などがある。

円筒埴輪は二条三段と三条四段の二タイプからなる。底部調整に際し、円柱状工具によるタタキ調整を用いる意宇中枢域に共通する製作法を採用しながら、基底部を長く採り、凹線を入れて突帯の割付けを行うなど、イレギュラーな要素を併せ持つ。こうした特徴は同時期の出雲西部の最高首長墓である、上塩冶築山古墳出土円筒埴輪の一部にも見られ、同一工人集団による製作を想定する見解もある。革袋形須恵器は外面に竹管文を施す小片で、県内では岩屋後古墳や山代二子塚古墳などで出土している。大井窯群岩汐支群出土品にも類似例が見られ、大井窯で生産された可能性が高い。　(増田)

18 魚見塚古墳出土品　須恵器類

五点
有蓋高坏：径一四・五　高一八・〇、径一四・八　高一八・〇
直口壺：径一一・三　高一二・〇
古墳時代後期(六世紀後半)
島根県松江市　島根県教育委員会

魚見塚古墳は松江市東郊、大橋川北岸に位置する前方後円墳である。その立地や墳丘形態から長らく中期古墳とされていたが、採集された須恵器の年代観と大きく乖離することから議論を賑わせてきた。近年の発掘調査により出土遺物も増え、築造時期はおおむね六世紀第3四半期とする説にまとまりつつある。展示資料は、後円部裾付近で検出された溝に伴う一括資料で、遺構そのものの性格は明言できないものの、墳丘築造に伴う儀礼行為の所産である可能性が高い。

魚見塚古墳は、墳丘形態や立地、出土子持壺の形態等について、大橋川を挟んだ対岸に位置する手間古墳との共通性が指摘されている。また、前方後円墳は意宇中枢で採用されない墳形であり、こうした特質は意宇の最高首長を頂点とする出雲東部地域における、両古墳の被葬者の立ち位置を反映していると考えられる。魚見塚古墳は古代の「朝酌渡」推定地に近く、枉北道に隣接するなど、意宇郡から島根郡へ至る交通の要衝に位置することから、被葬者と島根郡の強い繋がりが想定される。
(増田)

19-1・2 寺尾窯跡・山津窯跡の須恵器類

二〇点
寺尾窯跡坏：幅八・〇
山津窯跡長頸瓶：高一九・五
山津窯跡壺：高一一・五
山津窯跡土馬：高一四・五　長さ一六・五
古墳時代(五世紀末〜六世紀)
島根県松江市　松江市教育委員会・島根県教育委員会

中海北西岸に位置する大井窯跡群は、多くの須恵器窯跡が集中することで知られ、全体としてはおよそ六世紀初頭頃から九世紀頃まで続く。その中心は七世紀前半代で、出雲各地で多くの古墳や横穴墓が造られた時期に一致する。

山津窯跡は中海に面した斜面に位置し、大井窯跡群の中でも古くからその存在が知られた窯跡群。遺跡の中心は七世紀前半代で、大井窯跡群の最盛期に一致し、蓋坏や高坏などの一般的な器種から、焼台と考えられるものや土馬など様々な器種を生産している。須恵器と同じ焼き方で作られた土馬は、手綱まで表現される精巧なもので、山津窯跡以外でも、大井窯跡群では多く生産されたようである。

寺尾窯跡群は発掘調査が行われていないが、多くの資料が採集されている。採集された須恵器には、蓋受けの高い坏や、天井と口縁部に明確な段が見られるものがあり、隣接する迫谷窯跡群とともに大井窯跡群では最も古い段階から須恵器生産が行われていたと見られる。
(林)

20 岩屋遺跡五号墳出土品　須恵器類・玉類

一二点
短頸壺：高一三・五　最大径二一
𤭯：高一三・五　口径一一・五
古墳時代後期(六世紀中葉〜七世紀初頭)
島根県松江市　島根県教育委員会

岩屋古墳群は、宍道湖南岸の玉造温泉西側の低丘陵に位置する。八基以上からなる古墳群だがいずれも一〇メートル前後の小型の古墳である。この内五号墳は斜面を「コ」の字形に削り、谷側に土を盛って造られた、いわゆる山寄せの古墳で、主体部は石棺三基。岩屋古墳群では二号墳ですでに出雲最古級の横穴式石室が採用されており、その後に造られる五号墳で横穴式石室ではなく石棺が採用されている点は、横穴式石室の導入を考える上で興味深い。

岩屋五号墳の三基の石棺の内の一基から男女各一体と子供の骨が、他の一基からは女性二体の骨が確認された他、子供の歯も発見されており、この古墳には計七人が葬られていたと考えられる。石棺の材質は地元では白粉石と呼ばれる石英安山岩質凝灰岩で、白くきめ細かい石材が使用されている。

五号墳からは石棺の内外から須恵器・鉄製品・玉類が出土している。この内、玉類はメノウ製の棗玉と、ガラス玉が発

見されている。須恵器は、蓋坏・𤭯の他、短頸壺が見られる。（林）

21 平所遺跡出土品　馬形埴輪・家形埴輪（重要文化財）

二点
馬形埴輪：長一〇二・〇　高八一・〇
家形埴輪：横五三・〇　縦三九・〇　高七九・〇
古墳時代後期（六世紀前半）
島根県松江市　島根県教育委員会

平所遺跡は松江市矢田町に位置し、昭和五〇年（一九七五）に発掘調査が行われた。埴輪窯跡の調査では、馬・家・鹿・人物・円筒等の埴輪が一括して出土した。「見返りの鹿」が特に有名だが、他の埴輪も写実性に富み、丁寧な造作を行っている。馬形埴輪は、馬や馬具類を写実的に表現しており、三体がそれぞれ微妙に異なる馬装を装着している。本資料は鈴付鏡板付轡が印象的な一頭で、尻繋には剣菱形杏葉を提げる。額にも小型ながら剣菱形杏葉とおぼしき飾具を提げる。家形埴輪は二点が復元されているが、本資料は火炎状の装飾を付けた巨大な破風を載せる大型のものである。網代文をはじめ細かな線刻が施されており、デフォルメの中にも建物の構造や部材を写実的に表そうとする工人の意識が垣間見られる。

これらの埴輪は、その写実性や造形技法から畿内の埴輪工人との技術交流を指摘する見解もあるが、出雲地域内でこれらに類似する埴輪は見つかっておらず、埴輪製作の系譜は後の時代に繋がらない。また現状では供給先の古墳も定かでなく、一括して古墳に供給されるはずが、何らかの事情でかなわなかったと考えられる。（増田）

22-1 大念寺古墳出土品　埴輪

四点
高一七・〇　幅一九・〇
古墳時代後期（六世紀）
島根県出雲市　出雲市

出雲市今市町にある大念寺古墳は、全長九二メートルを測り、出雲地方最大の前方後円墳である。松江市の山代二子塚古墳とほぼ同時期に造られたと考えられ、出雲の東西に最大級の古墳が並び立ったことになる。大念寺古墳の主体部は南西方向に開口する全長一二・八メートルの自然石や割石を積んだ横穴式石室で玄室には家形石棺が残されている。この家形石棺は長方形の横口を持つ、長さ三・三メートル、高さ一・七メートルの巨大なもので、全国でも最大規模とされる。また、現存しないがガウラントの記録によれば、前室にも組み合わせ式の石棺が置かれていたことが判っている。この石室が開口したのは文政九年（一八二六）と言われ、当時は多くの遺物が出土したとされるが、現在はその多くが散逸している。

展示した資料は墳丘から出土した円筒埴輪で、最大のもので一辺が一九センチメートルほどの破片。貼り付けたタガと縦方向に施されたハケ目が良好に残る。（林）

22-2 出雲簸川郡今市大念寺古墳発掘遺物図

一点
幅二八・五
江戸時代
島根県出雲市　個人蔵

大念寺古墳の石室は文政九年（一八二六）、寺の墓地の工事に際して開口した。石室が発見された当時は、内部から多くの遺物が出土したようだが、現在では、その多くが散逸し見ることができない。

石室の発見からまもなく描かれた「洞中細見之図」には、石室の様子や玄室奥の巨大な石棺、そして現在は失われている前室の第二の石棺まで位置や大きさが詳細に記され、主な出土品の一覧も記されている。

展示している図は、天保四年（一八三三）に、出土遺物の保管先で「模写」されたもので、丁寧に彩色され、小さな破片まで記録されている。大刀、槍などの大型の武具を始め、捩り環頭大刀の捩り環と思われる部材や六点の馬鐸、鍍金された鈴などが見られる。また、島根県県内では出土例のない金銅製のクツと思われる金属片が描かれている点が注目される。（林）

23-1 上塩冶築山古墳出土品　金銅製冠・金銀装円頭大刀・馬具類（重要文化財）

金銅製冠：横六・〇　縦一三・〇　他
金銀装円頭大刀：残存長一一四・〇
鞍金具：横二九・六　縦一四・六、横五五・八　縦四二・〇
轡：縦二二・〇　横一九・〇
雲珠：径一二・八
心葉形杏葉：横六・五　縦一一・四　他
古墳時代後期（六世紀後半）
島根県出雲市　出雲市

上塩冶築山古墳は、出雲平野の南部に所在する径約四六メートルの円墳。金銅製冠、円頭大刀、捩り環頭大刀、金銅装馬具、鉄矛、玉類などの豊富な副葬品が出土しており、大念寺古墳の被葬者に続き、出雲西部を押さえた最高首長の墓と考えられる。

金銅製冠は金銅帯板を鉢巻状に巻き、正面に立飾を持つもので、要所には歩揺が提げられている。近年の再調査で、立飾などの形状が変更された新たな復元案が提示された。全長三〇センチメートルを超える立飾は、他に金冠塚古墳（群馬県）出土例のみである。円頭大刀は銀板叩き出しで成形された柄頭と銀線巻きの柄を持ち、鞘に残る責金具は金銅製で、鞘口と鞘間には銀板の装飾も残る。刀身はやや内反りし、フクラ切先を持つ。馬具類は二セットが存在する。金銅装のセットは、透し十字文心葉形鏡板付轡と金銅装鞍金具（前輪および後輪）、金銅装雲珠、金銅装辻金具、金銅装透し心葉形杏葉で構成される。銀装馬具のセットは、轡の大部分を欠くが、銀装鞍金具に伴うと考えられる鞍、銀装雲珠、銀装辻金具、銀装心葉形杏葉が確認でき、新羅系の馬装と考えられている。この他、八画稜タイプの鋳造製銅鈴四点が知られており、いずれかの馬具セットに含まれる可能性があるが、出土位置が両馬具セットから大きく離れていることから即断はできない。

注目されるのは、主たる被葬者のものと考えられる大石棺には円頭大刀と銀装馬具が副葬されるのに対し、小石棺は金銅冠や金銀装馬具を伴い、明らかに豪華なことである。この点については、岡田山一号墳の小型家形石棺の被葬者についての議論を念頭に、「大和にトネリとして上番し、金銅冠や金銀装馬具などを携えて帰郷した」被葬者が、骨化した状態で埋葬されたとする意見もある。

上塩冶築山古墳の副葬品は残りもよく、種類も豊富であるため、平成九年（一九九八）には「馬上の大首長」として被葬者像の復元がなされた。その後の古墳研究の進展や、出土品の総合的研究によって新たに得られた知見も多く、最新の

研究による首長像とは多少とも異なる部分が生じている。当館常設展示室に並ぶ模型との違いを探してみるのも一興だろう。

（増田）

23-2 上塩冶築山古墳出土品　捩り環頭大刀（復元品）

一点
長一一五・〇
現代（原品は古墳時代後期）
島根県出雲市　島根県教育委員会［原品　出雲市］

上塩冶築山古墳出土の捩り環頭大刀を復元したものである。現品は小石棺出土と考えられ、刀身部は直接接合しない破片三片と鞘尻部、柄頭は捩り環頭とその基部が残されている。復元に際しては、全長一一五センチメートルとして設計図を引いた。鞘部には木質とその表面に巻き付けられた幅五ミリメートルの帯状の布と、銅板飾帯が残されている。帯布は約一ミリメートルずつ重ねながら巻かれており、金銅板の下には別の帯布を重ねた上で鋲留めしている。こうした拵えは藤ノ木古墳1号大刀にも見られ、これを参考として復元している。

柄は一木造であるが、周囲に紐状の滑り止めを巻いている。これには撚りや継ぎが見られず、材質が不明なため形状のみ復元している。刀身は、柄木に刻まれた溝に落とし込み、三カ所を目釘で留めている。柄頭は断面卵形の基部に鉄地銀張りの捩り環を差し込む。捩りは三八回確認でき、これに合わせて復元した。

大刀の第一印象を決めるものとして、色調が挙げられる。柄木や環頭などに漆等の痕跡はなく、色調を知る手がかりがないため白木のままとした。帯布も同様だが、複雑な造作は装飾的効果を期待したものと考えられるため、金銅板に重なる布はあえてカラフルなものとしてある。

捩り環頭大刀は出土例自体が限られ、復元に際しどうしても想像に頼らざるを得ない部分が多くなるが、本資料は現時点で出土品から読み取ることのできる最大限を盛り込んだ復元品といえる。

（増田）

24 築山遺跡三号墳出土品　捩り環頭大刀

一点
横九・〇　縦五・八
古墳時代後期（六世紀後半）
島根県出雲市　出雲市

築山遺跡は神戸川右岸の微高地に位置し、上塩冶築山古墳の周辺に広がる遺跡である。都市計画道路等の整備に伴い平成一五年（二〇〇三）から発掘調査が進められ、築山古墳の南側から東側にかけて計八基（一基は推定）の円墳が確認された。いずれの古墳も墳丘が削平されているが、径六・八から二四メートルの周溝を持つ円墳である。主体部の痕跡が残されていないものも多く、出土した副葬品も断片的なものと考えられる。しかし、内容を見ると金銅装馬具や銀装大刀を持つものも含まれ、上塩冶築山古墳の被葬者と密接な関係にある者たちの墓と考えられる。三号墳からは、銀環や銅椀片、捩り環頭、金薄板、鉄鏃等が出土した。捩り環頭は鉄芯銀張りで、端部には木質もしくは鹿角質の付着物が残る。捩り環頭大刀は県内でわずか数例が知られているに過ぎず、上塩冶築山古墳（No.23）、大念寺古墳（現存せず）とごく近隣に集中している点が注目される。築山遺跡の南方には、上塩冶横穴墓群が営まれており、上塩冶築山古墳の被葬者を頂点とする当時の社会構造を垣間見ることができる事例といえる。

（増田）

25 妙蓮寺山古墳出土品　円頭大刀柄頭・馬具類・須恵器類

四点
円頭大刀柄頭：長七・五　幅五
馬具（辻金具）：長七・二　幅五　高二・七
須恵器：幅四
古墳時代後期（六世紀末〜七世紀前半）
島根県出雲市　島根県教育委員会

妙蓮寺古墳は神戸川の左岸、出雲市古志町の低丘陵に築かれた全長四九メートルの前方後円墳で、主体部は自然石を積んだ横穴式石室である。昭和三八年（一九六三）に行われた発掘調査時には円筒埴輪が発見されており、墳丘上に立て並べられていたと推定されている。石室は古くから開口しており、昭和三〇年代に島根県立出雲高等学校が羨道部・玄室内の清掃を行い、昭和三八年には島根県教育委員会を始めとする調査団が発掘調査を行っている。

円頭大刀の柄頭は鉄製で銀象嵌による文様が施される。馬具としたものは辻金具で、四方向に出る足の三本を欠くが、残る一本に鍍金が残されている。頂部には花形座を打ち出しているが、そこに打ち込まれたはずの鋲は失われている。

須恵器類はいずれも小片だが、坏の底部と高坏の脚部と思われる。

（林）

26 国富中村古墳出土品　珠文鏡・金銅製鈴・金環・馬具類・須恵器類

二三点
珠文鏡：径七・六
金銅製鈴：径四・〇　高五・〇　他
金環：径三・四
心葉形斜格子文鏡板付轡：長二二・〇
雲珠：径一四・六
格子文杏葉：横八・八　縦八・七
花形鏡板付轡
辻金具：径一三・二
花形杏葉：横一〇・〇　縦九・八
子持壺：高五二・五
𤭯：高一三・七
台付有蓋長頸壺：高二三・〇
高坏：高一二・九
古墳時代後期（六世紀末〜七世紀初頭）
島根県出雲市　出雲市

国富中村古墳は、出雲平野北端の北山山系の麓に位置する径三〇メートルの円墳である。未盗掘古墳として工事中に不時発見され、発掘調査が行われた。石室入り口側は完全に閉塞されたままで、そのまま保存されたため石室全長は不明だが、割石および切石を用いた複室構造の堂々たる横穴式石室を持つ。玄室には横口式の組合式家形石棺が置かれており、蓋石は破壊されていた。前室には組合式箱形石棺があり、被葬者は頭部を奥側にして葬られていたと考えられる。床面は玉砂利が一面に敷かれている。

国富中村古墳は完全に閉塞されたままだったこともあり、豊富な副葬品が残されていた。副葬品は、両石棺の周辺や奥壁沿いなどいくつかのグループに分かれており、一部には毀損行為や移動の形跡が見られる。珠文鏡は二列の珠文を内区主文部に配しており、御崎山古墳出土品（No.12）などの類例がある。金銅製鈴は半球状に叩き出したパーツを組合せ、別作りの鉏を差し込んでいる。大刀は三振が残されていたが、倭装大刀・金銅装大刀・圭頭大刀といずれも様式や拵えが異なる。馬具類は三セットが確認でき、花形鏡板付轡のセット、心葉形斜格子文鏡板付轡のセット、素環鏡板付轡のセットがある。それぞれ花形と心葉形の杏葉が組み合わせられており、雲珠・辻金具・鉸具などが付属する。

国富中村古墳は出土須恵器の年代観から、六世紀末から七世紀初頭の築造と考えられる。注目されるのは、初装者の埋葬および追装者の埋葬後、石棺蓋の破壊や副葬品の再配置、収骨などの行為が二度にわたって行われた可能性が高い点である。こうした行為は、全国的にもさほど例がないが、被葬者との関係を断ち切り、再生を阻止する意図があったと考えられる。

（増田）

27　下石橋愛宕塚古墳出土品　須恵器大甕・長胴形大甕・馬具類

須恵器甕　二点
大甕：高四三・〇　径四六・六
長胴形大甕：高六六・〇　径五〇・〇
馬具　九点
杏葉：縦九・七　横十・二
鞖《しおで》：縦七・〇　横六・〇
雲珠《うず》：径一六・〇
古墳時代後期（六世紀末～七世紀初頭）
栃木県下野市　栃木県立博物館

下石橋愛宕塚古墳は、六世紀末から七世紀初頭に築造された墳丘長八四メートルの帆立貝式古墳で、昭和四七年（一九七二）に東北新幹線の建設工事に伴い最初の発掘調査が行われた。前室・後室からなる複室構造の横穴式石室を持つ。玄室は下野型石棺式石室とも呼ばれる、凝灰岩製の切石を積み上げた独特なもので、山陰地域における石棺式石室との類似性を指摘する意見もある。

下石橋愛宕塚古墳からは、鉄地金銅張の花形鏡板付轡、同意匠の杏葉、大型の雲珠などからなる馬具や、唐草文状の透彫りを持つ鞍もしくは冠の破片、鉄鏃などが出土した。また墳丘や前庭部から須恵器甕類が数多く出土しており、特に平成三〇年（二〇一八）に存在が判明した長胴形の大甕は他に例を見ない。この大甕は下半部を埋めて埴輪のごとく墳頂に据えられていたと考えられ、上野遺跡出土例（№9）を彷彿とさせるプロポーションを持つ。こうした点からも、山陰地域との類似性を読み取ることができよう。

（増田）

28　国分寺愛宕塚古墳出土品　須恵器脚付壺・子持壺・𤭯《はそう》

八点
脚付壺：高二一・九
子持壺：高一〇・二
𤭯：高一七・〇　径十一・二
古墳時代後期（六世紀末～七世紀初頭）
栃木県下野市　下野市教育委員会

国分寺愛宕塚古墳は推定長約七八メートルの前方後円墳で、周溝を含めると一〇〇メートルを超える、当地を代表する後期古墳である。永らく発掘調査の機会がなく、表採資料が知られる程度であったが、栃木県埋蔵文化財センターにより平成二四年度から範囲確認のための調査が行われた。横穴式石室の側壁は、玄室を含め河原石を積み上げており、当地に見られる切石を用いた石棺式石室とは異なっている。

出土遺物には金銅装馬具類、耳環などがあるが、注目されるのは須恵器類である。昭和三年（一九二八）、墳丘に鎮座する愛宕神社改築に際し、スカシ付き脚部（器台）を持つ壺や子持壺が掘り出されている。これらは当地では他に例のない特殊なもので、その取扱いも含め山陰地域の出雲型子持壺に類似する。古墳時代後期の出雲的な古墳文化を部分的に取り込んだものとも考えられる。

（増田）

第2章　筑紫君磐井の栄華

29　岩戸山古墳出土品　石馬（福岡県指定文化財）

一点
長約一五五・〇　幅四五・〇　高七七・〇
古墳時代後期（六世紀前半）
福岡県八女市　正福寺

岩戸山古墳は福岡県の南西部、八女丘陵上に築かれた全長一三八メートルの前方後円墳で、筑紫君磐井の墓とされている。墳丘は九州北部最大規模を誇り、周濠・周堤を持つとともに、後円部に一辺約四三メートルの広大な別区を備える。岩戸山古墳は墳丘上に多数の石製表飾、いわゆる石人・石馬等を樹立し、その数は大小合わせて一〇〇点を超える。同時に朝顔形を含む円筒埴輪類、人物・家・動物などの形象埴輪類も出土しており、これらが墳丘上や周堤・別区などに整然と樹立されていたと考えられる。

岩戸山古墳の石馬は、写実的な馬具表現で知られる。胸繋には馬鐸が表現され、尻繋には三葉文楕円形杏葉が並んでいる。鞍や障泥、輪鐙は、それぞれが段差をつけて浮き彫りにされており、馬具の重なり具合を絶妙に表現している。頭部は残っていないが、総重量四〇〇キログラムを超えるその堂々たる姿は、有明海沿岸域の盟主たる筑紫君磐井にふさわしい存在感を持っている。

（増田）

30　石馬谷古墳出土品　石馬（複製品）

一点
長一四七・五　高六〇・〇
現代（原品は古墳時代後期）
鳥取県米子市　米子市教育委員会［原品：天神垣神社］

石馬谷古墳は米子市東郊の淀江平野を望む丘陵上に位置する。全長六一メートルの前方後円墳で、古墳時代後期（六世紀）の築造と考えられるが、埋葬施設は不明である。天神垣神社（米子市淀江町）に伝わる石馬は、本古墳に置かれていたとされ、江戸時代には「石馬大明神」として祀られていたといわれる。角閃石安山岩を彫り込んで成形されており、前脚の一部を欠くもののほぼ全身が残されている。永年の風雨等により、造形の詳細は判別しがたいが、手綱や鞍、障泥などの存在を把握することができる。石馬谷例は岩戸山古墳以外で唯一の石馬として知られ、同時に九州外で確認された唯一の石製表飾でもある。その製作技法や造形表現について、岩戸山例との類似を指摘する見解もあり、両古墳の石馬製作者に何らかの繋がりがあったと考える研究者も少なくない。

（増田）

31　磐井の戦い

早川和子画
一点
横三九・二　縦二八・〇
現代
大阪府高槻市　高槻市教育委員会

早川和子は復元画の第一人者。発掘調査事務所で働くなかで、自身がアニメーションの動画を手がけた経験を生かし、古の人々の暮らしや出来事を描き始めた。三〇年あまりの問に描かれた数多くの復元画は、その間の日本考古学の歩みと重なる。これらの復元画は、考古学のデータや歴史研究の成果に裏打ちされたものであると同時に、氏ならではのどこか愛嬌のある登場人物たちによって独特の世界を作り出している。

『磐井の戦い』は継体二一年（五二八）から翌年にかけて起きた、筑紫君磐井（筑紫国造磐井）とヤマト王権の軍勢による、いわゆる「磐井の乱」を描く。継体天皇に従わなかった磐井は、物部麁鹿火率いる軍勢と筑紫国御井（三井）郡で衝突し敗北、磐井は戦死したとされる。「磐井の乱」は、古くは中央政権に対する地方豪族の反乱という評価が一般的であったが、国家形成期における王権と地方勢力の軍事衝突とする見解など異論も多く、必ずしも一致を見ていない。（増田）

32 釈日本紀《しゃくにほんぎ》　巻十三（筑後国風土記逸文）

一冊

縦二六・八　横一九・五

江戸時代（一七〜一九世紀）

島根県出雲市　島根県教育委員会

鎌倉時代後期の文永《ぶんえい》一一年（一二七四）から正安《しょうあん》三年（一三〇一）の間に成立した、卜部兼方《うらべのかねかた》による『日本書紀』の注釈書で、全二八巻。注釈を施すにあたり、数多くの古書が引用されているが、その多くが現在では散逸しているため、単に『日本書紀』の注釈というだけではなく、その古書を逸文という形で知ることができるという点でも大きな意味をもつ。「風土記」に関しても、二〇以上の逸文が引用されており、巻十三には『筑後国風土記』（『筑紫国風土記』）の筑紫国造磐井《いわい》の墓に関する記述がある。

それによると、磐井の墓は高さ七丈（約二一メートル）、周長六丈（六〇丈〈約一八〇メートル〉の間違いの可能性）で、石人や石楯、石猪や石馬などがあると記されている。なお、福岡県八女《やめ》市所在の岩戸山《いわとやま》古墳からは、多数の石人や石楯、石馬（No.29）などの石製品が見つかっており、これは『筑後国風土記』逸文の記述を裏付けるものといえ、岩戸山古墳は磐井の墓に比定されている。（吉永）

33 日本書紀　巻十七（継体天皇二十二年条）

一冊

縦二六・〇　横一八・一

江戸時代（寛政《かんせい》五年〈一七九三〉）

島根県出雲市　島根県教育委員会

日本最初の正史で、養老《ようろう》四年（七二〇）に完成し、舎人《とねり》親王が奏上した『日本書紀』の版本。全三〇巻で、神代から持統までを編年体で記している。そのうち、巻十七は、応神五世孫とされる継体の一代記で、いわゆる百済《くだら》への任那《みまな》四県割譲問題など、対外関係記事が多くみられるという特徴がある。本展での展示箇所である継体二一年（五二七）条もそのひとつといえ、新羅《しらぎ》と結んだ筑紫国造磐井が朝鮮半島諸国の船を誘致したり、毛野臣《けぬのおみ》の任那への進軍を妨げたりするなど、反乱を起こしたのに対して、その鎮圧に物部麁鹿火《あらかい》の派遣が決められたというものである。そして、翌継体二二年（五二八）、派遣された麁鹿火の手で磐井は倒され、その息子である葛子《くずこ》は連座《れんざ》による死を恐れ、糟屋屯倉《かすやのみやけ》を献上したことが記されている。なお、本書は、備中国小田郡笠岡《かさおか》（現在の岡山県笠岡市）の神職で、国学者でもあった小寺清先《こでらきよさき》（一七四八—一八二七）が訓点を加え、寛政五年（一七九三）に刊行した『校正日本書紀』である。（吉永）

34 筑後将士軍談《ちくごしょうしぐんだん》　巻之五十一、五十二

一冊

縦二六・六　横一八・九

江戸時代（嘉永六年〈一八五三〉）

福岡県久留米市　久留米市立中央図書館

久留米《くるめ》藩士で、明治維新後は諸神社の祠官《しかん》を務めた矢野一貞《かずさだ》（一七九四—一八七九）が著した筑後国の地誌。全六〇巻からなり、一貞の記した序には、筑後国の事跡に関して詳細のわからないことが多いことを憂い、時間をみつけて村里や山野を巡り、伝聞遺事や古記を収集し、それらから判明したことを踏まえて嘉永《かえい》五年（一八五二）の秋に筆をとり、翌春に原稿を完成させ、「筑後将士軍談」と名づけたとある。現在、『筑後国史』の名でよく知られるが、これは久米邦武《くめくにたけ》が一貞の記述や考証の優れていることに驚嘆し、「筑後将士軍談」ではなく、「筑後国史」と改題することが適当と説いたことによるとされており、本書の内容の充実ぶりを窺わせる。

巻五十一には、吉田村（現在の八女市吉田）岩戸山の様子や石人、石馬が描かれており、とりわけ、岩戸山の形が風土記（『釈日本紀』〈No.32〉の引用する『筑後国風土記』のこと）の記述と合致するという指摘は鋭く、一貞が優れた学者であったことを示唆する。（吉永）

35-1・2 立山山《たちやまやま》八号・一三号墳出土品　金製耳飾・猪形埴輪・猿面埴輪・鞍に跨った貴人埴輪

金製垂飾付き耳飾　一点：全長九・五　耳環径二・〇

猪形埴輪　一点：全長五七・五　幅一九・〇　高五五・〇

猿面埴輪　一点：縦一一・八　横一〇・〇　高五・〇

鞍に跨った貴人埴輪　一点：高七三・〇　幅三五・〇

古墳時代後期（六世紀前半〜中頃）

福岡県八女市　八女市

立山山古墳群は、福岡県八女市大字本字立山《ほんあざたちやま》のいわゆる八女丘陵上に所在し、著名な岩戸山古墳から三・四キロメートルほど東の地点に位置する。古墳群の築造は五世紀初頭から始まるが、八号墳は六世紀前半から中頃に築造されている。立山山古墳群の所在する同一丘陵の先端には立山山埴輪窯跡群があり、ここで製作された埴輪は岩戸山古墳にも供給されたことが知られている。

八号墳は、直径三四メートルの大きな円墳であり、多くの円筒埴輪をはじめ、人物（男性・巫女）、飾り馬、猪、猿、家、盾など多様な埴輪を樹立している点で、古墳群の中で一際傑出している存在である。八号墳に樹立された埴輪群も立山山埴輪窯跡群で製作されたものである。

この古墳の副葬品の中には、朝鮮半島南部の大伽耶系《おおがやけい》とされる金製垂飾付き耳飾をはじめ、玉類、鉄鏃五〇本以上、挂甲、弓付属金具が出土している。金製垂飾付き耳飾は、細身の耳環に小環、小空玉を繋ぎ、さらに歩揺付きの兵庫鎖《ひょうごぐさり》を挟んで最下端に山梔子形《くちなしがた》の垂下飾を付けた緻密な意匠の製品である。

これらのことから立山山八号墳の被葬者は、筑紫君磐井やその一族に近臣として仕えつつ、朝鮮半島外交にも活躍した人物が想定される。（岩橋）

36
江田穴観音古墳出土品　杏葉・金環・勾玉

三点
杏葉：縦八・五　横七・五
金環：径二・二
勾玉：長二・二
古墳時代後期（六世紀後半～七世紀初頭）
熊本県玉名郡和水町　京都大学総合博物館

江田穴観音古墳は、熊本県北西部、玉名平野の最奥部に築かれた直径約一七メートルの円墳である。全長約九メートルの複室構造を持つ横穴式石室は、両壁・天井とも切石の一枚岩を用いており、前室・後室とも刳抜玄門が採用されている。こうした石室構造は、山陰地域における石棺式石室と類似点が多い。現状はたき火による黒い煤で覆われているが、羨道などにわずかに赤色顔料を確認することができる。屍床は前室に二カ所、後室に三カ所あり、六世紀後半から七世紀に至る追葬が想定されている。

この古墳は古くから開口していたこともあり、出土遺物が限られるが、金銅張の心葉形杏葉二点と、金環、ガラス製勾玉などが知られている。杏葉は三枚の金銅板で構成され、台板にパルメット文を透かし彫りした文様板を重ね、縁金を鋲留めする。立聞の穴は横長で、釣金具には帯状の金銅板を廻し入れている。心葉形鏡板付轡と心葉形杏葉の年代観では、七世紀初頭頃に位置づけられる。（増田）

37
国越古墳出土品
鹿角製玉飾・鉄鉾・鏡・捩り環頭金具・勾玉・空玉・ガラス玉・鋤先・金環・須恵器類

玉飾：径三・二
鉄鉾：長二二・〇
鏡：径一七・五　径一五・〇　径九・五
捩り環頭：長五・七
勾玉：長四・五
鋤先：横一二・〇　縦一一・五
金環：径三・六　径三・五
台付長頸壺：径一二・八　高二四・八
古墳時代後期（六世紀前半）
熊本県宇城市　熊本県教育委員会

国越古墳は宇土半島南岸の、海を望む台地上に築かれた、全長六二・五メートルの前方後円墳である。後円部に横穴式石室を持ち、玄室の入口には把手を削り出した扉石が立てられている。玄室には奥壁側に家形石棺（石屋形）を納め、左右に屍床を配置する。石棺は赤・青・白・緑の四色で塗り分けられた、直孤文や鍵ノ手文で飾られていたことでも有名である。昭和四一年（一九六六）の発掘調査では、多彩な副葬品が出土した。石棺内からは人骨二体と、画文帯神獣鏡一面、鹿角製玉飾付鉄鉾、鉄鏃、玉類などが出土した。一方東側屍床には四獣鏡一面、金環、銀環、武器類が、西側屍床には人骨一体と獣帯文鏡一面、金環、玉類、鉄鉾などが残されていた。このほか、石棺前の区画には鋤先等の鉄製品や玉類などとともに、銅椀一点が置かれていた。また墳丘裾などからは、円筒埴輪・器財埴輪・形象埴輪が見つかっている。

国越古墳は彩色された石棺や銅鏡三面・玉飾付鉄鉾・金環等の優品を持つ古墳として著名だが、陽刻門を施した扉石（閉塞石）も注目される。陽刻門を持つ閉塞石は、九州でも数例知られるのみだが、石棺式石室を採用する出雲東部地域では採用例が多い。こうした状況から、出雲東部地域で盛行した石棺式石室の成立には、肥後地域の影響が少なからずあったと考えられている。（増田）

38
椿原《つばわら》古墳出土品　須恵器類

六点
坏蓋：径一一・七
甕：径一一・七　高八・三、径一八・八　高二二・三
高坏：径一三・六　高一一・四、径一二・〇　高一五・三
台付壺：径一八・二　高一八・八
古墳時代後期～終末期（七世紀前半）
熊本県宇土市　宇土市教育委員会

椿原古墳は熊本県の中央部、宇土半島基部に位置する。墳丘の大部分は残っていないが、周溝や列石の様子から一辺約一九メートルの方墳と考えられる。南西方向に開口する単室の横穴式石室を持ち、玄門はコの字形に抜かれた板石を組み合わせた刳抜玄門を採用する。使用石材は在地の安山岩を主体とするが、玄門には阿蘇ピンク石、楣石には阿蘇灰黒石が用いられる。出土遺物には、各種須恵器類と鉄器小片があるが、その年代観から築造時期は概ね七世紀前半と考えられる。

刳抜玄門は、五世紀後半から末に江田船山古墳や石之室古墳などに採用された妻入横口式家形石棺の系譜を引いていると考えられている。六世紀中葉以降、肥後地域の横穴式石室に採用する例が現れるが、これらの製作には妻入横口式石棺の製作工人が関与したと考えられる。一方で、刳抜玄門は山陰地域で採用される石棺式石室に通有の要素でもあり、両地域間の深いつながりを示唆するものである。（増田）

39
鹿部《ししぶ》田渕《たぶち》遺跡《いせき》出土品
似非《えせ》土師須恵器・須恵器類

四点
須恵器坏：径一三・二　他
似非土師須恵器甑：径三二・六　高三一・〇
似非土師須恵器坏：径一五・六
似非土師須恵器甕：径二七・六　高三四・八　他
古墳時代後期（六世紀中頃）
福岡県古賀市　古賀市教育委員会

鹿部田渕遺跡は玄界灘に面した、鹿部山山麓に続く丘陵上に展開する遺跡である。発掘調査により、溝により東西を区画された大型建物群が検出されたことで知られる。総柱建物二棟、側柱建物一棟、庇付側柱建物一棟のほか、柵列、門状遺構などが確認され、これらが方位をそろえて整然と配置されていた。こうした状況から、官衙的性格の強い建物群と考えられる。出土品は限られるが、区画溝などから六世紀中頃から後半の土器類が出土しており、建物群の時期の目安となっている。

鹿部田渕遺跡のある糟屋郡は、「磐井の乱」の後、筑紫君葛子が献上した糟屋屯倉が設置された場所であり、筑紫君磐井が朝鮮半島の使者を招き入れたともいわれる。こうしたことから、検出された建物群も屯倉に関する施設ではないかと推定される。（増田）

40
牛頸窯跡群出土品　須恵器類・「大神部見乃官」銘ヘラ書き甕

三二点
蓋坏：径一三・八　高四・一、径一二・〇　高四・五　他
𤭯：径一〇・五　高一三・五
高坏：径一四・五　高一六・〇
高台付埦：径一四・五　高九・六
平瓶：径一九・〇　高一四・五

皿：径一七・四　高一・六、径二〇・三　高二・〇　他
「大神部見乃官」ヘラ書き甕：径五四・〇　残存高　一六・〇
古墳時代後期〜奈良時代（六世紀中葉〜七世紀中葉）
福岡県大野城市　大野城市教育委員会

牛頸須恵器窯跡群は、大野城市南部を中心に春日市、太宰府市を含む一帯に広がる須恵器窯跡群で、未調査のものを含め五〇〇基以上が存在したと想定されている。六世紀中頃から九世紀中頃まで、およそ三〇〇年間にわたり操業したと考えられる。基本的には須恵器生産を主体とする窯であるが、九州では例の少ない陶棺や、七世紀前半頃の瓦なども出土している。

牛頸窯跡群ではヘラ書き須恵器が五カ所の窯跡から出土している。ヘラ書きには「筑紫前国奈珂郡」といった地名、「大神部」「内椋人」などの氏族・人名が見える。特に七世紀から八世紀中頃のヘラ書きに、大神《オオミワ》系の名を持つ工人名が度々登場することから、本窯跡群では大神部が須恵器生産に主体的に携わったと考えられる。ミワ系氏族と須恵器生産の関わりは様々な面から指摘されており、陶邑窯跡群にも同名の氏族が確認できる。牛頸窯跡群は宣化元年（五三七）に筑紫に設置される那津官家との関係が指摘されており、その出土資料はミヤケ制・部民制に基づいた、九州における須恵器生産の様相の一端を知ることができる点で重要である。　（増田）

41　**石人山古墳出土品　形象埴輪類**

四点
埴輪（人物腕）：長二七・〇
埴輪（動物脚か）：長一一・七
埴輪（甲冑）：長一八・〇、一四・一
古墳時代中期（五世紀中頃）
福岡県八女郡広川町　京都大学総合博物館

石人山古墳は、八女丘陵上に築かれた全長約一〇七メートルの前方後円墳である。前方部は二段築成、後円部は三段築成で、北側のくびれ部に造出を持つ。後円部の横穴式石室内には、装飾文様が浮き彫りにされた妻入横口式家形石棺が納められている。後円部などに樹立された石人が古くから知られており、近世には筑紫君磐井の墓とされていたが、現在はより古い築造時期が想定されている。出土遺物は初期須恵器や埴輪が知られており、五世紀前半から中葉頃に位置づけられる。阿蘇溶結凝灰岩（阿蘇石）を用いた妻入横口式家形石棺や甲冑形の石製表飾の存在を考慮すれば、石人山古墳の被葬者が九州中北部を広域に押さえた最有力首長であったことは明らかであり、後の筑紫君一族に繋がる人物であった可能性が高い。　（増田）

43　**比恵《ひえ》遺跡《いせき》出土品　須恵器類**

四点
最大のもので直径一四・五　高五・〇
古墳時代後期（六世紀中頃〜後半）
福岡県福岡市　福岡市教育委員会

比恵遺跡群は、ＪＲ博多駅の南に広がる低丘陵上にある弥生時代から室町時代にかけての複合遺跡であり、遺跡の面積は七〇ヘクタールに及ぶ。複数回に及ぶ発掘調査により、一辺五〇から六〇メートルほどの三本柱柵で囲まれた区画内に、高床倉庫一〇棟が三列に並ぶ遺構が発見された。また、遺跡内の別の地点では三本柱柵で囲繞された倉庫群が二か所で見つかり、さらに長大な門状の建物の両側に三本柱柵が接続する政庁的施設の一角も発見された。三本柱柵は、通常なら一本柱で構成する柵列を、三本の柱を並列させて構築する厳重な柵であり、「ミヤケ」など六世紀中頃以降に公権力により設置された施設に特徴的な構造物である。

比恵遺跡群の建物の年代は、六世紀後葉から七世紀中頃であり、日本書紀宣化《せんか》天皇《てんのう》元年条（五三六）に設置記事がみられる「那津官家《なのつのみやけ》」に該当する可能性が指摘され、平成一三年（二〇〇一）には国指定史跡に指定されている　（岩橋）

44　**東光寺《とうこうじ》剣塚《けんづか》古墳《こふん》出土品　円筒埴輪・朝顔形埴輪・形象埴輪**

五点
円筒埴輪：二点　高五五・〇　口径三一・〇
朝顔形埴輪：一点　高七二・五　口径三〇・〇
　底径二〇・三
形象埴輪：二点　高五一・〇　底部径二七・〇
　高三六・〇　底部径二〇・五
古墳時代後期（六世紀中頃）
福岡県福岡市　福岡市教育委員会・福岡市博物館

東光寺剣塚古墳は、福岡市博多区に所在する。周囲に二重の周濠を備えた前方後円墳で墳長は七五メートル前後、周濠を含めた総全長は一二六メートルに達する古墳である。埋葬施設としては、全長九メートルの複室構造の横穴式石室が知られている。

出土している円筒埴輪は、継体王権と関わりのある古墳に樹立される傾向を指摘される最下段突帯の「断続ナデ技法」が見られるものが三割程度あり注目される。また、上半身のみを表現した巫女形埴輪は頭部を欠損するが、胸に乳房を表現する粘土塊を貼り付け、頸部に玉飾りを表現している。もう一体の人物埴輪は足首より先しか残存していないが、足首に「足玉」とみられる表現が見られることから女性であり、かつ今城塚古墳などの巫女表現と共通する点を重視すれば巫女形埴輪とみて差し支えない。

六世紀中頃から七世紀代の大規模な三本柱柵列状遺構や倉庫群が発見され、日本書紀宣化天皇元年条（五三六年）に記載された「那津官家《なのつのみやけ》」の比定地である比恵《ひえ》遺跡《いせき》はこの古墳の西隣に隣接している。このことから東光寺剣塚古墳の被葬者は、「那津官家」を管掌した人物である可能性が指摘されている。　（岩橋）

45　**白石原《しろいしばる》遺跡《いせき》出土品　土製支脚・移動式竈・甑・甕**

一二点
土製支脚《どせいしきゃく》：五点　最大のもので高一六・三　底部径九・〇
移動式竈《いどうしきかまど》：一点　高三七・五　幅四一・〇
甑《こしき》：二点　最大のもので、復元口径二五・四　高二七・七
甕《かめ》：四点　最大のもので、復元口径一七・九　高二九・〇
古墳時代後期（六世紀）
佐賀県佐賀市　佐賀市教育委員会

佐賀市久保泉町に所在する。佐賀平野北端の台地上に立地する複合遺跡で、古墳時代後期の遺構に限れば、竪穴建物百〇二棟以上、掘立柱建物百四六棟以上と多数の井戸などが確認されている。この遺跡からは二〇個体（Ⅳ類十八、Ⅱ類二）の土製支脚が出土しているが、これは佐賀県内では最多の出土量である。有明海沿岸地域の土製支脚は、甕を支える先端が単頭（Ⅳ類）であることから、最低でも三個体を同時に使用して甕を支える。

有明海沿岸地域での土製支脚使用は五世紀末ごろに開始される。筑後地域では「磐井の乱」後に衰退し、肥後地域では「磐井の乱」後に使用が始まるのに対し、肥前地域では六

世紀を通じて継続的に使用されたことが知られている。このことから山陰地域に伝播した土製支脚は、肥前地域にルーツを持つものが、途中で形態の変容を経てもたらされた可能性が高いものと考えられる。　（岩橋）

46-1・2 山陰地域の煮炊具 石田遺跡・平ラⅡ遺跡・穴神横穴墓群・三田谷Ⅰ遺跡・高津遺跡

一一点
移動式竈《いどうしきかまど》（石田遺跡）：一点　器高三四・六
甕（石田遺跡）：一点　口径二一・七　胴部最大径三〇・〇
土製支脚《どせいしきゃく》（石田遺跡・三田谷Ⅰ遺跡）：四点
最大のもので器高一七・二　底径一一・二
甑（平ラⅡ遺跡）：一点　器高二五・三　底径九・〇
甕（穴神二号横穴墓）：一点　口径一七・八　器高二二・五
土製支脚（高津遺跡）：三点
最大のもので底径一二・〇　高一五・六
古墳時代後期（六世紀後半）
島根県出雲市　島根県教育委員会
島根県江津市　江津市教育委員会

出雲地域を中心に西は江津市まで、東は鳥取県湯梨浜町付近まで山陰地域の沿岸部に分布する六世紀後半から七世紀の煮炊き具である。当地域では、竪穴住居内に造り付けカマドを設置する炊飯形態が定着しないこともあり、移動式竈と甕（鍋）、甑を用いた炊飯形態が定着する。

さらに出雲地域では、土製支脚という五徳状の道具を用いて甕（鍋）を地面から浮かせて火にかける炊飯形態が爆発的に普及する。このような台所道具セットは日本広しといえども山陰地域中央部独自のものであり、きわめて個性的である。

近年まで、山陰地域の土製支脚がこの地域内で自生的に発生するのか、他地域からの影響によって登場するのか、全く不明な状況であった。近年の調査研究の進展により、六世紀代には、九州北部地域の中でも有明海沿岸地域にのみ集中的に分布することが明らかとなり、山陰地域の土製支脚のルーツと考えられるようになった。　（岩橋）

47 浦田遺跡《うらたいせき》出土品　黒色研磨須恵器模倣土師器《こくしょくけんますえきもほうはじき》

一二点
最大のもので口径一三・四　高四・七
古墳時代後期（六世紀初頭～中頃）
佐賀県神崎郡吉野ヶ里町　佐賀県教育委員会

浦田遺跡は、佐賀県神崎郡吉野ヶ里町三津の標高四〇メートル前後の舌状丘陵上に位置している。弥生時代の大環濠集落として著名な吉野ヶ里遺跡の同一丘陵の二キロメートルほど北側に所在している。この遺跡は、古墳時代から平安時代の集落跡であるが、六世紀代では二七棟の竪穴建物が確認されている。

展示資料の須恵器模倣土師器は、同遺跡で百個体以上出土しているものの一部である。浦田遺跡では、須恵器模倣土師器のうち四割程度が炭素吸着による黒色処理の後、研磨したものである。

黒色研磨須恵器模倣土師器は五世紀後半に出現するが、九州北部の中でも有明海沿岸地域と関東地方に集中して分布しており、それ以外の地域では極めて稀な土器である。

島根県の平ノ前遺跡や高津遺跡にもたらされた黒色研磨須恵器模倣土師器は、有明海沿岸地域から搬入されたと考えられ、土製支脚などと共に両地域の交流・交易を考えるうえで重要な資料である。　（岩橋）

48 高津遺跡出土品　黒色研磨須恵器模倣土師器

五点
最大のもので直径一五・〇　高五・三
古墳時代後期（六世紀中頃）
島根県江津市　江津市教育委員会

高津遺跡は、島根県江津市都治町に所在する。日本海からは直線距離で二・四キロメートルであるが、砂丘や低丘陵に阻まれ海側からは視認できない。この遺跡は、江の川支流の都治川《つちがわ》が形成した小盆地内にあり、弥生時代後期から古墳時代初頭に一旦発展した後、古墳時代中期には衰退する。古墳時代後期の江の川下流右岸地域では、大規模な集落遺跡が少なく、古墳や横穴墓群の築造も低調であることから人口が少なく開発があまり進んでいなかったと推定される。

そのような状況の中、六世紀中頃以降に再び集落が形成されてきたことが、出土土器などからうかがえる。中でも注目されるのは、有明海沿岸地域に出自を持つ黒色研磨須恵器模倣土師器が四十個体以上出土している点である。島根県でこの種の土器が出土しているのは、平ノ前遺跡（No.49）と当遺跡だけであるが、「磐井の乱」後の六世紀中頃以降の出土例に限れば当遺跡だけである。

高津遺跡の集落が、六世紀中頃の人口希薄地帯に九州北部地域系の遺物を伴って忽然と再出現していることを鑑みると、ここにやって来た人々は有明海沿岸地域に出自があり、「磐井の乱」を避けてきた避難民か、いわゆる「ミヤケ」の設置など「磐井の乱」の戦後処理によって政策的に移住させられた人々である可能性が指摘される。　（岩橋）

49 平ノ前遺跡出土　黒色磨研須恵器模倣土師器

五点
最大のもので直径一五・〇　高七・〇
古墳時代後期（六世紀前葉）
島根県大田市　島根県教育委員会

平ノ前遺跡では、黒色磨研須恵器模倣土師器は一六個体以上出土している。大溝から出土しているため全体の出土品は、五世紀末から六世紀末までの年代幅を持つが、模倣土師器は六世紀初頭から前葉ごろの須恵器の杯蓋を模倣した個体の比率が多いことから、六世紀初頭から前半の様相を示している。

平ノ前遺跡は、祭祀遺物を伴う灌漑用水開発の拠点遺構とする意見があるが、静間川河口に形成された狭隘な潟湖岸でもあるため、旧波根湖に替わって安濃郡の拠点的港湾としてこの時期に開発された面も併せて指摘できる。

「磐井の乱」以前には、継体王権を支えた筑紫君磐井の拠点とする九州北部地域と継体天皇の勢力基盤の越前・若狭地域を結ぶ日本海航路には複数の寄港地が設けられたものと推定される。平ノ前遺跡はこのような拠点港湾の一つであり、ここで出土した模倣土師器は日本海交易ルートの舟運により運ばれたものと考えられる。　（岩橋）

第3章　継体・欽明天皇の覇権

50−1　今城塚古墳出土品　埴輪（家形・大刀形・巫女形・力士形・鶏形・牛形）

七点
家形埴輪：縦六八・〇　横九八・〇　高九二・〇
大刀形埴輪：高一五二・〇
巫女形埴輪：横四一・〇　縦二七・〇　高九八・〇
力士形埴輪：横六二・〇　縦二五・〇　高一〇八・〇
鶏形埴輪：横五八・〇　縦二二・〇　高七八・〇
牛形埴輪：横七〇・〇　縦一七・〇　高六二・〇
古墳時代後期（六世紀前半）
大阪府高槻市　高槻市教育委員会

今城塚古墳は古墳時代後期最大級の前方後円墳として知られ、真の継体陵ともいわれる。内堤には幅一〇メートル、長六五メートルもの埴輪祭祀場が設けられており、二〇〇点以上の形象埴輪が出土した。祭祀場は門形・塀形埴輪により四つに区画されており、種類や構成の異なる形象埴輪が整然と並べられていたと考えられる。

家形埴輪は二七棟以上出土しており、屋根形式や身舎構造の異なる多様な建物が存在している。大刀形埴輪は、柄頭の形状や鍔に延ばした護拳帯金具が印象的な倭装大刀を模しており、下方には小型の盾を表現している。巫女形埴輪は八体以上が出土しており、島田髷風の髪型に祭儀用の衣を纏っている。本資料はおそらくは杯を捧げ持つ姿を表現しているが、両手を挙げる者や団扇を持つ者など様々な所作が見られる。力士埴輪は横一文字の髷を持ち、廻しを締めた下半身はどっしりとしており、腕や膝下には紐を結んでいる。鶏形埴輪は五体以上存在したと考えられ、顔が斜め上を向き、肉垂や鶏冠、逆立った頸羽が目立つ。体は基部と一体になっており、羽や脚を立体的に表現する。牛形埴輪は馬形埴輪の行列最後部に二体が並んでいた。二本の角を持ち、馬形埴輪と異なり蹄表現のない脚部を持つ。

これらの形象埴輪群はその整然と配置された様子から、大王亡き後に行われた儀礼の場面を表現したものと考えられる。（増田）

50−2　今城塚古墳出土品　石棺片

四点
二上山白石：横一八・〇　縦一九・〇
竜山石：横三五・〇　縦二四・〇
阿蘇溶結凝灰岩（馬門石・阿蘇ピンク石）：
横一八・〇　縦一五・〇、横一三・〇　縦一三・〇
古墳時代後期（六世紀前半）
大阪府高槻市　高槻市教育委員会

今城塚古墳の後円部には横穴式石室が設けられ、複数の家形石棺が納められていたと考えられる。発掘調査では、石室の基礎工事を行った際の石材が、墳丘北側に滑落した状態で出土しており、石室は崩壊してしまったとみられる。文禄五年（一五九六）に発生した伏見地震は、周辺地域にも大きな被害を与えており、石室崩壊の一因となった可能性が指摘される。発掘調査の際には、副葬品とみられる馬具類や甲冑、銀象眼を持つ鉄刀、玉類などが出土した。また、石棺の破片が多数出土しており、石棺も大きなダメージを受けたことが想定される。石棺材には、大阪・奈良県境に位置する二上山産の二上山白石、兵庫県加古川下流域産の竜山石、熊本県宇土半島馬門産の阿蘇溶結凝灰岩（馬門石・阿蘇ピンク石）が含まれる。近年、古墳近傍の石橋として使用されてきた大型石材が馬門産と判明し、同古墳の石棺材である可能性も指摘されている。（増田）

51−1・2　工房での埴輪作り（新池埴輪製作遺跡）・今城塚古墳埴輪祭祀場

早川和子画
二点
工房での埴輪作り　縦六六・〇　横九六・〇
今城塚古墳埴輪祭祀場　縦六六・〇　横九六・〇
現代
大阪府高槻市　高槻市教育委員会

復元画家の第一人者である早川和子氏による、今城塚古墳築造に関わる二点である。

『工房での埴輪作り』は、大阪府高槻市所在の新池埴輪製作遺跡での埴輪作りを描いたもの。新池での埴輪生産は、五世紀中頃から約一〇〇年もの間断続的に行われ、製作された埴輪は太田茶臼山古墳や今城塚古墳といった当地の古墳に供給された。発掘調査では、一辺が一〇メートルを越える巨大な方形工房跡が三棟検出されており、大型古墳に大量の埴輪を供給しうる大工場であったことが想像できる。

『日本書紀』によれば、継体天皇が亡くなると、殯宮に安置された後、藍野陵に葬られたとされる。殯の間、今城塚古墳では北側内堤に祭祀場が設けられ、新池遺跡で製作された埴輪が大量に並べられた。『今城塚古墳埴輪祭祀場』は、殯宮儀礼の再現をすべく多種多様な埴輪が集められ、並べられていく様子を描く。責任者の指示の元、家・巫女・武人・力士・武器・武具・鳥などが整然と配置されている。（増田）

52　王者の装い（復元模型）

一点
高一七五・〇
現代
滋賀県高島市　滋賀県立安土城考古博物館

滋賀県高島市所在の鴨稲荷山古墳出土品をもとに、被葬者の生前の姿を復元したもの。歩揺付の金銅製冠はその特徴から新羅系と考えられ、飾履も同じ意匠を持つ。腰には双鳳環頭大刀を佩き、双魚佩を下げる。金銅製双魚佩は、継体天皇と関係の深い古墳に副葬される例が多いとされ、儀仗的に用いられる大型の倭装大刀に付属すると考えられている。鴨稲荷山古墳からは、環頭大刀の他に二振の大刀と鹿角装刀装具が出土しており、これらに伴うものだろう。（増田）

53　鴨稲荷山古墳出土品　馬具類・切子玉

一三点
杏葉：縦一〇・五　横一〇・五
鞍金具
雲珠：径一一・五　径七・五
切子玉：長一・九　他
古墳時代後期（六世紀前半）
滋賀県高島市　京都大学総合博物館

鴨稲荷山古墳は、琵琶湖の西岸に広がる高島平野に位置する。墳丘は残っていないが、右片袖式の横穴式石室を持つ、全長四五メートル程度の前方後円墳と考えられている。大正一二年（一九二三）に京都帝国大学が実施した発掘調査で、金製垂飾付耳飾や金銅製の冠、魚佩、飾履、環頭大刀、内行

花文鏡、馬具、玉類など豊富な副葬品が出土した。

鴨稲荷山古墳が築かれた場所は、『日本書紀』に見える三尾の地と考えられ、継体天皇との関係が古くから指摘されてきた。継体天皇の父彦主人王は、三尾に別業を持ち、母振姫はこの地で継体天皇を生んだとされる。また、琵琶湖に面したこの地域は、北には若狭や越前などの日本海沿岸地域、東には琵琶湖を超えてはるか東国へ、畿内から列島各地に文物が行き来する上での要衝であったと考えられる。その被葬者は継体天皇が新たな政治・経済体制を整備していくなか、要地を押さえ、これを支えた人物だったと考えられる。（増田）

54 上島《あげしま》古墳出土品　護拳帯《ごけんたい》飾金具・馬具類（出雲市指定文化財）

六点

護拳帯飾金具：長六・〇　幅三・九
馬具（f字形鏡板）：長一九・八
剣菱形杏葉：長二一・六
古墳時代後期（六世紀中頃）
島根県出雲市　上島古墳奉賛会

島根半島の西側にそびえる標高四六二メートルの旅伏山東麓は、国富中村古墳など多くの古墳が知られている。上島古墳は、昭和二四年（一九四九）に付近の開墾に伴って発見された古墳で、旅伏山の南東斜面に築かれている。墳丘は開墾によって大きく改変され、墳形や規模は確定していない。小型の竪穴式石室が設けられているが、これは、副葬品だけを納めたもので、これとは別に縄掛け突起を備えた刳抜式の家形石棺が直接埋められていた。家形石棺からは、ほぼ完全な人骨とともに耳環や鏡、大刀などが出土したほか、石室からも二組の馬具を始め五鈴鏡や多数の鉄族など、小規模な古墳にもかかわらず非常に豊富な副葬品が納められている。

護拳帯飾金具は、手の甲を守るために大刀の柄の外側に廻らされた革帯（護拳帯）に装着された金具で、五点が現存している。出土状況からは、三点ずつ二条の護拳帯だったと思われる。護拳帯を伴う大刀は、県内ではほとんど知られていないが、継体天皇の墓所と考えられている今城塚古墳では、武人埴輪が提げる大刀や大刀形埴輪に護拳帯が付けられており、継体天皇との関係がうかがわれる。

馬具は石棺とは別に設けられた竪穴式石室から出土し、二セットあることが確かめられている。この内馬具Aと呼ばれる組み合わせは、金銅装馬具の優品。f字形の鏡板の付く轡は、県内では出雲市の半分古墳と浜田市のめんぐろ古墳しか知られていない。

上島古墳は、出雲の中枢部を離れた島根半島側にある比較的小規模な古墳でありながら、非常に豊富で優れた副葬品を持ち、近隣に類例のない刳抜式の家形石棺を持つなど、中央の有力な勢力との結びつきを想定させる。（林）

55 青木遺跡出土品　「美談《みだみ》」・「縣《あがた》」墨書土器

二点

墨書土器「美談」須恵器坏：残存長六・九
墨書土器「縣」土師器坏：高二・七　直径一三・〇
奈良〜平安時代（八世紀後半〜九世紀前葉）
島根県出雲市　島根県教育委員会

出雲西部では、六世紀以降になると大念寺古墳を始めとする巨大な首長墳と、彼らを支えたグループと考えられる妙蓮寺山古墳など古志古墳群が継続して造られるが、宍道湖北西部にも特徴的な古墳群が継続して造られる地域がある。後に出雲郡美談郷と呼ばれる地域で、上島古墳や国富中村古墳など有力古墳が知られている。その美談郷には大量の文字資料を出土した青木遺跡がある。

青木遺跡からは一〇〇〇点を超える墨書土器が出土しており、これらの多くが神社に関連する資料と考えられている。展示している墨書土器は「美談」、「縣」と記されるものである。「美談」は、郷名そのものを記したか、「美談社」の省略の可能性がある。『出雲国風土記』には「美談社」、「彌太彌社」が、『延喜式』には「美談神社」が見る。『出雲国風土記』によれば、神亀三年（七二六）にミダミの表記が「三太三」から「美談」に改められている。『出雲国風土記』「出雲郡」条には美談郷の由来として「天御領田之長、供奉座之」とあることから、「ミダミ」の由来は中央の直轄地である屯《み》田《た》の設定と関わるとする説もある。

『出雲国風土記』出雲郡には「阿我多社」「県社」が『延喜式』神名帳の出雲郡には「縣神社」が見られ、「縣」墨書土器もそれらと関わると考えられている。美談郷周辺で見られる特徴的な古墳の継続が、中央と直接的に関わる縣の設置に関係するかどうかは判断できないが、『出雲国風土記』には「即有正倉」と記され、美談郷に正倉が置かれていることからも、少なくともこの地域が特殊な地位を占めていたことはまちがいない。

膨大な量が出土した青木遺跡の墨書土器などは、在地豪族層に管理された食器が、共同体の執り行う農耕儀礼の飲食に供されたと考えられている。（林）

56 井ノ内稲荷塚古墳出土品　鉄鏃・金製刀装具・馬具類・須恵器類

二二点

鉄鏃：長一三・一　長一八・一　他
刀装具：長二・五　他
雲珠：縦九・〇　横七・一
杏葉：縦八・六　横一〇・〇
古墳時代後期（六世紀中葉）
京都府長岡京市　長岡京市教育委員会

全長約四六メートルの前方後円墳で、後円部に右片袖式の横穴式石室を、前方部に木棺直葬の埋葬施設を持つ。横穴式石室からは、金銅装馬具類や武器、農工具などが出土した。馬具には三葉文楕円形杏葉や六脚伏鉢形雲珠、鉸具金具などがある。この時期の淀川流域には、井ノ内稲荷塚古墳をはじめ、物集女車塚古墳、南塚古墳など墳長四〇から五〇メートルクラスの中規模古墳が築造され、その副葬品も類似することが知られている。特に鉄鏃には、鏃身が三角形あるいは柳葉式の長頸鏃をはじめ、腸抉柳葉式、三角形式など特徴的なものが含まれている。これらの古墳の被葬者は、中堅クラスの首長でありながらも、継体天皇と密接な関係にあったことがうかがわれる。（増田）

57 伝《でん》宇《う》牟《む》加《か》比売命《ひめのみこと》御陵《ごりょう》古墳出土品　鉄鏃・須恵器類

一〇点

鉄鏃：長一六・九〜一三・二
須恵器蓋坏：口径一四・二
高坏：高一五・〇
古墳時代後期（六世紀前半）
島根県松江市　松江市教育委員会

現在の松江市法吉町となっている「法吉《ほっき》」の地名について、『出雲国風土記』は「神魂命《カミムスビノミコト》の御子の宇牟加比売《ウムカヒメ》が法《ほほ》吉《き》鳥《どり》（ウグイス）となって降り立った」ことに由来すると記す。また、ホホキと言う読みから、伯耆地方との関係も取りざたされる。古墳はその地名伝承にちなんで名付けられたもので、一辺約一六メートルの方墳。南側に幅約五メートルの造出があり、円筒埴輪三本が埋められていたほか、多くの須恵器・土師器が出土しており、墓前祭祀の様子が想定される。埋葬施設は石組で囲った木棺墓と見られ、刀子・鉄鏃が出土した。発見された一五本の鉄鏃はすべて特徴的な長頸鏃で占められており、井ノ内稲荷塚古墳出土品（No.56）などと共通する。

伝宇牟加比売命御陵古墳は、大きな古墳ではないが、造出を備え、畿内的な長頸鏃を持つなど、継体天皇を擁立した集団との関係をうかがわせる。（林）

58 薄井原古墳第二号石室（一部第一号石室）出土品 鉄鏃・馬具類・直刀・須恵器類

一八点
鉄鏃：長一四・〇～八・〇
菱形金具：幅八・六　高四・七
直刀：（大）長八〇・四　（小）七五・〇
須恵器台付き壺：高二一・五　蓋坏　口径一三・七
古墳時代後期（六世紀中頃）
島根県松江市　島根県教育委員会

松江市坂本町にある薄井原古墳は、全長約五〇メートルの前方後方墳。この古墳は、後方部の両側辺から向かい合うように二基の横穴式石室が開口していることで知られる。この石室はいずれも精美な片袖式で、出雲東部では一般的な前方後方墳と言う墳形を採用しながら、石室には畿内的な右片袖式を採用し、石棺も畿内的と言われている。

古くに開口した二号石室では、盗掘の痕跡があり、馬具などが採集されているはずだが、その多くは現存していない。昭和三六年（一九六一）には発掘調査が行われ、土器や武具類を始めとする多くの遺物が出土した。

薄井原古墳の鉄鏃は、腸抉柳葉式と呼ばれるカエシの長いものや三角形式で、継体天皇を擁立し、支えた摂津・山背の有力古墳出土の鉄鏃と共通点がある。馬具に使用された金銅装の菱形金具も特殊なもので、被葬者は、継体天皇を支えた勢力と深い関わりを有した人物であろう。（林）

59 物集女車塚《もずめくるまづか》古墳出土品 鉄鏃・捩り環頭大刀・馬具類・円筒埴輪（京都府指定文化財）

一括
鉄鏃：長一六・〇　他
捩り環頭大刀：横五・三
三葉文楕円形杏葉：縦七・三　横九・四
f字形鏡板：縦約一四・〇　横約二二・〇
剣菱形杏葉：縦二三・四　横一二・四
馬鐸：縦一五・〇　横約四・〇
雲珠：縦一〇・八　横一〇・五
辻金具：縦七・四　横七・三　他
円筒埴輪：残存高二三・七　径二四・〇　他
古墳時代後期（六世紀中葉）
京都府向日市　向日市教育委員会

物集女車塚古墳は、京都府南西部の淀川にほど近い丘陵に築造された全長約四五メートルの前方後円墳である。右片袖式の横穴式石室を持ち、玄室奥壁に並行して凝灰岩製の組合式家形石棺が残されている。石棺内には冠や耳環、玉類、刀装具などが残されており、石室内にも馬具や捩り環頭大刀、鉄鏃、須恵器類などが残されていた。鉄鏃は鏃身の長い柳葉式長頸鏃を主体としている。

物集女車塚古墳は、冠や大刀、鉄鏃などの副葬品が滋賀県・鴨稲荷山古墳と類似し、その被葬者も継体天皇と密接な関係を持つ者であったことが想定される。また、隣接する京都府・井ノ内稲荷塚古墳は、墳丘規模や副葬品に共通点が多く、これらの被葬者は淀川流域の河川交通や交易を担った首長と考えられる。（増田）

60 御崎山古墳出土品　鉄鏃

二点
長一八・八　他
古墳時代後期（六世紀前半）
島根県松江市　島根県教育委員会

御崎山古墳は意宇平野南端に位置する全長四〇メートルの前方後方墳である。推定全長九・二メートル、玄室高二・八五メートルの横穴式石室を持ち、横口式の組合式家形石棺二基が納められていた。石室は一時期開口していたとされ、副葬品の一部は失われたようだが、昭和四七年（一九七二）の発掘調査では武器・武具・馬具・珠文鏡・金環・銀環・須恵器類などが出土している。御崎山古墳出土の鉄鏃には、物集女車塚古墳出土品（No.59）に類似する、鏃身を長く採った柳葉式長頸鏃が含まれている点が注目される。（増田）

61 元《げん》禄《ろく》十一《じゅういち》戊寅《つちのえとら》年《のとし》諸陵《しょりょう》周垣《しゅうえん》成就《じょうじゅ》記《き》　第三

一冊
縦二八・〇　横二〇・〇
江戸時代（宝永《ほうえい》六年〈一七〇九〉）
大阪府　大阪府立中之島図書館

儒学者で、書家でもあった細井広沢《こうたく》（知慎《ともちか》）（一六五八―一七三五）が編纂した歴代天皇陵の考証。広沢は、その才能を買われ、柳沢吉保《やなぎさわよしやす》に仕えた。そのなかで兄の芝山《しざん》の勧めで、陵墓の修復を吉保に進言し、その意見が受け入れられたので、所在の比定を行った。その成果が本書である。元禄《げんろく》一二年（一六九九）に成立していたことが自序からわかるが、宝永六年（一七〇九）の追加の序もあり、元禄一二年以降に増補が行われたようである。

本書には陵墓彩色絵図が添えられており、そのなかに欽明陵も描かれている。なお、『延喜式』諸陵寮の畝傍山他遠陵条には大和国高市郡に所在し、東西・南北それぞれ四町の領域を占める檜隈坂合《ひのくまのさかあい》陵が欽明陵とあり、明日香《あすか》村の平田《ひらた》梅《うめ》山《やま》古墳（全長約一四〇メートルの前方後円墳）が欽明陵に治定されているが、近年の発掘調査から、橿原《かしはら》市にある五条《ごじょう》野丸山《のまるやま》古墳（全長約三一八メートルの前方後円墳）が欽明陵の有力候補地となっている。（吉永）

62・63 五条野丸山古墳（見瀬丸山古墳）出土品 双鸞瑞花文八花鏡・須恵器類

五点
八花鏡：径一二・八
須恵器：横五・〇　縦一一・三　他
古墳時代後期（六世紀後半～七世紀初頭）
奈良県橿原市　京都大学総合博物館／宮内庁書陵部

五条野丸山古墳（見瀬丸山古墳）は、墳長三一八メートル、周濠を含めた全長四一五メートルの前方後円墳である。奈良県下最大の古墳で、後円部墳頂部は畝傍陵墓参考地として宮内庁が管理する。葺石や埴輪は認められず、出土品も後円部封土から発見された八花鏡が知られる程度であった。後円部に全長二八・四メートルの長大な横穴式石室を持ち、刳抜式家形石棺二基が納められるが、現在その大部分は土砂に埋まっている。平成四年（一九九二）には、宮内庁書陵部により石室・石棺等の実測調査が行われた。この際、ＴＫ43型式の須恵器が採取されている。

本古墳は古くは天武・持統合葬陵と治定されたこともあるが、明治時代に野口王墓が再治定されたことから、陵墓参考地となっている。近年は真の欽明陵とする研究者が多いが、宣化天皇、蘇我稲目とする説もあり決着をみていない。『日本書紀』によれば、欽明天皇は没後、殯の後に檜隈坂合陵に葬られたが、推古二〇年（六一二）に妃である堅塩姫が亡くなると、檜隈大陵に改葬されたという。本古墳の石棺は、玄室手前側が六世紀第３四半期、奥のものが七世紀第１四半期頃に位置づけられると考えられ、その点では矛盾がない。

（増田）

64　**平田梅山古墳出土品　須恵器類**

五点
横一五・二　縦七・八　他
古墳時代後期（六世紀後半）
奈良県明日香村　宮内庁書陵部

平田梅山古墳は、五条野（見瀬）丸山古墳の南約八〇〇メートルに位置する前方後円墳である。全長は約一四〇メートルで、現状では盾型の周濠を持つが、後世の改変を受けていると考えられる。平成九年（一九九七）に行われた発掘調査では、南側のくびれ部に礫敷きのテラス面を持つ造出しが確認されたほか、各所で葺石が検出されている。また、一部には貼石状に敷き詰められた部分も見られる。この調査の際、ＴＫ43形式の須恵器が出土しており、六世紀後半頃築造されたと考えられる。

平田梅山古墳は檜隈坂合陵（欽明陵）に治定されているが、敏達天皇や蘇我稲目とする説もある。「日本書紀」によれば、推古二八年（六二〇）檜隈陵に砂礫を葺いたとあり、葺石を持たない五条野（見瀬）丸山古墳よりも整合性がある。現時点では被葬者を確定することは困難であるが、両古墳ともヤマト王権の中枢たる大王や有力豪族の古墳とみて間違いない。両古墳をもって前方後円墳の築造は終わりを迎えた。（増田）

65-1　**出雲国風土記（古代文化センター本）**

一冊
縦三一・三　横二三・〇
江戸時代（一七世紀）
島根県　島根県教育委員会

65-2　**出雲国風土記（勧修寺家本）**

一冊
縦二八・六　横二一・〇
江戸時代（一七世紀～一八世紀）
島根県　島根県教育委員会

「風土記」は和銅《わどう》六年（七一三）に朝廷からの命を受けて各国で編纂された地誌で、そのうち『出雲国風土記』は天《てん》平《ぴょう》五年（七三三）二月三〇日という勘造年月日が分かる唯一のものである。展示部分の意宇《おう》郡舎人《とねり》郷条には、欽明天皇の時代とされる郷名由来記事が記載されている。それによると、舎人郷名は欽明天皇に大舎人《おおとねり》として仕えた日置臣志毘《へきのおみしび》が住んでいたことによるという。大舎人は天皇に近侍し各種用務に当たる役職で、中央官人や地方豪族の子弟から構成されていた。また、神門《かんど》郡日置《へき》郷条では、欽明天皇の時代に日置《へきの》伴部《ともべ》たちが遣わされ、宿停《とどま》り、政務をとったことを郷名由来としている。

これらの説話は部民《べみん》設定を伝えたものとみられるが、全国的にも欽明朝が部民制展開の一つの画期と位置付けられるので、日置部《へきべ》設置は一定の事実を反映しているのであろう。欽明朝におけるヤマトと出雲の交通・交渉を示し、いずれにも日置氏が関係している点が注目される。

（佐藤）

66　**河内愛宕塚古墳《かわちあたごづかこふん》出土品　馬具類・捩り環頭・三輪玉・龍文銀象嵌鞘口金具・ガラス玉・須恵器類・土師器類（大阪府指定文化財）**

一一点
子持剣菱形杏葉《こもちけんびしがたぎょうよう》：二点　全長二四・三
捩《ねじ》り環頭《かんとう》：一点　横七・五　縦五・六
水晶製三輪玉：一点　長三・二　幅一・四九
龍《りゅう》 文銀象嵌鞘口金具《もんぎんぞうがんさやぐちかなぐ》：一点　径八・五　高三・七
ガラス製小玉：一連　縦七・五　横七・〇
須恵器：四点
蓋付脚台付き長頸壺は器高二四・二　底径一二・九
土師器：一点　高一三・〇　口径一七・〇
古墳時代後期（六世紀後半）
大阪府八尾市　八尾市立歴史民俗資料館

河内愛宕塚古墳は、大阪府八尾《やお》市《し》神立《こうだち》の標高六五メートル付近の扇状台地に立地する。墳丘周辺は後世の開発のため若干削平されているため、現状では二二・五メートル程度の円墳状を呈している。埋葬施設は、南南西に開口する両袖式横穴式石室で全長は一五・七メートルの規模を持つ大阪府下でも有数の大型石室である。石室内は盗掘のため、石棺は破壊され小片となっていたが、二上山産と兵庫県加西市付近で産出する凝灰岩を使用したと推定される。また、当古墳は六世紀後半の築造であるが、巨石を用いた二段積みの石室構築技法は、六世紀末から七世紀代の奈良県内の大型石室の構築技術に大きな影響を与えたとされる。

盗掘を受けながらも残存していた出土品の中でも、豪華な馬具、捩り環頭付き倭系装飾大刀の存在は、この古墳の被葬者の階層の高さを示している。

河内の横穴式石室墳の中でも、格段に先進的な技術で構築された大型石室を持ち、豪華な馬具、武器類を副葬するにも関わらず、小規模な円墳を構築している点が指摘される。また、奈良県天理市の大型横穴式石室を内蔵する塚穴山古墳《つかあなやまこふん》（円墳：六五メートル）の石室との類似や、文献史料に現れる物部氏の河内側の拠点に近い場所に立地する点などから、被葬者は物部氏の構成員ではないかとする説もある。

（岩橋）

42　**シシヨツカ古墳出土品　亀甲繋鳳凰文銀象嵌刀装具・雲龍文金象嵌刀装具・勾玉文銀象嵌刀装具・漆塗籠棺・馬具類・金製指輪・須恵器類**

二二点
亀甲繋鳳凰文銀象嵌《きっこうつなぎほうおうもんぎんぞうがん》円頭大刀刀装具：四点　最大の破片で縦七・八　横六・〇
雲龍《うんりゅう》 文金象嵌刀装具《もん》：二点　最大の破片で縦三・〇　横四・〇
勾玉文銀象嵌刀装具：一点　縦三・八　横三・〇
漆《うるし》 塗籠棺《ぬりかごかん》：七片　最大で縦一一・〇　横六・〇
金銅装鉸具：一点　縦横四・五
金銅製指輪：四点　最大の破片で長一・二　幅〇・七
須恵器：七点　高杯四　最大の個体で高一一・七　口径一三・六

四耳壺：二点　最大の個体で高五二・四　胴部径五一・四
古墳時代後期(六世紀末)
大阪府河内郡河南町　大阪府教育委員会

大阪府河南町の平石谷に所在し、長辺三四・四メートル、短辺二五・五メートルを測る大型方墳で、全長一二メートルの切石積横穴式石室が構築されている。この横穴式石室は、羨道・前室・奥室に分かれるが、奥室は前室より狭くなっており、七世紀代に盛行する「横口式石槨《よこぐちしきせっかく》」の初源的な形態を呈している。

この古墳は、既に盗掘にあっていたが、金銀象嵌入りの装飾大刀や挂甲、鉄鏃などの武器武具類、一〇六七点以上のガラス製玉、金製指輪などの装身具、杏葉《ぎょうよう》や鞍金具《くらかなぐ》などの馬具など豊富な副葬品が出土している。蛍光エックス線分析の結果、刀装具の金象嵌は金八：銀二の割合、銀象嵌は銀九九パーセント前後であり純銀を使用したといえる。また、金製指輪は金九九：銀一の割合であり純金に近い分析結果が示されている。

シシヨツカ古墳の東には、アカハゲ古墳とツカマリ古墳が並び、「平石古墳群」を形成し、三代連続して三五から四五メートルの方墳を築造している。また、同時代の天皇陵クラスの大規模古墳が築造される「磯長谷」からは、南に二キロメートルに位置にあり、王権への親縁性もうかがえる。

被葬者像については、記紀に記される関連氏族や現在の地名などから「大伴氏」とする説と、大型方墳を継続して築造する点を重視して「蘇我氏傍系」を押す説がある。　（岩橋）

67–1　木簡「備前国児嶋郡三家郷」(国宝)

一点

・備前国児嶋郡三家郷
・牛守部小成　山守部小廣　二人調塩二斗

長一九・六　幅二・八　厚〇・六
奈良時代(八世紀)
奈良県　奈良文化財研究所

平城宮から出土した木簡の一つで、備前国児嶋郡三家郷《みやけ》からもたらされた調の塩の荷札である。賀茂郷は三家郷は児島半島の岡山市南区郡《こおり》に推定されている。『日本書紀』欽明天皇一七年（五五六）に蘇我稲目を派遣、葛城山田瑞子《かつらぎのやまだのみずこ》を田令《たづかい》として設置された児嶋屯倉の遺称地。同じ頃設定された吉備の白猪屯倉とともに、蘇我氏がその設置に関与している。当時は島であり、本土との間の水道に面した交通の要衝で、後に倭系百済官人の日羅が日本に来たときに迎接が行われるなど、港湾や迎賓施設があった。塩を貢納した牛守部・山守部も屯倉に関係する部民で、牛守部は当時先端的な技術であった牛馬による耕作に関わる部民。また、山守部は山林を保全する部民と考えられ、後者は一見すると海浜部の屯倉にそぐわないが、船材を確保する目的があったとされる。　（平石）

67–2　木簡「備前国児嶋郡賀茂郷三家連乙公」(国宝)

一点

・備前国児嶋郡賀茂郷
・三家連乙公調塩一斗

長一五・九　幅一・九　厚〇・六
奈良時代(八世紀)
奈良県　奈良文化財研究所

平城宮出土木簡の一つで、備前国児嶋郡からもたらされた。賀茂郷は式内社鴨神社の所在地から、児島半島中央の岡山県玉野市長尾周辺に推定されている。塩の貢納者である三《み》家連《やけのむらじ》は、同郡にあった児島屯倉を管理した氏族である（№.67–1）。また、貢納されている塩は『延喜式』によれば備前国の調雑物・庸として指定されている。また、『日本後紀』延暦一八年（七九九）に「児島郡の百姓等が調庸のために塩を焼くことを生業としており、海浜を独占している」との記事がみえ、この地域で盛んであったことが知られる。　（平石）

67–3　木簡「若狭国遠敷郡小丹生郷三家人波泉」(国宝)

・若狭国遠敷郡　小丹生郷三家人波泉　調塩一斗

長一四・四　幅二・九　厚〇・四
奈良時代(八世紀)
奈良県　奈良文化財研究所

平城京左京から出土した、いわゆる二条大路木簡の一つで、若狭国遠敷郡《おにゅうぐん》小丹生郷《おにゅうごう》の調の塩木簡である。遠敷郡小丹生郷は現在の福井県小浜市遠敷に当たる。なお、郡名遠敷は難読であるが、郷名の小丹生（丹の産地という意味）を漢字の嘉字二字表記にした表記である。ここには三家人《みやけのひと》が登場するが、若狭国からの塩の荷札木簡には多数の三家人がみえ、彼らを統括したと思われる三家首《おびと》という氏族も認められる。また、藤原宮出土の七世紀末の木簡には「三家里」（若狭町三宅が比定地）があり、いずれもミヤケが設置されていた痕跡である。若狭のミヤケについては、三家人は五世紀の史料から現れるいわゆる人制にあたる呼称で部民制より古い表記形態であること、現在のミヤケ地名は内陸部にあるが奈良時代の若狭の貢納物（調庸）の中心は塩であったと推定されること、この地域での土器製塩は六世紀末から七世紀初頭に土器の大型化・炉の石敷化・遺跡分布の拡大など大きな画期が認められること（松葉竜二）などが指摘できる。　（平石）

67–4　木簡「尾張国知多郡三家里」

・尾張国知多郡　御宅里　□□□
・大塩尻

奈良県奈良市　平城宮跡出土
長一五・七　幅二・二　厚〇・五
奈良時代、霊亀三(七一七)年以前
奈良県　奈良文化財研究所

平城宮出土木簡の一つで、尾張国知多郡御宅《みやけ》里からもたらされた荷札木簡。『日本書紀』には、安閑天皇二年（五三五）五月に尾張国に間敷《ましき》・入鹿《いるか》の屯倉を設置、また、翌宣化天皇元年（五三六）に尾張国の屯倉の稲を尾張連に命じて筑紫那《なの》津官家《つのみやけ》に運ばせたとの記事がみえる。平安時代の郷名を記した『和名類聚抄』には、尾張国では中嶋郡・海部《あま》郡に三宅郷が、愛智郡に太毛（大宅《おおやけ》か）郷があり、尾張国風土記逸文には同郡日下《くさか》郷伊福《いほき》村に三宅寺があり三宅連という氏族も居住、国内に複数の屯倉が存在したのであろう。木簡の知多郡の御宅里はこの木簡以外では確認できず詳細は不明であるが、遺称地とされる東海市名和町の三宅は愛智郡の三宅寺のあった伊福村推定地（名古屋市緑区鳴海《なるみ》町周辺）とも隣接しており、後の郡域を超えた屯倉があった可能性もある。　（平石）

67–5　木簡「播磨国多珂郡中郷三宅里」

・播磨国多可郡中郷三宅里
・日下部漢目庸米六斗

奈良県奈良市平城京跡出土
長一五・五　幅二・二　厚〇・五

奈良時代、霊亀三年(七一七)〜天平一〇年(七三八)
奈良県　奈良文化財研究所

平城京左京出土の二条大路木簡の一つで、播磨国多珂郡中郷三宅里からの庸米の荷札木簡である。七一五年頃成立の『播磨国風土記』託賀《たか》郡には中里はみえないが、平安時代の『和名類聚抄』には那珂（中）郷がみえる。同郡加美《かみ》（上）郷に合わせ、現存風土記が書かれた後、程なくして新設されたのであろう。兵庫県多可町中区が比定地で、この地域については菱田哲郎が考古学的な分析を行い、北方の妙見山（盆地のランドマークである）に終末期の群集墳が集中的に存在、これら古墳の築造と前後して盆地内の集落遺跡が急増することを指摘しており、移民を伴う屯倉設置による開発があったと評価、木簡にみえる三宅里はこの屯倉を継承した里名とする。（平石）

68 **曽我井・澤田遺跡出土品　墨書土器・人形**

墨書土器「中家」:直径一二・〇　高四・〇
人形:大長一五・三　幅二・〇
奈良・平安時代(八世紀前半〜九世紀前半)
兵庫県多可郡多可町　兵庫県立考古博物館

曽我井・澤田遺跡は兵庫県多可町の中心市街南側、加古川支流の杉原川南岸に位置する集落遺跡であり、中心は奈良時代から平安時代で、室町南北朝時代には洪水砂に覆われた後、水田となっている。官衙遺構のような大型建物などは検出されていないが、遺跡中の流路から人形《ひとがた》や齋串《いぐし》・呪符木簡などの木製祭祀具、また遺跡全体から約五〇点の墨書土器が出土している。人形は下端が尖るように作られた、一本脚と分類されるもので、側面にある切り欠きより上が顔で、失われているが細い腕も表現されていた。播磨国内では当郡のみにみられ、丹波《たんば》国氷上《ひかみ》郡の人形と共通する要素である。墨書土器は「中家」と記されており、那珂（中）郷の家《やけ》の意味か。墨書土器には他に屯倉設置に蘇我氏が関与したことを示す「宗我」「宗我西」があり、「大田」も屯倉推定地（揖保郡大田里など）にしばしばみえる地名である。これらの遺物はかつて屯倉が置かれたことの痕跡を示すか。（平石）

69 **東山古墳群一号墳出土品　鉄刀・鉄鉾・馬具類・耳環・玉類・須恵器類**

一八点
子持器台:径三五・〇　高二一・四
脚付長頸瓶:高二一・〇
鉄鉾:長一七・五
古墳時代後期(六世紀末〜七世紀)
兵庫県多可郡多可町　多可町教育委員会

東山古墳群は兵庫県ほぼ中央、多可町に位置する古墳時代後期の群集墳で、後の時代には多可評（郡）が立てられる位置にある。この内一号墳は東山古墳群最大規模で、直径約二五メートルの円墳。高さは六・六メートルあり、周溝を備えている。

副葬品の出土状況から、前庭部での祭祀や羨道への追葬、また追葬時の石室内の方付けの様子などが明らかになっている。東山古墳群では多くの古墳で石室入り口での土器の供献が明らかとなっており、貯蔵具と供膳具の組み合わせが見られることから液体（酒？）を汲み供えるような光景が想像されている。

展示品は玄室内から出土した椀や坏類と前庭部から出土した子持器台、鉄鉾の鉾身と責金具などである。追葬時に前葬時の副葬品を片付けていると考えられる。

玉類には無色透明なガラス小玉三点が含まれている。

東山一号墳では須恵器の壺や器台などは墳頂や石室前庭部などで出土し、当初は遺体からやや離れた位置で祭祀が行われていたと考えられている。しかし、この子持器台は石室内にあった可能性があることから、追葬時には、より遺体に近い位置での祭祀に変化した可能性が指摘されている。時期による祭祀の変化が見て取れる可能性がある。（林）

70-1 **播磨国風土記**

一冊
縦二五・五　横一七・四
明治時代(明治一七年〈一八八四〉)
島根県　島根県教育委員会

70-2 **播磨国風土記**

一冊
縦二四・九　横一七・三
江戸時代(安政七年〈一八六〇〉)
島根県　島根県教育委員会

『播磨国風土記』は現存する五風土記のうちの一つで、霊亀三年（七一七）年以前に制作されたが、現在伝わるものは完成本ではないと考えられる。飾磨《しかま》郡は最初に郡名の由来、次に郡内の里を記す通常の記述がなされるが、再び漢部《あやべ》里・貽《い》和《わ》里の記載があり、これらの里によって構成される飾磨御宅《みやけ》条の起源が最後に記されている。国郡制とは別枠に、地域社会の起源として御宅の起源が記されたたいへん貴重な記述である。これらを分析した高橋明裕の研究に依れば、飾磨御宅は、水田のほか港湾や塩田も備え渡来人も配置された大規模な経営体で、その所在地は姫路市飾磨区三宅町周辺にあたり、八世紀には北側に播磨国府が設置される。御宅の由来は山陰の五国造が田を作り、その稲を収めたものが飾磨の御宅であり、またの名を賀和良久《かわらく》三宅と説明している。（平石）

71 **木簡「隠伎国海部郡御宅郷」**(複製)

隠伎国海部郡御宅郷弟野里　日下部小竹　天平七年
調螺　六斤
奈良県奈良市　平城京跡出土
長一八・八　幅二・二　厚〇・二
現代(二〇世紀)［原品は奈良時代　天平七年(七三五)］
島根県　島根県教育委員会［原品は奈良県奈良市　奈良文化財研究所］

平城京出土のいわゆる二条大路木簡の一つ。隠岐国海部《あまべ》郡御宅郷弟野里から調の螺《さざえ》を進上したときの荷札である。隠岐国は『延喜式』主税上によれば、調に繊維製品がみえず全て海産物が指定される、海産物貢納国であった。その中心は海部郡（現在の隠岐中ノ島、海士《あま》町）で、天平の頃は御宅・佐伎・佐々・布施の四郷があった。御宅郷はその中心をなすとみられるが、木簡からその構成氏族をみると日下部ほかであり（№72も参照）、海産物採取に関わる海部や阿曇部《あづみべ》がみえない。郡は異なるが隣接する知夫郡御田郷（№74・75参照）とあわせ、水田を持つ屯倉が設置された可能性もある。（平石）

72 **木簡「隠伎国海部郡御宅郷」**(複製)

隠伎国海部郡　御宅郷□部　天平十五年
百代海藻六斤

隠伎国海部郡　御宅郷日下部［　　］天平十五年
□〔調カ〕海藻六斤
滋賀県甲賀市　宮町遺跡出土
右：長八・七　幅二・二　厚〇・三
左：長一二・四　幅二・六　厚〇・六
現代（二〇世紀）［原品は奈良時代　天平一五年（七四三）］
島根県　島根県教育委員会
［原品は奈良県奈良市　奈良文化財研究所］

No.71と同じく隠岐国海部郡御宅郷から海藻《め》（ワカメ）を収めた荷札木簡である。滋賀県の宮町遺跡は、当時造営が進められていた紫香楽《しがらき》宮の中心部と推定されている。『続日本紀《しょくにほんぎ》』によると、造営を推進するため天平一五年（七四三）の東海・東山・北陸道諸国の調庸は紫香楽宮に収めるよう指示が出されたが、山陰道に属する隠岐国の荷札のみ、指示と異なって出土している。隠岐国の海藻に特別な意味や用途があった可能性もある。（平石）

73　**唯山《ただやま》古墳出土品　大刀・須恵器類・土師器類**

八点
銀象嵌入鍔《ぎんぞうがんいりつば》付き大刀《たち》　一点
全長八〇・〇　鍔の長八・八
須恵器　四点
提瓶：高一八・七　最大胴径一七・二
短頸壺：高八・四　胴径一四・七
土師器　二点
高杯：口径一三・八　高一〇・二
古墳時代後期（六世紀中頃〜末）
島根県隠岐郡海士町　海士町教育委員会

唯山古墳は、島根県隠岐郡海士町福井に所在する。海士町で内海に面する最大の湾である諏訪湾《すわわん》西岸に立地し、港を管轄する豪族の奥津城《おくつき》と想定される古墳である。後世の開発・開墾で古墳の墳丘の大半や横穴式石室の上半部は既に破壊されていたが、玄室の腰石《こしいし》三枚と半分程度の床面は礫床を敷かれた状態で大きな改変を受けることなく遺物も残存していた。

副葬品としては、三六八点以上の玉類や、鉄鏃、刀子、大刀、土器類が確認された。大刀は二本出土しており、そのうち残存長八〇センチの直刀には銀象嵌付き八窓鍔《はっそうまど》が付属していた。鍔の縁には、波状文と勾玉状文の組み合わせによる銀象嵌が施されている。副葬品の配置状態や土器の型式差等から、六世紀中頃と末葉頃の少なくとも二回の埋葬が行われたものと考えられる。

土師器は、隠岐島前地域に独特の形態を示すことから島前地域で製作されたものと考えられる。それに対して須恵器は、同時期の出雲大井窯産の製品とは様相を異にし、石見地域や鳥取県側、畿内地域の製品と近い特徴を持つ。六世紀から七世紀前半の隠岐諸島に供給された須恵器は、出雲大井産は少量で、石見、鳥取など広く日本海沿岸地域や畿内からも搬入されたことが知られており、隠岐諸島の交易状況の変遷を考えるうえで重要な資料といえる。（岩橋）

74　**木簡　隠岐国「美多郷」**（複製）

隠伎国智夫郡《美多郷美祢里石部水嶋／調乃利二斤》天平七年
一点
平城京跡出土
縦一五・九　横三・〇　厚さ〇・二
現代（二〇世紀）［原品は奈良時代（八世紀）］
島根県　島根県教育委員会
［原品は奈良県奈良市　奈良文化財研究所］

天平七年（七三七）に隠伎（岐）国智夫《ちぶ》郡美多《みた》郷美祢里から乃利《のり》二斤が貢上されたことを示す荷札木簡（二条大路木簡）である。古代の智夫郡は、島前地域のうち知夫里島・西ノ島の二島が主な郡域であり、美多郷は現在の西ノ島町美田周辺の地に比定されている。郷名は『和名抄』高山寺本に「三田」とあり、「美多（ミタ）」の訓が付されている。当地に関係する木簡には他に、「知夫利評三田里石𡍐真佐支軍布《め》莒」（藤原宮跡出土木簡）、「隠伎国智大郡美多郷石部員万呂凝海菜《め》六斤」（二条大路木簡）とみえ、「石𡍐（部）」（磯部）氏によって乃利や軍布、海菜等の海産物が貢上されていた。

地名ミタは少なくとも評制下（七世紀末）までは遡るため、ミヤケの屯田《みた》に由来するとする説が有力である。しかし、本木簡は隠岐のミタが単なる経済基盤としての水田だけでなく、海産物貢納の基盤となる海浜の占有も含む複合的な要素を持つミタであった可能性を示す。（佐藤）

75　**兵庫《へいご》遺跡出土品　「三田」線刻土器**

一点
器高　約五・〇　残存長　約一二・〇
奈良時代（八世紀後半か）
島根県隠岐郡西ノ島町　西ノ島町教育委員会

兵庫遺跡は西ノ島町美田に位置する。周辺は西ノ島最大の平坦地であり、遺跡は標高一五メートル程度の愛宕山丘陵先端部に当たる。西側には美田湾が広がり、現在運河のある船越を通ると最短距離で容易に島の北側海岸に出られる地域で、海上交通の要所であることが窺われる。線刻土器は調査区周辺の農道から採集されたものだが、藤原宮木簡に知夫利評三田里、二条大路木簡に智夫郡美多郷（No.74）とみえ、現存地名と併せて関係が注目される。また、周辺には双龍環頭大刀が出土した古墳時代後期の首長墳の立石古墳、式内社の大山神社も所在している。

調査以前から遺跡周辺では手捏《つく》ね土器が発見されており、遺跡背後の愛宕山を意識した祭祀遺跡である可能性が指摘されていた。その後、西ノ島町教委による調査で、多数の土《は》師器《じき》杯・土師器高坏《たかつき》・手捏ね土器や魚類を中心とする動物遺存体が発見され、線刻土器との関係は不明だが、古墳時代の祭祀遺跡が存在していたことが判明している。（佐藤）

76　**新撰姓氏録　磯部部分**

一冊
縦二五・五　横一七・九
江戸時代（一八〜一九世紀）
島根県　島根県教育委員会

弘仁六年（八一五）に編纂された、京および畿内にいる氏族の始祖やその由来・伝承、後裔氏族や改姓などを記した台帳というべき『新撰姓氏録』の版本。出自により、皇別・神別・諸蕃に分類されている。そのうち、河内国皇別に磯部臣《いそべのおみ》がみえ、これが磯部《べ》を率いた伴造《とものみやつこ》氏族の後裔であったこと、蘇宜《そが》（蘇我）部と磯部とが同祖関係にあったこと等がうかがえる。

磯部氏は海産物貢納を主な職掌とした海人系氏族集団であり、石部・礒部にも作る。主に東日本に分布しているが、西日本では隠岐に集中的に存在していることは注目に値する。隠岐では、島後の役道《おち》郡（島後の西半分、旧都万村・五箇村が主な領域）少領に磯部直がみえ、郡内にも磯部が散在していた。また、島前では安曇氏の存在が優勢だが、王権への貢納基盤であるミタ推定地の智夫《ちぶ》郡美多《みた》郷（西ノ島町美田）には磯部が集中して確認できる（№74参照）。なお、出雲では「大原評　□磯部」と記された木簡が、国府跡から出土している（一号木簡）。

先述したように、蘇我部を媒介とした、磯部と蘇我氏との関係性が看取できるが、隠岐国では役道郡に隣接する周吉《すき》郡には蘇我部（宗我部）が存在していた。六世紀以降の王権による広域交通の掌握過程で、隠岐がクローズアップされた可能性がある。

（佐藤）

77 今浦五号横穴墓出土品　「海」線刻土器

一点

器高約二・四　底径約一〇・七

古墳時代終末期(七世紀後半〜末)

島根県隠岐郡海士町　海士町教育委員会

遺跡は、島前地域の海士町《あま》今浦に所在する横穴墓群（五六穴）である。そのうち五号穴より出土した畿内産土師器《はじき》杯（八世紀前半頃）に墨書と線刻文字「海」が確認できる。また、同穴よりは他に圭頭大刀やサザエ殻、三号穴からは鉄製釣針も見つかっており、被葬者が海人系氏族に出自を持つ可能性が指摘されている。

現在の海士町は島前三島のうち中ノ島（約三三平方キロメートル）に所在し、一島一町の体をなしているが、これとほぼ同じ領域が古代の海部《あまべ》郡の範囲であったと考えられる。五号穴の被葬者が活動していたのは七世紀後半頃であったが、同時期の藤原京では「海評海里」「海評三家里」「海評佐々里」、八世紀代の平城京では「隠岐国海部郡佐吉里」「隠岐国海部郡作佐郷」と標記のある木簡が多数出土しており、海部郡から海藻・イカ・アワビなどが調として納められていた。また、天平二年（七三〇）『隠岐国郡稲帳』には海部郡少領として海部直《あまべのあたい》の存在も確認できる（№78）。

先述したように、出土した副葬品からは今浦横穴墓群を営んだ集団と漁撈との関わりがうかがえ、こうした調の貢納などを背景として、圭頭大刀や畿内産土師器がもたらされたのであろう。

（佐藤）

78 「隠伎国郡稲帳」（複製）　海部郡司部分

一幅

幅約三〇・〇［軸込み］幅約三二・五

（展示部分：長七〇・〇程度）

現代（二〇世紀）［原品は奈良時代（八世紀）］

島根県　島根県教育委員会

［原品は奈良県奈良市　宮内庁正倉院事務所］

本帳原品はわずか一枚の断簡であり、『大日本古文書』（一─三八九〜三九〇）では天平《てんぴょう》元年（七二九）の「隠伎国正税帳」として収録されているが、現在では翌二年度の同国郡稲帳とみなされている。郡稲とは、その名の通り郡に蓄えられている稲で、民に貸し付け（出挙《すいこ》）、その利息を以て郡の諸経費に充てていた。本帳原品の冒頭部は欠落しているが、郡司記載の後に周吉《すき》郡の記載が続いている。天平四年（七三二）「隠伎国正税帳」の郡記載順は、智夫《ちぶ》郡・海部《あま》郡・周吉郡・役道《おち》郡の順で、これは後の『延喜式』民部省、『和名抄』の記載順と一致している。そのため、出陳部分は海部郡の記載であると推定されている。

さて、出陳部分の海部郡郡司には、少領として「海部直大伴《あまべのあたいおおとも》」がみえる。「海部」は海人系の部民集団であるが、海部氏は、その氏族名を冠した海部郡集中的にみられる。カバネ「直」は、大化前代の部民制下において、部民達を管轄する地方の有力氏族に与えられるものであった。「海部直」は海部郡域の「海部」を掌握し、海産物貢納の管轄を行っていたのであろう。隠岐国全体の特徴でもあるが、藤原京跡・平城京跡出土の海部郡の荷札木簡では海産物貢納を示すものが多い。これは大化前代の歴史的経緯が背景にあるものと思われる。

（佐藤）

79 木簡「宗我部」　平城京跡出土（複製）

隠伎国周吉郡《新野郷丹志里宗我部／阿久多調烏賊六斤》

天平七年

一点

縦一五・九　横二・三　厚さ〇・五

現代（二〇世紀）［原品は奈良時代（八世紀）］

島根県　島根県教育委員会

［原品は奈良県奈良市　奈良文化財研究所］

天平七年（七三七）に隠伎（岐）国周吉《すき》郡新野《にいの》郷丹志里から烏賊《いか》六斤が調として貢上されたことを示す荷札木簡（二条大路木簡）である。送り主は「宗我部阿久多」と記されている。周吉郡新野郷は現在の島後地域の隠岐の島町西郷《さいごう》地区周辺に、丹志里は同地区の字池田・原田辺りに推定されている。『和名抄』によれば、同郡には国府が所在していた。国府所在地は明らかでないが、同町有木尼寺原には柱間七×五間の特殊な建物跡や緑釉陶器等が出土した尼寺原遺跡があり、周囲には国分寺跡（国史跡）、国分尼寺跡（県史跡）がある。この地は西郷湾を臨む八尾《やび》平野縁辺の丘陵部に辺り、周辺には古墳時代後期から終末期にかけて多くの古墳群が形成されている。

隠岐国の蘇（宗）我部は他に、郷不明だが周吉郡からの荷札木簡（平城宮）、同郡山部《やまべ》郷（二条大路）からの荷札木簡にみえるが、「隠伎国正税帳」等の他資（史）料からは現在のところ他郡での存在は確認できない。隠岐国の中心ともいえる当該地域に蘇我部が設定されたことがうかがえる。また、隣接する役道《おち》郡や島前の智夫《ちぶ》郡美田《みた》郷には同祖関係にある磯部が集中的にみえるが（№76）が、これらは蘇我部設置と一体的に行われたものと推測される。

（佐藤）

80 小丸山古墳出土品　馬具類・珠文鏡

馬鐸：長一八・五　他

鈴杏葉：長一〇・二　他

珠文鏡：径七・三

古墳時代後期（六世紀前半）

島根県益田市　益田市教育委員会

小丸山古墳は益田平野の北東部に位置する独立丘陵上に築かれた、全長約五〇メートルの大型古墳である。周濠および周堤をめぐらす前方後円墳であり、開発工事等により大きな改変を受けたが、墳丘規模や構造の確認調査の後、復元整備された。墳丘の大部分が削平を受けており、馬具類や珠文鏡などの副葬品が攪乱土から出土していることから、主体部は失われたと考えられる。

馬具類は、馬鐸三点と鈴杏葉三点、辻金具などが知られている。馬鐸は英国国旗様に八区画に仕切られ、中に珠文を配している。類似例として、めんぐろ古墳（浜田市、円墳・推定径二〇メートル）出土品が挙げられる。鈴杏葉は三鈴を持つ剣菱形で、内区に珠文を配している。三鈴とも内部に小石を入れており、凹部に赤色顔料が転々と付着している点も注目される。珠文鏡は破損部分も多いが、内区の珠文列をはじめ鋸歯文などを確認することができる。

小丸山古墳は、山陰地域では数少ない周濠・周堤をめぐらす前方後円墳であり、その墳丘規格や副葬品の特徴から、被葬者と王権の強い結びつきを指摘する意見がある。（増田）

81 北長迫横穴墓群出土品 須恵器・蓋坏・長頸壺・𤭯・提瓶

一四点

古墳時代後期（六世紀後葉〜七世紀後半）

島根県益田市　益田市教育委員会

北長迫横穴墓群は益田平野南端の丘陵上に位置する。周辺の丘陵上には複数の横穴墓群が知られ、石見地域でも特に横穴墓が集中する地域である。北長迫横穴墓群はⅠ群からⅤ群で構成され、四〇穴以上が存在したとされるが、開発等により失われたものも少なくない。島根県教育委員会が実施した、数次にわたる発掘調査により計二五穴の状況が判明している。出土した須恵器には蓋坏、高坏、𤭯、提瓶などがあるが、側面に把手を付けたビールジョッキ形のいわゆる「コップ形土器」が注目される。

近年、発掘当時の調査記録や出土遺物の再整理が行われ、横穴墓群の変遷や出土品の様相が明らかとなった。群内でも初期に築かれた横穴墓では、鉄製武具や玉類、耳環等を副葬するなど、地域内の小首長層を被葬者とするものが含まれるが、時期が下る横穴墓では須恵器以外の副葬品を持たない。益田平野では六世紀前半に小丸山古墳が築造されるが、後続する大型・中型古墳は存在しない。六世紀後半には、横穴式石室を持つ小規模古墳で構成される鵜ノ鼻古墳群や、北長迫横穴墓群などの横穴墓群が造られており、大規模な動員を伴う古墳の築造が難しくなる等、社会状況の変化が想像される。

（増田）

82 平ノ前遺跡出土品 金銅製歩揺付空玉・須恵器類・ミニチュア土器

一七点

金銅製歩揺付空玉：四・〇

須恵器：高三一・五　幅三一・五、

高二〇・〇　幅一八・〇　他

土師器：高九・五　幅一五・〇、高一四・五　幅一七・八　他

ミニチュア土器：高五・〇　幅六・〇、

高二・〇　幅二・五　他

古墳時代後期（六世紀）

島根県大田市　島根県教育委員会

平ノ前遺跡は大田市街地にほど近い、静間川西岸に位置する。平成二八年（二〇一六）から二年間で発掘調査が行われた。出土資料の時代幅は大きく、縄文土器から中世に及ぶが、古墳時代後期に整備された水路跡が検出されている。水路は静間川から直線的に内陸部へ引き込まれており、灌漑用水路であった可能性が高い。注目されるのは、この水路から古墳時代中期および後期の祭祀跡が確認されていることである。遺物には赤彩土師器、供献須恵器、ミニチュア土器、金銅製歩揺付空玉などがあり、水の安定供給や豊穣を願う祭祀が行われていた可能性が高い。

金銅製歩揺付空玉は、安来市鷺の湯病院跡横穴墓出土例に次ぐ県下二例目の出土である。半球状に打ち出した金属板を針金で綴じ合わせて球形にしたもので、木の葉形の歩揺を四枚付けている。朝鮮半島の出土品に類似例が知られており、朝鮮半島製もしくは、それをもとに国内で製作されたと考えられる。全国的に見ても希少な装飾品であり、日本海を介したネットワークを持つ有力首長がこの地域に存在し、地域における水田開発や経営に関わる「水辺の祭祀」に関与していたことが想定される。

（増田）

83 諸友大師山横穴墓群《もろともだいしやまよこあなぼ》出土品 須恵器類・石製紡錘車

一三点

須恵器：一二点

最大の提瓶《ていへい》：高二四・〇　胴径一九・二

石製紡錘車《せきせいぼうすいしゃ》：一点　直径三・四　高一・九

古墳時代後期（六世紀後半）

島根県大田市　大田市教育委員会

諸友大師山横穴墓群は、島根県大田市久手町刺鹿の低丘陵斜面に所在する。この横穴墓群は、丘陵南斜面に開口するⅠ群五基、北側斜面に開口するⅡ群二基、南西側斜面に開口するⅢ群八基の計一五穴が知られている。

安濃郡東部にあたる旧波根湖周辺では、六世紀後半から七世紀にかけて新興勢力層の墳墓として横穴墓群の築造が盛んとなる。これらの横穴墓には、土器類のほか、玉類、刀子、鉄鏃、大刀、石製紡錘車などが副葬されている。

諸友大師山Ⅰ群三号横穴墓から出土している石製紡錘車は、上面と背面に鋸歯文《きょしもん》が表現されている。同様の文様のある紡錘車は、旧波根湖周辺の松田谷横穴墓群や大西大師山横穴墓群でも出土している。このような有紋紡錘車は、出雲平野に分布の中心があることが知られている。出雲平野は紡錘車の出土量が多いことから紡織が盛んであったと考えられ、安濃郡の新興勢力層は出雲平野の紡織の盛んな集落と日常的な交流があることを物語る資料でもある。

（岩橋）

第4章　古代出雲誕生

84-1・2 岡田山一号墳出土品 「額田部臣」銀象嵌円頭大刀・三葉環頭大刀・内行花文鏡・馬具類（重要文化財）

一三点

銀象嵌円頭大刀：長五二・〇

三葉環頭大刀：長七二・八

内行花文鏡：一〇・六

雲珠：径一五・〇

鏡板：横一〇・〇　縦八・二

古墳時代後期（六世紀後半）

島根県松江市　六所神社

岡田山一号墳は全長二四メートルの前方後方墳である。大正一四年（一九一五）の発見時には、家形石棺の手前に設けられた石組施設内から銀象嵌円頭大刀、三葉環頭大刀、内行花文鏡などが納められていた。銀象嵌円頭大刀は、刀身の一部を欠くが、出土時にはほぼ完存していた。柄頭には鳳凰・花文を描いた亀甲繋文が銀象眼され、柄には銀線が巻かれる。昭和五八年（一九八三）、保存修理の過程で刀身に銀象眼が見いだされ、「各田卩臣□□□素□大利□」の一二文字が確認された。環頭にパルメットの三葉をあしらう三葉環頭大刀は、百済系の舶載品と考えられる。内行花文鏡は「長宜子孫」の銘を持つ。馬具は心葉形十文字鏡板付轡、鞍金具、雲珠、馬鈴等のセットで、家形石棺の側面に置かれていたという。

大刀の銘文については多くの議論があるが、刀を「各田卩臣」に授ける、と解釈する説が有力である。「各田卩臣」は額

田部臣氏の前身と推測され、六世紀後半において○○部と称する部民や、臣というカバネが存在していたと考えられる。奈良時代に出雲に分布する氏族が、この当時既に形成されていたことを示す貴重な資料である。（増田）

85 **天平六年出雲国計会帳（複製）解民部省解文部分**

一巻
続々修第三五帙第五巻
第二五紙：縦二八・五　横九・五
第二四紙：縦二八・五　横一二・五
現代（二〇世紀）［原品は奈良時代（天平六年〈七三四〉）］
島根県　島根県教育委員会［原品は東京都　宮内庁］

律令制下おいて、官司間での文書のやりとりが確実に行われたかどうかを確認するために毎年作成される計会帳のうち、天平《てんぴょう》五年（七三三）八月から翌天平六年（七三四）七月にかけて出雲国で授受した公文書の目録。現存するのは、この「出雲国計会帳」と延暦《えんりゃく》二年（七八三）の「伊勢国計会帳」のみで、奈良時代の文書行政のあり方を知るうえで貴重である。ただし、いずれも断簡で、「出雲国計会帳」は正倉院文書の正集第三〇巻、続々修第三五帙第五巻・第六巻などに収められており、もとは上級官司から出雲国への命令文書である符《ふ》部、出雲国から上級官司への上申文書である解《げ》部、出雲国と上下関係のない文書などを含む移《い》部で配列されていたと考えられる。

本展での展示箇所は続々修第三五帙第五巻所収の天平六年（七三四）三月から五月にかけて出雲国が民部省に対して提出した解の目録部分で、そのうち四月八日の解によると、秋鹿郡の額田部首《ぬかたべのおびと》真咋《まくい》が逃亡した者のかわりに三上部羊ら三人を率いて進上したとあり、秋鹿郡の有力者として額田部首が存在していたことがわかる。（吉永）

86 **天平十一年出雲国大税《たいぜい》賑給《しんごう》歴名帳《れきみょうちょう》（正集三二）（複製）出雲郡神戸郷部分**

一巻
正集第三二巻
第八紙：縦二六・六　横二二・三
第九紙：縦二六・七　横三三・〇
現代（二〇世紀）［原品は奈良時代（天平一一年〈七三九〉）］
島根県　島根県教育委員会［原品は東京都　宮内庁］

天平一一年（七三九）、出雲国において正倉に蓄積された稲穀を支給された高齢者などの人々の名を書き上げた帳簿で、現存する唯一の賑給歴名帳。正倉院文書の正集第三二巻・第三三巻・第三三巻、塵芥《じんかい》第一巻に断簡が収められており、現存部分だけでも出雲郡・神門郡にいる約三〇〇人が郷里別に記されていて、奈良時代の郷里を理解するうえで格好の史料である。天平一一年、神馬《しんめ》の出現を聖武が喜び、高齢者などに対して賑恤《しんじゅつ》することを命じており、その実施状況を中央に報告するために作成されたのが、この「出雲国大税賑給歴名帳」といえる。

本展での展示箇所は正集第三二巻所収の出雲郡神戸《かんべ》郷の寡《か》（五〇歳以上で夫のいない者）と惸《けい》（一六歳以下で父のいない者）を挙げており、そのなかに額田部依売の戸口である額田部手島売がみえ、出雲郡に額田部がいたことがわかる。なお、岡田山一号墳からみつかった円頭大刀（No.84-1）に刻まれた「各田卩臣」（額田部臣のこと）や『出雲国風土記』に大原郡少領（郡司の次官）としてみえる「額部臣」（額田部臣の誤写の可能性が高い）から、出雲においては額田部臣―額田部首―額田部という階層があり、額田部が広く存在していたことが想定できる。（吉永）

87 **古事記　中巻（寛永二一年版本）（垂仁天皇段）**

一冊
縦二五・九　横一八・四
江戸時代（寛永《かんえい》二一年〈一六四四〉）
島根県　島根県教育委員会

日本最古の歴史書である『古事記』の版本。序には、天武の命で稗田阿礼《ひえだのあれ》が暗誦した天皇家の系譜や伝承を、元明の命をうけ、太安万侶《おおのやすまろ》が筆記し、和銅《わどう》五年（七一二）に献上したものと記されている。神々の世界を神話的物語として描く上巻、神武から応神までの中巻、仁徳から推古までの下巻の全三巻からなる。

本展での展示箇所は中巻の垂仁段で、垂仁の御子であるホムチワケは大人になっても、ものを話さなかったが、出雲に到着し、大神に参拝した後、ことばを話すようになったので、垂仁はそれを喜び、出雲に神宮を造営させ、鳥取部《ととりべ》・鳥甘部《とりかいべ》・品遅部《ほむちべ》などを定めたという話である。垂仁朝に鳥取部などの部民が置かれたかどうかは疑わしいが、出雲に鳥取部がいたことは、天平一一年（七三九）の「出雲国大税賑給歴名帳」（No.86）の出雲郡神戸郷に書き上げられた人々の名から確認でき、出雲神戸が熊野加武呂乃命と大穴持命に仕えると『出雲国風土記』にみえることも踏まえると、杵築大社（出雲大社）と鳥取部に強い結びつきがあったことがわかる。（吉永）

88 **日本書紀　巻二十一（崇峻天皇即位前紀）**

一冊
縦一八・一　横二六・〇
江戸時代（寛政五年〈一七九三〉）
島根県　島根県教育委員会

巻二十一は、用明・崇峻の二代について収める（本書『校正日本書紀』についてはNo.33参照）。

本展での展示箇所は崇峻即位前紀で、蘇我馬子らによる物部守屋《もりや》の滅亡記事である。六世紀半ば（『元興寺《がんごうじ》伽藍縁起《がらんえんぎ》幷《ならびに》流《る》記資財帳《きしざいちょう》』や『上宮聖徳法王帝説《じょうぐうしょうとくほうおうていせつ》』によると五三八年、『日本書紀』によると五五二年）に仏教が公伝し、その受容に積極的な蘇我氏と消極的な物部氏らにより、いわゆる「崇仏論争」が繰り広げられたとされる。そして、最終的には、泊瀬《はつせ》部《べ》や竹田、厩戸《うまやど》などの皇子と蘇我や紀、巨勢《こせ》などの豪族で構成される軍と物部軍が戦い、物部氏が敗れた。この際、厩戸皇子と蘇我馬子は戦勝を祈り、寺塔の建立を誓って、勝利後にそれぞれ四天王寺と法興寺を造立したとある。

この蘇我氏と物部氏の対立は、単に仏教の受容をめぐってのものではなく、それぞれの権力争いという面がある。その一端を出雲でも窺うことができ、古墳や石室の形状、埋葬品のひとつである大刀などが出雲東部と西部で相違し、天平一一年（七三九）の「出雲国大税賑給歴名帳」（No.86）には出雲郡・神門郡などの出雲西部に物部氏とゆかりの深い部民が多く確認できることから、もとは出雲西部を物部氏と関係の深い勢力が、出雲東部を蘇我氏と関係の深い勢力が治めていたとされる。（吉永）

89 **守屋大連《もりやのおおむらじ》**

安田靫彦《やすだゆきひこ》
一幅
縦一五〇・三　横五七・〇
明治時代（明治四一年〈一九〇八〉）
愛媛県　愛媛県美術館

明治四〇年（一九〇七）から翌明治四一年（一九〇八）にかけての約一〇ヶ月間、古美術研究のため、奈良に滞在していたときに制作された作品。仏教の受容に積極的な蘇我馬子と対立した物部守屋を題材にしている。顔に刻まれた多数の皺、白味を帯びた頭髪やひげからは、老齢の守屋が描かれているといえるが、眼光はとても鋭く、蘇我氏と並ぶ大豪族である物部氏を率いるに相応しい強さのようなものを感じさせる。

作者の安田靫彦（一八八四―一九七八）は、東京都生まれの日本画家で、本品をはじめ、額田王《ぬかたのおおきみ》や源頼朝・義経兄弟、織田信長などを題材とした歴史画を多く描いている。そして、歴史にも造詣が深かったといえ、それは本品の守屋が右手に携える大刀のデザインからも窺うことができる。なお、晩年は国宝保存会委員や正倉院評議会会員、文化財専門審議会委員などを務めて文化財行政に力を尽くすとともに、東京美術学校教授として後進の育成にもあたった。　（吉永）

90　日本書紀　巻二十一（用明天皇二年四月丙午条）

一冊

縦一八・一　横二五・六

江戸時代（寛文《かんぶん》九年〈一六六九〉）

島根県　島根県教育委員会

本展での展示箇所は用明二年（五八七）四月丙午条で、用明が病になり、仏教に帰依《きえ》することの是非を群臣にはかったところ、物部守屋と中臣勝海《かつみ》は「他神《あだしかみ》」である仏教に反対し、蘇我馬子は帰依に賛成したと記されており、蘇我氏と物部氏らによる「崇仏論争」の一場面といえる。このとき、用明の弟である穴穂部《あなほべ》皇子が法師を率いて参入したので、守屋は「邪睨《にら》みて大きに怒」った、すなわち横目で睨んで激怒したとあり、この記述を参考にしながら、険しい表情、とりわけ黒目を片側に寄せ、睨んでいる「守屋大連」（№89）を安田靫彦は制作したと考えられる。

なお、用明はこの数日後に崩御し、磐余池上陵《いわれのいけのへのみささぎ》に埋葬され、馬子らによって守屋は滅ぼされた（馬子と守屋の対立については、№88も参照）。

本書寛文九年（一六六九）版『日本書紀』は、慶長《けいちょう》一五年（一六一〇）に刊行された慶長古活字本に返点や訓点を加えた寛永《かんえい》版本を、さらに整版して刊行したもので、江戸時代に広く流布した。　（吉永）

91　山代方墳出土品　子持壺

二点

横一六・〇　縦一三・〇、横一六・〇　縦一〇・〇

古墳時代後期（六世紀後半～七世紀）

島根県松江市　島根県教育委員会

山代方墳は松江市東郊、茶臼山の西麓に位置する墳長約四五メートルの大型方墳である。周濠と周堤をめぐらした二段築成の方墳であり、石棺式石室を持つ。周濠や墳丘テラスなどから子持壺が出土しているほか、円筒埴輪や須恵器類が見つかっている。

山代方墳は、山代二子塚に続く最高首長の墓と考えられるが、出雲地域ではそれまで見られなかった外堤を持つ方墳であり、畿内の有力者の墓として採用される精美な大型方墳との関係も指摘される。山代方墳が築造された時代、出雲西部の首長系列は墳丘規模が縮小するなどあきらかに衰退傾向にあり、東部の石棺式石室に似た石室の採用など、独自色も薄れていく。山代方墳もまた、東西勢力が並び立つ時代の終わりを告げる出雲地域最後の大型古墳であり、新たな時代の始まりを印象づけるものといえる。　（増田）

92　向山一号墳出土品　武具類・馬具類・須恵器類

一八点

鞍金具：幅六・五

辻金具：幅六・八

台付き𤭯：高一九・三　口径一三・六

蓋：高四・五　口径一三・二

古墳時代後期（六世紀末～七世紀前半）

島根県松江市　松江市教育委員会

向山一号墳は山代二子塚古墳を始めとする山代古墳群を南東に見下ろす標高約二〇メートルの丘陵に位置する。三二×二〇メートル以上の方墳で、玄室は各壁面と天井を一枚石で構成する石棺式石室。調査時は未盗掘であったことから子持壺を用いた祭祀を検討する上で貴重な調査となった。

羨道部では玄室内から掻き出されたとみられる鉄製品や須恵器が多数出土している。馬具は鞍金具、辻金具、絞具などがあり、武具には刀の飾金具を始め、弓の弭《ゆはず》金具や鉄鏃などが含まれる。金属器の洗浄によって一から二ミリメートル程の金箔片が採取されており多くの金属製品に鍍金がされていたと考えられる。

須恵器類は鉄釘などとともに前庭部から出土している。鉄釘の存在から、初葬時には、石室を埋め戻す前に、前庭部で墓前祭祀が行われた様子を示している。

また、古墳の墳裾と思われる付近からは多数の子持壺の破片が出土しており、円筒埴輪のように墳丘上に立て並べた可能性も指摘されている。

なお、石室内の副葬品を掻き出した二回目の進入に伴う副葬品は確認されていない。よって、石室内の方付けだけが行われたと考えられ、特殊な葬祭の様子を示している。　（林）

93　かわらけ谷横穴墓群出土品　双龍環頭大刀（重要文化財）

一点

長一〇五・七

（刀身）六九・九

古墳時代後期（六世紀末～七世紀初頭）

島根県安来市　島根県教育委員会

かわらけ谷横穴墓群は、島根県安来市に所在する横穴墓群である。周辺には多くの古墳、横穴墓が存在し、鷺の湯病院跡横穴墓は隣の谷に位置する。大刀が出土した横穴の正確な位置は不明だが、発見の経緯は「三助」を名乗る地元考古愛好家が書き記した『八雲漫遊日誌』に詳しい。大正一四年（一九二五）五月六日、三助は横穴から飾刀一、大壺一、埦形土器五などを発見した。横穴正面奥に土器の破片が敷かれ、その上に「チバガシラ」付の直刀が飾られていた。鞘は銅板を巻き、約環（責金具）三ヶ、文様が両面異なる見事な飾刀であったという。発見後の大刀は古美術収集家の手に渡り、昭和三三年（一九五八）には重要文化財に指定された。島根県は平成一〇年（一九九八）にこの大刀を購入し、修復作業を実施、緑青の取り除かれた美しい姿がよみがえった。柄頭に見られる向かい合った二頭の龍をはじめ、デザインの簡略化が進んでいる点から、六世紀末から七世紀初頭の所産と考えられる。

この大刀は、希に見る良好な状態を保っており、表面を覆う装飾付金銅版だけでなく、鞘木や柄木の大部分が原形をとどめている。このことは、高度な製作技術の集合体である装飾大刀の構造や製作技術を把握する上で、多くの知見をもた

らした。刀身は古墳時代の輝きを残す唯一の例とされるが、戦後になってから東京の刀研ぎ師の手で研がれたといわれており、切先形状は本来とは異なるようである。（増田）

94-1・2 上塩冶横穴墓群第三三支群出土品　金銅装大刀・石棺（天井石）・須恵器類

一六点
金銅装大刀：長五三・三
石棺（天井石）：長一六二・○　幅四八・○　高三二・○
蓋坏：径一一・五、一二・六　他
高坏：径一一・一　高一四・四
横瓶：幅一五・五　高二一・○
古墳時代後期（六世紀末〜七世紀初頭）
島根県出雲市　出雲市

上塩冶横穴墓群は出雲平野南端に位置する丘陵に展開する横穴墓群である。三三支群は谷の出口に近い南東向き斜面に展開する横穴墓群で、横穴式石室を持つ古墳一基と横穴墓八穴が調査されている。六号穴は最も高所に位置する横穴墓で、天井部は崩落していたが、玄室は平面長方形の丸天井であったと考えられる。玄室左壁に沿って石棺が置かれており、床石を大小一○枚敷いた後、内部を刳り抜いた天井石を設置する。天井石の小口側には一対の縄掛突起を削り出しており、加工具の痕跡がよく残っている。石材はいずれも凝灰岩である。

金銅装大刀は一号穴の玄室床面から出土したもので、あわせて耳環、鉄斧、鉄鏃が出土している。柄頭と鞘尻側を欠くが、佩表側の金銅板は原形を留めており、円形浮文と蕨手文を配した規格性の高い装飾大刀の一つであることが分かる。柄頭の型式は不明であるが、揃えの特徴から見て、双龍環頭大刀であった可能性がある。出雲西部地域においては、上塩冶築山古墳をはじめ倭装大刀が卓越するため、本例はこの地域初の船載系大刀である。これらの環頭大刀は畿内で規格化・量産され、特定の職能や身分を表徴するものとして、各地の豪族に下賜された。この大刀の持ち主は、出雲西部地域の最高首長を支える立場にあると同時に、中央の権力者と強いコネクションを持つ人物だったと考えられる。（増田）

95 原田古墳出土品　双龍環頭大刀・馬具類

六点
柄頭：横八・八　縦七・二
（環頭大刀復元長）約九五・○
杏葉：横九・四　縦六・九
辻金具：横五・五　縦四・○
古墳時代後期（六世紀後半〜七世紀初頭）
島根県仁多郡奥出雲町　島根県教育委員会

原田古墳は斐伊川上流の河岸段丘に位置する後期古墳で、ダム工事に先駆けて発掘調査が行われたが、墳丘・石室の大部分が既に残されておらず、副葬品や石室用材が検出されたのみであった。羨道部や玄室にあたる場所から出土したものの多くも原位置を留めていないと思われる。副葬品には、各種須恵器類の他、装飾大刀や鉄刀、鉄鏃、馬具、玉類などがあり、埴輪は伴わない。装飾大刀はいくつかの破片に分かれているものの、揃えの特徴から一振の大刀と考えられる。柄頭は一鋳品の環に双龍を抜いた板材を填め込んだ双龍環頭である。造形的にはやや退化が進んでおり、高広Ⅳ区一号横穴墓出土品とかわらけ谷横穴墓出土品の中間に位置づけられる。鞘部には円形浮文を打ち出した金銅板と口金具、筒状金具、責金具等が残されている。馬具類には、三葉文心葉形鏡板付轡と同意匠の杏葉、鞍金具、雲珠、辻金具、鉸具などがあり、一連の馬具セットであったと考えられる。鏡板と杏葉は、連結部の造作や外形ラインが一致するなど基本的に同じ「型」を共有しており、製作工程の簡略化や量産化の影響とも指摘される。

原田古墳の双龍環頭大刀や金銅装馬具類はいずれも規格性の高いものであり、王権中枢部で集中的に生産され、被葬者に賜与されたものと想定される。出雲山間部の豪族が、こうした王権によって構築された身分表徴システムの中に組み入れられていたことが分かる、重要な資料である。（増田）

96 放れ山古墳出土品　圭頭大刀・須恵器類

一五点
圭頭大刀：長五○・○
蓋：口径一二・一　高四・○
台付き壺：高三○・○　径二○・○
古墳時代後期（六世紀末〜七世紀前半）
島根県出雲市　個人蔵

出雲市古志町の放れ山古墳は大正時代に発掘された古墳で、精美な切石積みの横穴式石室が開口している。放れ山古墳の近隣には妙蓮寺山古墳がある。

放れ山古墳の墳形は明らかでないが、長さ三・五メートルの玄室内には両側壁に沿って三基の石床が置かれている。大刀の他、鉄地金銅張りの馬具類などが出土したことが知られている。

出雲西部の古墳では、捩り環頭大刀や円頭大刀が多く出土することで知られる。これらの大刀は倭風大刀と呼ばれ、伝統的な大刀と言われている。放れ山古墳の金銅装圭頭大刀は鞘に装飾の施された金銅板が張られ、柄にも文様が彫られる精美なもので倭風大刀の伝統を引く。頭椎大刀や双龍環頭大刀など、画一的なデザインで大量生産された大刀とは異なり、様々なデザインがあることが知られている。

須恵器類には、蓋類、台付き壺や𤭯などが含まれる。蓋は天井部との間の凹線が明瞭なものと、天井部の切り離しが粗雑で回転ナデ調整のものの両者が見られる。（林）

97 安部谷横穴墓出土品　須恵器類

一○点
平瓶：幅九・三　高六・四
𤭯：高一一・七　口径八・三
古墳時代後期（六世紀末〜七世紀前半）
島根県松江市　島根大学法文学部考古学研究室

安部谷横穴墓は松江市南郊の意宇川南岸に位置する横穴墓群。七つの支群があり、Ⅰ支群では丘陵の岩盤に掘り込まれた五基の横穴墓が知られている。この内一から四号墓は精美な平入り家形となっており、出雲地方特有の石棺式石室の影響を強く受けている。

安部谷横穴墓から出土した須恵器は、坏やつまみの付く蓋の他、小型の平瓶が含まれている。また、安部谷横穴墓からは須恵器の他、馬具や円頭埴輪が出土しており、須恵器類には子持壺の小片を含んでいる。古くから開口していた安部谷横穴墓で子持壺がどこに置かれていたかは判明していないが、出雲地方での横穴墓では、前庭部から出土している場合が多く、子持壺は前庭部での墓前祭祀に用いられたと考えられている。

安部谷横穴墓は、後に出雲国府の置かれる意宇平野に面した立地であり、石棺式石室や子持壺を用いた祭祀を行った出雲の首長層に近い位置にある点や、凝灰岩の産地であることから石棺式石室そのものを造った工人などとの関わりを推定する説がある。（林）

98 上塩冶横穴墓群第一五支群出土品 「各」ヘラ書き土器

三点
①器高 四・二五 口径一一・〇
②器高 四・二 口径一一・〇
③器高 四・四五 口径一一・〇
古墳時代終末期（七世紀）
島根県出雲市 島根県教育委員会

上塩冶横穴墓群は、出雲市上塩冶町の出雲工業高校の裏山付近から塩冶神社にかけての丘陵に分布する県内最大規模の横穴墓群で、これまでに四一支群二〇〇基以上が確認されている。本品はそのうち、第一五支群から出土したヘラ書き土器である。当支群は、ほぼ七世紀代を通じて存続した横穴墓群であり、ヘラ書き土器は七世紀半ば頃のものとみられる。

ヘラ書き「各」は古代の氏族名の一つである額田部を指す異体字であると考えられる。出雲国内の額田部については、金石文では松江市の岡田山一号墳（六世紀後半）出土鉄刀に「各田卩臣」（額田部臣）の銀象嵌銘がみえる（№84―1）。また、文献史料では、天平五年（七三三）勘造の『出雲国風土記』に大原郡少領として「額田部臣」が、天平六年（七三四）の「出雲国計会帳」では大原郡屋裏郷・秋鹿郡に、天平一一年（七三九）の「出雲国大税賑給歴名帳」では出雲郡杵築郷・漆治郷に「額田部」が確認できる。意宇郡・秋鹿郡・出雲郡・神門郡・大原郡と、出雲国内に広く額田部関係氏族が存在していたことがうかがえる。

神門郡域では他に額田部の存在を示す資料は見つかっていないため、本品が唯一の史料群となる。しかし、一般にヘラ書き土器は焼成前に書かれたものであり、土器の制作もしくは製作者にかかわるものとみられ、この横穴墓の被葬者と額田部とが何らかの関係があったものと思われる。（佐藤）

99 古曽志大谷一号墳出土品 円筒埴輪・朝顔形埴輪・鉄刀・須恵器類

七点
円筒埴輪：高三一・七
朝顔形埴輪：高四九・五
鉄刀：長九九・〇
筒形器台：高三九・〇
古墳時代中期末～後期（五世紀末～六世紀前葉）
島根県松江市 島根県教育委員会

古曽志大谷一号墳は、南に宍道湖を望む丘陵上に位置する全長四五・七メートルの前方後方墳である。開発に伴い発掘調査が行われ、現在は墳丘が復元整備されている。葺石と円筒埴輪を持つ二段築成で、後方部の埋葬施設は残されていなかったが、前方部からは木棺の周囲を礫で囲んだ礫郭状の主体部が検出された。出土遺物には大刀・鉄鏃・鉄斧などがある。

古曽志大谷一号墳の埴輪は大部分が円筒埴輪であり、朝顔形埴輪も数個体確認されている。円筒埴輪は二条三段で成形され、タガを取り付けた後にヨコハケ調整を行う（二次ヨコハケ）。また製作途上で本体を上下反転させ、底部の成形を行う（倒立ハケメ調整）。こうした製作方法は畿内地域にはなく、出雲地域独特の技法である。近年の研究では、同じ技法により製作された円筒埴輪は、出雲東部地域から米子平野部まで出土例があることが指摘されており、広範囲にわたって同一系統（中海系）の埴輪が生産され、流通していたと考えられている。（増田）

100・101 向山三号墳出土品・井手挟三号墳出土品 円筒埴輪・鹿形埴輪・水鳥形埴輪・人物埴輪（井手挟三号墳出土品：鳥取県指定文化財）

一〇点
向山三号墳円筒埴輪：高四三・〇 他
井手挟三号墳円筒埴輪：高四四・〇 他
鹿形埴輪：高七二・〇 長六九・〇
水鳥形埴輪：高二九・〇 長四二・〇 他
人物埴輪：高九四・五 他
古墳時代中期末～後期（五世紀末～六世紀前葉）
鳥取県米子市 米子市教育委員会

向山三号墳は、米子市東端の淀江平野に面した丘陵上に展開する、向山古墳群に属する前方後円墳である。全長は約三九メートルで、古墳時代中期末に築造されたと考えられる。井手挟三号墳は、向山古墳群よりもやや奥まった位置の丘陵上に展開する中西尾古墳群に属し、墳丘の多くは削平により失われていたものの、径二六・六メートルの円墳と考えられる。

両古墳から出土した埴輪のうち、円筒埴輪には多くの共通点があることが知られている。即ち両古墳の円筒埴輪は二条三段で、中段に一対の円形透し穴を持ち、突帯は高さのある台形を呈する。底部調整、二次調整は施されていない。こうした特徴は、この時期の淀江地域の円筒埴輪に通有のものである（淀江系）。両古墳出土の円筒埴輪には、透し穴左側に逆U字状のヘラ記号を有する個体がみられ、同一工房製作である可能性も指摘されている。両古墳は別々の古墳群に属するが、被葬者の関係は非常に近しいものであったことが想定される。（増田）

102 上塩冶築山古墳出土品 円筒埴輪（重要文化財）

二点
高四四・〇、四六・〇
古墳時代後期（六世紀後半）
島根県出雲市 出雲市

上塩冶築山古墳出土の円筒埴輪は、二条三段と三条四段の二タイプが存在する。近年の調査研究により、底部調整方法や基底部を長く採るプロポーション、凹線を入れて突帯の割付けを行うなどの特徴が、出雲東部に位置する東淵寺古墳の円筒埴輪に共通することが明らかになった。一部の埴輪では、ハケメのパターンが一致することから、同じ工房で同一原体を用いて製作された可能性も指摘されている。現時点ではこれらの埴輪群の製作地を特定することはできないが、前時代よりも広域的なネットワークが形成され、一円に同一系統の円筒埴輪が供給されるシステムができあがったと考えられる。（増田）

103 石馬谷古墳出土品 円筒埴輪

二点
高四二・〇、四〇・〇
古墳時代後期（六世紀後半）
鳥取県米子市 米子市教育委員会

石馬谷古墳出土の円筒埴輪は、二条三段で中段に一対の円形透し穴を持つ。突帯の高さが高い点などに旧来の円筒埴輪（淀江系）の影響を残すが、底部調整を施すなど、それまで淀江平野の古墳に供給さていた埴輪とは一線を画すものである。六世紀中葉以降、円筒埴輪の基本的な製作技法は、淀江地域から奥出雲地域を含む出雲西部地域までが同一系統に集約され、雲伯系とも言うべき統一感のある円筒埴輪が各地の古墳に供給された。これらの円筒埴輪の製作地が一カ所に集約されたとは限らないが、少なくとも既存の埴輪生産体制が統合・再編された結果と考えられる。もっとも雲伯系の円筒埴輪は、それぞれの地域の首長墓に供給されており、埴輪生産体制の統合・再編が、ただちに政治的な一元化を意味するとはいえない。現状では、各地の有力者間の広域的なネットワークが形成され、これに基づく生産流通体制によって円筒埴輪が供給されていたと考えられる。（増田）

104
東淵寺古墳出土品　円筒埴輪

二点
円筒埴輪：高四六・〇、四四・〇
古墳時代後期（六世紀後半）
島根県松江市　島根県教育委員会

上塩冶築山古墳出土品（No.102）と同系統の円筒埴輪である。近年の調査で、両者のハケメのパターンが一致する個体が見つかった。埴輪製作（調整）に用いられた原体（工具）が同一である可能性が見いだされた訳である。ハケメの細い筋は、原体として用いられた木材の年輪に由来するため、使用すれば相応に摩耗や傷を生じる。両者が同一原体を使用して調整されたのであれば、同一工房でごく短期間のうちに製作されたことになる。一方で、樹種や樹齢が近似する場合には、同一原体でなくとも類似するパターンのハケメを残す可能性がある。したがって、これのみでは断定しがたいものの、プロポーションや製作技法などの類似を考慮すれば、製作地や時期が同一である蓋然性は高いだろう。（増田）

105
上塩冶築山古墳出土品　子持壺（重要文化財）

一点
高六六・〇
古墳時代後期（六世紀後半）
島根県出雲市　出雲市

上塩冶築山古墳出土品のうち子持壺は四点がほぼ完形に復元できる。本資料は最も高さが高いものである。親壺の口縁部が外反し、脚部との接合部には袴状の突帯をめぐらす。子壺は底がないものだが、親壺に穿孔しないため底は貫通しない。脚部は末広がりにならず、むしろ基部を内側に折りたたんですぼめる。こうした特徴は、出雲東部地域の子持壺と大きく異なり、在地系の製品と考えられる。しかし親壺や脚部のスカシ穴の配置や、脚部外面調整に顕著なヨコナデ・ヨコハケは、山代二子塚古墳や東淵寺古墳の子持壺を彷彿とさせるものである。こうした点から、上塩冶築山古墳出土の子持壺は山代二子塚古墳や東淵寺古墳の子持壺をモデルとして製作された可能性もある。（増田）

エピローグ　古墳が語りを終えて

106
出雲大社境内遺跡出土品　須恵器類・土師器類

六点
長頸瓶：高二五・八
高台付き坏：口径九・六
古墳時代終末期（七世紀）
島根県出雲市　出雲大社

出雲大社境内からは多くの土器が出土しており、古くから何らかの祭祀行為が行われていたことを表している。展示品は拝殿の南側で行われた発掘調査で出土した土器類で、北東から南西に流れる流路の周辺から出土している。この内、須恵器長頸瓶など複数の土器が近接して出土しており、意図的に置かれたかまとめて廃棄されたと考えられている。

七世紀後半から八世紀前半代に機能したと考えられるが、出土した土器には古墳時代のものも含まれる。出雲大社境内遺跡の出土遺物に含まれるこの頃の資料は多くはなく、行為の内容は不明と言わざるを得ないが、七世紀後半から八世紀の間に流路に土器が置かれる行為があり、また、七世紀代の資料にはミニチュア土器も含まれている。資料に時期幅はあるが、様々な機種を一揃えに水際に廃棄する行為は、出雲市内の古志本郷遺跡や中野清水遺跡でも知られており、出雲平野一円に見られる行為が出雲大社境内でも行われていた様子が判る。（林）

107
日本書紀　巻二十六（斉明天皇五年是歳条）

一冊
縦一八・一　横二五・六
江戸時代（寛文九年〈一六六九〉）
島根県　島根県教育委員会

本条は、杵築大社の造営を示す史料ではないかとして従来注目されてきた条文である。「是歳《このとし》、出雲国造〔名を闕《もら》せり。〕に命《おお》せて、神の宮を修厳《つくりよそ》はしむ。狐、於友《おう》郡の役丁《えよぼろ》の執れる葛の末《すえ》を噛ひ断ちて去《い》ぬ。又、狗、死人の手臂を言屋社に噛い置けり。〔言屋、此をば伊浮瑘といふ。天子の崩りまさむ兆なり。〕」（〔　〕内は割書き）条文全体は、斉明天皇崩御の前兆となる凶事があったという趣旨であるが、具体的内容としては「出雲国造に命じて、於友（意宇）郡の役丁を動員して神宮を造営した」ことを示している。

かつて、この記事については『書紀』編纂段階の創作・挿入とする説もあった。しかし、古代国家にとって重要な特定の神社造営のために設置された神郡（評制段階の当時は神評）の設定は七世紀後半に遡るものであり、意宇郡は全国七つの神郡のうちの一つであった。そのため、神宮造営を記した本条に史実性を反映したものであると考えて差し支えない。

また、記事に登場するのが於友郡（実際は評）であることから、「神宮」を『風土記』意宇郡の熊野大社とする説もある。これについて、「大神之宮」（『記』垂仁段）や「出雲大神宮」（『書紀』崇神六〇年）など、出雲にあった神を祭る施設について、記・紀では広域地名「出雲」＋「大神之宮」と表記され、『風土記』のような小地域名（杵築、熊野）を冠した名称では登場しない。

出雲大神宮については同様の広域地名を冠している出雲神戸の由来が参考になる。『風土記』では、出雲神戸は熊野と杵築の二所大神の神戸であると記されている（意宇郡出雲神戸条）。これは秋鹿・楯縫・出雲・神門各郡の神戸も同様で、熊野と杵築の一体性が窺える。出雲大神宮とは、熊野大社と杵築大社から構成されるものと解せるのである。（佐藤）

108

穴神横穴墓群第一号墓出土品　石棺（復元模型）

一点
高一一三・〇　幅一二〇・〇
現代（原品は古墳時代後期～終末期）
島根県安来市　島根県教育委員会
［現品は安来市教育委員会］

穴神横穴墓群は、すでに戦前に開口していた横穴墓で、精美な家形石棺が納められていることで知られていた。

この石棺の棺内奥壁、両側壁、天井の前面は全面に赤色顔料が塗られていたほか、両袖部分には、赤色顔料が点々と残されていた。両袖の赤色顔料は、発見当時には、かろうじて赤色の痕跡を追える程度であったが、画像解析の結果、現れた図像が模型に描かれた絵である。右前壁の左下隅に垂下する三条の直線が描かれ、そのうちの一から二条と交差する斜線、これらの直線の上端に掛かる三角形、蕨手状の文様などが描かれているように見える。また、右前壁の左下隅には、数条の線刻も残されていた。こうした装飾古墳（横穴墓）は九州地方に多く知られ、地域的な偏在性を持つことで知られている。

この石棺に描かれた図像は明瞭ではないが、高く伸びた数条の柱に斜めに掛けられた梯子、その上に三角形の屋根のようにも見え、高層の建築物を表したとする説もある。

発掘調査では、前庭部などから須恵器類が出土しているほか、地元で古くに開口した際の土器類が伝えられている。

（林）

109

上淀廃寺出土品　壁画・塑像螺髪・軒丸瓦・「寺」刻書土器（鳥取県指定文化財）

一〇点
壁画：幅一三・〇
塑像螺髪：（大）高二・五、（小）高一・〇
軒丸瓦：径一八・〇
奈良時代（七世紀後半）
鳥取県米子市　米子市教育委員会

上淀廃寺は、発掘調査によって神将などを描いた壁画が出土したことで知られる。本尊の三尊像を安置した金堂の壁が飛天などを描いた壁画で囲まれていたことが明らかとなり、古代の地方寺院でも壁画による荘厳が行われた例があることが明らかとなった。展示品には、菩薩の光背や腰紐などが描かれている。

上淀廃寺の壁画は、金堂の火災によって土壁が固められ現代に残されたものだが、同様の事情により塑像の指や螺髪も残されている。螺髪は、本尊の丈六如来像の頭部に付けられていたものとされ、金堂の中心には塑像による巨大な仏像が置かれていた。

上淀廃寺の軒丸瓦は単弁一二弁蓮華文軒丸瓦で、各蓮弁はあたかも串団子のように中程を丸く膨らませ、その中心を線で貫く特徴的なもの。同様の文様持つ軒丸瓦は、因幡・伯耆・隠岐・出雲に限って見られ、他地域では見ることができない。この特徴的な軒丸瓦と分布域が重なる資料に山陰系と言われる鴟尾が知られる。

刻書土器は、上淀廃寺の南西側で平成一三年（二〇〇一）の発掘調査で出土。倉庫と考えられる建物跡付近から発見された土器で、内面に「寺」と刻まれている。使用に際して書き記す墨書土器と異なり、刻書土器は土器を焼成する前に文字を刻んでいることから、当初から上淀廃寺で使用するために納入されたと推定される。この土器が出土した建物跡の位置関係などから、上淀廃寺は中心伽藍以外にも多くの堂舎を有したと考えられ、格式の高い本格的な寺院だったことが判る。

（林）

110

教昊寺跡出土品　軒丸瓦・軒平瓦

三点
瓦当面径推定一八・〇　他
奈良時代（八世紀）
島根県安来市　個人蔵

天平五年（七三三）の年記を帯びる『出雲国風土記』には、「教昊寺」と一〇カ所の「新造院一所」と言う書き出しで始まる記事が記されている。教昊寺は教昊僧が造り、三層の塔などの記載から仏教の寺を指し、また新造院の記事もその記述内容がよく似ていることから仏教に関わる施設を記載したと考えられている。

安来市野方町に位置する教昊寺跡は、この『出雲国風土記』記載の教昊寺だった可能性を指摘されている遺跡で、古くから塔心礎や瓦が採集されることが知られていた。近隣で採取された軒丸瓦は上淀廃寺の軒丸瓦によく似た一三弁蓮華文で、上淀廃寺や同様の瓦を出土する山陰地方の寺跡の関連がうかがわれる。展示品はそれに後出する八弁の蓮華文で、連弁の中程が丸く膨らみ、串を刺したような線が延びる。

また、軒平瓦は大官大寺式と呼ばれる均整唐草文で、脇区には鋸歯文（三角形が連続する文様）が見られる。主文様の唐草は、中央から派生し、上下二段になっているが、実はこの文様はネガ、つまり文様の飛び出す線と凹んだ地の部分が通常の軒平瓦とは逆になっている。こうした文様は、大官大寺などの軒平瓦そのものを直接粘土に押しつけて造った可能性があり、一般的な軒平瓦とは反転した文様となっている。

（林）

主要参考文献（コラム分は各文末に記載）

出雲市教育委員会『史跡今市大念寺古墳保存修理事業報告書』一九八八

出雲市教育委員会『中村一号墳』二〇一二

出雲市教育委員会・島根県出雲県土整備事務所『築山古墳Ⅳ　県道今市古志線改良事業に伴う埋蔵文化財発掘調査報告書』二〇〇九

出雲弥生の森博物館『上塩冶築山古墳の再検討』二〇一八

猪熊兼勝『見瀬丸山古墳と天皇陵』季刊考古学・別冊二　一九九二

宇治市教育委員会『継体王朝の謎　うばわれた王権』一九九五

宇土市教育委員会『椿原古墳』一九九七

大阪大学稲荷塚古墳発掘調査団『井ノ内稲荷塚古墳の研究』二〇〇五

大阪府教育委員会『加納古墳群・平石古墳群』二〇〇九

大阪府立近つ飛鳥博物館『継体大王の時代　百舌鳥・古市古墳群の終焉と新時代の幕開け』二〇一〇

大阪府立近つ飛鳥博物館『大王と豪族　六世紀の大和と河内』二〇一六

大阪府立近つ飛鳥博物館『ふたつの飛鳥の終末期古墳　河内飛鳥と大和飛鳥』二〇一〇

大野城市教育委員会『牛頸窯跡群　総括報告書Ⅰ』二〇〇八

香川県立ミュージアム『特別展　讃岐びと、時代を動かす―地方豪族が見た古代世界―』二〇一七

角田徳幸「江田穴観音古墳出土の杏葉について」『肥後考古』第九号　一九九六

九州歴史資料館『八女の至宝』二〇一六

京都国立博物館・島根県立古代出雲歴史博物館『特別展覧会　大出雲展』二〇一二

京都大学文学部『京都大学文学部博物館考古学資料目録二』一九六八

草野潤平『東国古墳の終焉と横穴式石室』二〇一六

熊本県教育委員会『熊本県装飾古墳総合調査報告書』一九八四

熊本県立装飾古墳館『鹿角製品が語る装飾古墳展』二〇一四

古賀市教育委員会『鹿部田渕遺跡　第二次・六次・七次調査』二〇〇三

小森哲也『東国における古墳の動向からみた律令国家形成過程の研究』二〇一五

坂江渉「風土記の「荒ぶる神」の鎮祭伝承」『出雲古代史研究』二〇一五

佐賀市教育委員会『白石原遺跡Ⅰ　一区A～E地点の調査』二〇一二

滋賀県立安土城考古博物館『日継知らす可き王無し　継体大王の出現』二〇〇三

滋賀県立安土城考古博物館『湖を見つめた王　継体大王と琵琶湖』二〇一二

島根県立古代出雲歴史博物館『開館一〇周年記念企画展　出雲国風土記―語り継がれる古代の出雲―』二〇一七

島根県教育委員会・朝日新聞社『古代出雲文化展　神々の国　悠久の遺産』一九九七

島根県教育委員会『出雲岡田山古墳』一九八七

島根県教育委員会・八雲立つ風土記の丘『御崎山古墳の研究』一九九六

島根県教育委員会『山代二子塚古墳』一九九二

島根県教育委員会『古曽志遺跡分発掘調査報告書　朝日ヶ丘団地造成工事に伴う発掘調査』一九八九

島根県教育委員会『薄井原古墳調査報告』一九六二

島根県古代文化センター『上塩冶築山古墳の研究』一九九九

島根県埋蔵文化財調査センター・古代文化センター『かわらけ谷横穴墓群の研究』二〇〇一

島根県埋蔵文化財調査センター・古代文化センター『めんぐろ古墳の研究』二〇〇九

島根県埋蔵文化財調査センター・古代文化センター『益田市内における古墳の調査　金山古墳・鵜ノ鼻古墳群・北長迫横穴墓群』二〇〇九

島根県埋蔵文化財調査センター・古代文化センター『魚見塚古墳・東淵寺古墳発掘調査報告書　松江市東部における古墳の調査（二）』二〇一六

島根県立古代出雲歴史博物館『倭の五王と出雲の豪族　ヤマト王権を支えた出雲』二〇一四

島根県立八雲立つ風土記の丘『出雲型子持壺の世界』二〇一一

吹田市立博物館「古代馬の復元」『吹田市立博物館だより』第三号　一九九四

大社町教育委員会『出雲大社境内遺跡』二〇〇四

高崎市観音塚考古資料館『前方後円墳が消える時　再考、観音塚古墳の史的意義』二〇一六

高槻市立今城塚古代歴史館『継体大王と筑紫君磐井』二〇一六

高槻市教育委員会『継体天皇の時代』二〇〇八

田中大「出雲・伯耆西部における古墳時代後期後半の異系統円筒埴輪の融合」『考古学研究』六四―二　二〇一七

仁藤敦史「継体天皇　その系譜と歴史的位置」『古代の人物一　日出づる国の誕生』二〇〇九

仁藤敦史「欽明期の王権と出雲」『出雲古代史研究』第26号　二〇一六

早川和子『よみがえる日本の古代　旧石器～奈良時代の日本が分かる復元画古代史』二〇〇七

菱田哲郎『古代日本　国家形成の考古学』二〇〇七

平川南「出雲国計会帳・解部の復元」『漆紙文書の研究』一九八九［初出は一九八四］

福岡市教育委員会『比恵二九　比恵遺跡群第七二次調査概要』二〇〇一

福岡市教育委員会『東光寺剣塚古墳』一九九一

松江市史編集委員会『松江市史　史料編3　古代・中世Ⅰ』二〇一三

松江市史編集委員会『松江市史　通史編1　自然環境・原始・古代』二〇一五

松江市教育委員会『向山古墳群発掘調査報告書』一九九八

村尾融「律令時代の財政に関する研究」『律令財政の研究』一九六一

桃崎祐輔「九州の屯倉研究入門」『還暦、還暦?、還暦!』二〇一〇

桃崎祐輔「九州の屯倉研究序説」『日本考古学協会二〇一二年度福岡大会研究発表資料集』二〇一二

柳沢一男『筑紫君磐井と「磐井の乱」』二〇一四

八女市教育委員会『立山山古墳群』一九八三

八女市教育委員会『鶴見山古墳三』二〇〇七

淀江町教育委員会『向山古墳群』一九九〇

淀江町教育委員会『井手挟遺跡Ⅱ』一九九三

陵墓調査室「畝傍陵墓参考地石室内現況調査報告」『書陵部紀要』第四五号　一九九四

陵墓調査室「欽明天応檜隈坂合陵整備工事区域の調査」『書陵部紀要』第五〇号　一九九九

テーマ研究「国家形成期の首長権と地域社会構造」客員共同検討会　各発表資料

協力者一覧（五十音順・敬称略）

本展の開催にあたり、貴重な宝物、作品を出品いただきました所蔵者をはじめ、下記の方々に多大なご協力をいただきました。厚く御礼申し上げます。

□関係機関

海士町教育委員会
出雲弥生の森博物館
宇土市教育委員会
愛媛県美術館
大阪大学考古学研究室
大阪大学埋蔵文化財調査室
大阪府教育委員会
大阪府立中之島図書館
大田市教育委員会
大野城心のふるさと館
大野城市教育委員会
上淀白鳳の丘展示館
京都大学総合博物館
久手まちづくりセンター
宮内庁書陵部
熊本県教育委員会
熊本県立装飾古墳館
倉吉市立倉吉博物館
久留米市立中央図書館
公益財団法人とちぎ未来づくり財団
　埋蔵文化財センター
公益財団法人八尾市文化財調査研究会
江津市教育委員会
古賀市教育委員会
佐賀県教育庁文化財課
佐賀県文化財調査研究資料室
佐賀市教育委員会
佐賀市文化財資料室
滋賀県立安土城考古博物館
島根県埋蔵文化財調査センター
島根大学法文学部考古学研究室
下野市教育委員会
正福寺
吹田市立博物館
多可町教育委員会
高槻市教育委員会
高槻市立今城塚古代歴史館
独立行政法人国立文化財機構奈良文化財研究所
栃木県立博物館
長岡京市教育委員会
長岡京市埋蔵文化財センター
那珂ふれあい館
西ノ島町教育委員会
斐伊川放水路事業記念館
福岡市教育委員会
福岡市博物館
福岡市埋蔵文化財センター
兵庫県立考古博物館
向日市教育委員会
益田市教育委員会
松江市まちづくり文化財課
松江市立鹿島歴史民俗資料館
八尾市教育委員会
八尾市立歴史民俗資料館
八雲立つ風土記の丘
八女市
八女市岩戸山歴史文化交流館
米子市教育委員会
米子市埋蔵文化財センター
六所神社

□個人

芥川　博士
有馬　伸
池田　征弘
石木　秀啓
石橋　紘二
石橋　尚子
和泉　勇輝
伊藤　創
乾　ゆかり
井上　俊文
今西　康宏
岩本　崇
上田　直弥
大江　道子
大谷　晃二
大森　真衣子
小田　芳弘
甲斐　孝史
加藤　一郎
楠本　正士
佐伯　昌俊
坂井　貴志
坂江　渉
坂本　豊治
調　淳一
下高　瑞哉
進藤　敏雄
末継　彬子
勢村　茉莉子
高場　由紀子
高橋　弘丞
高橋　真希
高屋　茂男
竹原　伸次
田中　大
津野　仁
富所　実嗣
長井　健
中川　千種
仁藤　敦史
丹羽野　輝子
根鈴　輝雄
野島　智実
花谷　浩
樋口　めぐみ
菱田　哲郎
平田　和子
藤井　加奈子
藤崎　高志
藤田　道子
藤永　正明
馬籠　和哉
松井　良祐
松本　岩雄
三木　ますみ
三奈木　義博
三宅　和子
三好　英樹
村上　由美子
桃崎　祐輔
守岡　正司
森田　克行
森本　幹彦
山口　耕一
山本　輝雄
山本　祥隆
横山　操
吉本　健一
渡辺　博

島根県立古代出雲歴史博物館 企画展
「古墳は語る　古代出雲誕生」

初版　平成三十年（二〇一八）八月三日　発行

編集　島根県立古代出雲歴史博物館
〒六九九‐〇七〇一　島根県出雲市大社町杵築東九九‐四
TEL（〇八五三）五三‐八六〇〇(代)
FAX（〇八五三）五三‐五三五〇
URL：https://www.izm.ed.jp/

発行　ハーベスト出版
〒六九〇‐〇一三三　島根県松江市東長江町九〇二‐五九
TEL（〇八五二）三六‐九〇五九
FAX（〇八五二）三六‐五八八九
URL：https://www.tprint.co.jp/harvest/
E-mail：harvest@tprint.co.jp

印刷　株式会社谷口印刷

製本　株式会社日宝綜合製本

落丁本・乱丁本はお取替えいたします。

Printed in Japan
ISBN978-4-86456-280-5　C0021